格差の連鎖と若者 2

石田 浩［監修］

出会いと結婚

佐藤博樹・石田 浩［編］

編集協力
東京大学社会科学研究所附属社会調査・
データアーカイブ研究センター

keiso shobo

シリーズ刊行のことば

　現代日本の若者を取り巻く環境は，厳しさを増している．特に1990年代以降，安定した職場に就職しそこで働き続け，交際相手をみつけて結婚するという以前には当たり前であったことが難しく感じられ，若者たちは乗り越えなければならない多数のハードルが存在することを痛感するようになった．

　事実，1990年代からの景気停滞は，新規の学卒者の就職機会を大きく後退させた．学校が組織的に学生たちの就職活動を支援することで，卒業と同時に安定した正規社員の仕事を得るといった慣行は揺らぎ，教育の世界から職業の世界へのスムーズな移行が困難になってきたと指摘されはじめたのもこの頃である．若年者の失業率が上昇し，学校から職場への移行問題がすでに深刻化した欧米での出来事が，にわかに日本でも現実味を帯びてきたのである．

　新規学卒者の一括採用による長期雇用を前提とした「日本型雇用慣行」は，若年労働者の賃金を相対的に低く設定することで，中高年労働者の相対的に高い賃金を保障するという仕組みがある．若年の正規社員は，雇用保障と社内での昇進の長期的な展望の見返りに，低賃金の長時間労働や転勤といった働き方を受け入れることを余儀なくされる．このような雇用慣行の下では，すでに雇われている正規社員の雇用と賃金を保障せざるを得ず，景気の悪化に伴って急遽取りやめることはできない．そこで企業は，固定費となる正規社員の雇用をできるだけ抑え，非正規社員の雇用を増やし，正規社員が担ってきた業務を代替させ，柔軟性を確保する必要がある．既得権の恩恵に与らない若年者こそ「新たな」ニーズを埋める絶好の人材となり得る．このように，絞り込んだ正規社員であっても企業は固定費を回収すべく若者への労働強化を図り，非正規の雇用の場合には雇用保障，賃金，福利厚生の面での不利を甘受せざるを得ず，若年を取り巻く労働環境は厳しさを増している．

シリーズ刊行のことば

　また少子高齢化に代表される社会的環境の変容は，若者の生き方（ライフコース）の変化と大きく関わっている．例えば，1989年の合計特殊出生率が丙午の年よりも低い値となったことを受けた「1.57ショック」は，少子化の問題を公の舞台に押し上げた．少子化は現役労働人口の減少に伴う税収入の減少を生み，高齢化による社会保障費の増加の中で財政のアンバランスが懸念された．その背景として真っ先に指摘されたのが，若者が結婚時期を遅らせ（晩婚化），あるいは一生結婚しない者が増える（未婚化）傾向である．結婚年齢は上昇傾向にあり，生涯未婚率も上昇していることから，若年者の結婚への道が険しくなっていることがわかる．しかし，若者が結婚を希望しなくなったわけではない．結婚願望は依然として強い一方で，その願望が実際にかなえられない現実がある．

　21世紀に入り，社会経済の環境は大きく変容し，これまで当然と思われてきたことがそうではなくなってきた．それでも若者は1歩1歩，社会を構成する1人前のメンバーである「大人」へと成長する道を歩んでいかなければならない．スムーズな大人への移行を実現するのは，若者個人だけの問題ではなく，その移行を支援し環境を整える社会にとっても重要な課題である．「大人への移行」とは，親から独立し経済的に独り立ちすること，仕事を持ち納税の義務を果たし投票すること，結婚し子どもを育てること，などさまざまな局面での経済的・社会的・市民的「自立」のプロセスと密接に関連している．

　若者の大人への巣立ちというライフコースの過程と格差の関連を考えるのが，本シリーズの問題意識である．若者の間の格差・不平等の現状はいかなるものなのか．格差はどの時点で生まれ，連鎖していくのか．具体的には，生まれ落ちた家庭の不平等，教育を受ける機会の格差，はじめての仕事での有利さ・不利さの違い，交際や結婚という家族形成をめぐる格差など，若者が歩むライフコースの過程で，格差がどのように生成されてくるのか，初発の格差がその後の人生における有利さ・不利さとどのように関連していくのか，について実証的な調査データに基づいて分析していく．

　現代日本の若年者をめぐる格差の生成・連鎖とライフコースの関連を把握するために，東京大学社会科学研究所（東大社研）では，「働き方とライフスタイルの変化に関する全国調査」（JLPS: Japanese Life Course Panel Surveys）とい

うパネル（追跡）調査を実施している．本調査研究は，通称，東大社研パネル調査プロジェクトと呼ばれ，若年，壮年，高卒パネル調査という３つの調査を実施している．同じ対象者を何年にもわたり追跡することで，対象者の人生の軌跡を丹念に跡付けることができるところに最大の特色がある．ライフコースのさまざまなイベント（転職，結婚，出産など）の発生時期やその効果をつぶさに観察することができると同時に，それぞれのライフコースの段階で若者個人がどのように考え，意識を変化させたのかを辿ることが可能となる．3巻のシリーズ本は，このJLPSを利用した東大社研パネル調査プロジェクトの成果である．

毎年３つのパネル調査を継続的に実施するのは，多くの時間と労力を要求される．東大社研パネル調査プロジェクトの参加者，特に調査実施委員会のメンバーであった朝井友紀子，有田伸，石田賢示，伊藤秀樹，大島真夫，小川和孝，佐藤香，佐藤博樹，鈴木富美子，田辺俊介，戸ヶ里泰典，中澤渉，藤原翔，三輪哲，諸田裕子（故人），山本耕資，吉田崇の皆さんには，多大なご尽力をいただいた．社会科学研究所の歴代の所長（仁田道夫，小森田秋夫，末廣昭，大沢真理）には，社研パネル調査プロジェクトについて，適宜必要なときに支援の手を差し伸べ，暖かく見守っていただいた．研究所の附属施設である社会調査・データアーカイブ研究センターには，職業・産業コーディングと調査データの公開に関して援助を受けた．これらの人々・組織の力が結集されなければ，このような形で長期に渡り調査を継続し，プロジェクト研究を推進することはできなかった．

調査の実施と分析にあたっては，日本学術振興会の科学研究費補助金基盤研究（S）（18103003，22223005），特別推進研究（2500000，18H05204），基盤研究（C）（25381122）および厚生労働科学研究費補助金政策科学推進事業（H16－政策－018）の助成を受けた．社研パネル調査プロジェクトの運営とパネル調査の継続にあたっては，東京大学社会科学研究所からの研究および人的支援，株式会社アウトソーシングからの奨学寄付金を受けた．

本シリーズの刊行を強く勧めてくださったのは，勁草書房の松野菜穂子氏である．東大社研パネル調査プロジェクトの仕事に早くから関心を寄せられ，3巻構成として体系的なシリーズ本としてまとめることを提案してくださり，編

シリーズ刊行のことば

集面でも大変お世話になった．

　最後になるが，いうまでもなく，私たちの調査・研究プロジェクトが何年にも渡り継続することができ，本書のような研究成果を世に問うことができるのも，調査の対象となったひとりひとりの回答者が，毎年真摯に調査に協力してくださったからにほかならない．心から感謝申し上げたい．

2016 年 10 月

石田　浩

目　次

シリーズ刊行のことば……………………………………石田　浩　i

序　章　出会いと結婚………………………………………佐藤博樹　3
　1.　「出会いと結婚」で取り上げる幾つかのテーマ　3
　2.　未婚化の進展を背景に結婚への関心の高まり　4
　3.　出会いと結婚──「出生動向基本調査」から　6
　4.　各章の分析で得られた幾つかの知見　8

第Ⅰ部　結婚意欲・交際そして結婚

第1章　結婚を阻む「壁」の在り処……………………三輪　哲　15
　　　　──結婚意識と配偶者選択
　1.　結婚意識から家族形成への道筋　15
　2.　JLPSデータからみえる婚姻・交際の状況　18
　3.　結婚についての意向と希望時期　23
　4.　結婚意欲の移行　27
　5.　配偶者選択基準の変化　33
　6.　すれ違う男女と主観的な結婚の「壁」　37

v

目　次

第2章　結婚への道のり……………………………茂木　暁・石田　浩　44
　　　　──出会いから交際そして結婚へ

1. 結婚への二つの移行過程　44
2. 「交際への移行」　46
3. 「交際から結婚への移行」　47
4. 「交際への移行」の分析　50
5. 「交際から結婚への移行」の分析（1）　54
6. 「交際から結婚への移行」の分析（2）　60
7. 結論と考察──「交際への移行」と「交際から結婚への移行」の違い　67

第3章　性別役割意識の変容………………………………橋本摂子　76
　　　　──若年層の保守化と結婚意欲をめぐって

1. 性別役割意識のアポリア　76
2. 性別役割意識の変容　84
3. 未婚者層における意識の変容と受容　90
4. 意識の変容から「幸福」の多様化へ　94

第Ⅱ部　夫婦関係と出産・結婚満足度

第4章　既婚男性の働き方と就業環境………………不破麻紀子　103
　　　　──家事分担を規定するか

1. 日本の既婚男性の家事労働　103
2. 男性の就業環境改善の取り組み　104
3. 家事分担の規定要因　109
4. データと分析方法　111
5. 既婚男性の家事は増えているか　113
6. 考察──就業環境と既婚男性の家事　120

目　次

第5章　出生意欲は低下するのか……………………………村上あかね　125
1. 依然として深刻な少子化　125
2. なぜ少子化になったのか　128
3. 分析　132
4. 出生意欲が低下するまえに　144

第6章　結婚をめぐる若者の意識……………鈴木富美子・佐藤　香　149
　　　　──家族形成初期のジェンダー差に着目して
1. 若者と結婚　149
2. 家族形成をめぐる状況と意識の推移──第5波〜第12波のデータから　152
3. 30歳時（第12波）までの結婚した人としなかった人の違い　155
4. 結婚へ移行した後の状況──結婚満足度を中心に　161
5. 結婚の意味するもの──ジェンダーによる違い　169

終　章　格差の連鎖・蓄積と家族形成……………………………石田　浩　175
1. はじめに　175
2. ライフコースの枠組　177
3. 若年者の家族形成　179
4. 格差の連鎖・蓄積と家族形成　186
5. おわりに　191

付　録　分析に使用した調査票の設問一覧……………………………195

索　引………………………………………………………………………231

格差の連鎖と若者　第 2 巻

出会いと結婚

序章

出会いと結婚

佐藤博樹

1.「出会いと結婚」で取り上げる幾つかのテーマ

　本書は，未婚の男女が如何に出会い，どのように結婚へと至るのか，また出会いや結婚を促進したり，阻害したりする要因はどのようなものなのか，こうした課題を主に2つのパネル調査を利用して，実証的分析した論文からなる．ただし，分析に取り上げているテーマは，出会いや結婚（第1章や第2章）にかかわるものだけでなく，結婚に関係した関連テーマを取り上げている．結婚意欲と性別分業意識の関係や結婚による後者の変容（第3章），既婚男性の家事分担を規定する要因（第4章），結婚したカップルの出生意欲の規定要因に関する包括的分析（第5章），若者の結婚をめぐる意識（第6章）などである．出会い，結婚，出産というライフイベントを横軸として，同時に若者の保守化と性別分業意識，既婚男性の働き方と家事参加，若者の家族形成に関する価値観と就業環境などを縦軸に分析テーマを設定している．

　出会い，結婚，出産というライフイベントにかかわる横軸のテーマを設定した背景には，少子化とりわけその背景要因としての未婚化への関心がある．少子化の背景要因は，第5章で取り上げるカップルの出生力を規定する出生意欲の低下と同時に，未婚化・晩婚化とりわけ未婚化の影響が大きいことが明らかにされている．言い換えれば，少子化の進展を解消するための大きな課題は，未婚化を規定する要因を明らかにすることにある．こうした課題認識から未婚

の男女が結婚意向をもつ要因，未婚の男女が出会い，それが結婚に繋がる要因を明らかにすることを分析課題としたのが，第1章と第2章である．第1章では，出会いが結婚に移行する要因として結婚意欲の強さがあること，また男女で配偶者の選択基準が異なることが，第2章では，出会いを規定する要因と結婚を規定する要因が異なることなどが明らかにされている．後者によると，男女の出会いが実現できても，それが結婚に結びつくとは限らないことを意味し，大事な事実発見と言えよう．結婚したカップルの出生意欲は，年齢など人口学的要因のほか，収入・雇用の安定性など経済的な要因が影響することなどを第5章で分析している．つまり，結婚したカップルの出生意欲が実現するためには，雇用・収入の安定化が重要となるが，それに加えて，男性の働き方の改革も必要となることも指摘されている（第4章，第5章）．さらに，結婚することでとりわけ女性では，性別役割分業意識が肯定的な方向へ変化しているが，これは夫婦の家事分担が共働き家庭を含めて女性に偏っている現状に規定されている可能性が示唆されている（第3章）．

「出会いと結婚」を分析課題とした背景には，少子化，とりわけ少子化の背景要因として未婚化があることを指摘した．そこでつぎに，未婚化への関心が高まった背景と，結婚に繋がる家族形成に関する先行研究の幾つかを紹介しよう．なお，後者に関する先行研究は，各章でも詳細に紹介されているため，幾つか基本的なもののみを取り上げる．

2. 未婚化の進展を背景に結婚への関心の高まり

家族社会学や人口学などの研究者だけでなく，政府の少子化対策に関する研究会などでの議論や，マスコミの論調をみても「結婚」への社会的な関心の高まりを確認できる．「結婚」への関心は，未婚化によるものである．家族形成としての結婚や未婚化に関心が高い理由は，未婚者の多くが独身であることを希望しているわけではないこと，言い換えれば結婚を希望しているにもかかわらず，未婚のままでいる者が多いことにある．つまり，結婚に関する希望の実現を阻害している要因とその解消策を明らかにすることが，少子化の進展を背景にした結婚への社会的な関心である．少子化の議論において未婚化への関心

が高い理由は，少子化をもたらしている主要な要因として，先行研究の多くが，未婚化と晩婚化を指摘していることがある．後述するように，晩婚化は，結婚年齢が高くなることで，出生率の低下をもたらすことによる．

未婚化を含めた結婚へ至る広義の「家族形成」に関する幾つかの先行研究を見ると，次のような点が明らかにされている．まず，日本の少子化の主因として，岩澤（2002, 2005）や金子（2004）は少子化の原因を要因分解することで，夫婦の出生行動（出生数）の変化よりも，1980年代末以降とりわけ90年代以降は，未婚化と晩婚化の変化が大きいことを明らかにしている．

さらに，未婚化の背景要因として，第1に，結婚コストの高さ，これは結婚・出産・教育など直接的なコストだけでなく，女性が結婚でキャリアをあきらめざるを得ない機会費用を含むものであり（高橋2004；大沢2007），第2に，正規雇用に比較して，女性が男性に経済力を期待するジェンダー意識がまだ根強いなかで，男性が非正規雇用だと雇用機会や収入が不安定で，結婚が難しいことがあり（加藤2004；水落2006；永瀬2002；酒井・樋口2005；山田2007；津谷2009），第3に，女性の高学歴化により，高学歴女性ほど社会的地位が自分を上回る男性をみつけることが難しいことなどが指摘されている（岩澤2005；朝井・水落2010）．

結婚への入り口としての男女の出会いに限定すると，社会全体として，結婚に繋がる男女の出会いの機会の減少，具体的には，見合い結婚と職縁結婚の減少（岩澤2010；岩澤・三田2005）が指摘されている．結婚に繋がった男女の出会いの機会が減少したにもかかわらず，それに代わる機会が形成されていないのである．さらに，個人属性や勤務先の職場状況などと未婚化に関する研究によると，正規雇用に比べて非正規雇用者は結婚しにくいこと，正規雇用であっても長時間労働だと男女の出会いを阻害すること（松田ほか2015），男性間の経済力格差が結婚を阻害すること（山田2010），人的ネットワークが狭いと結婚にマイナスとなること（松田ほか2015），また対人関係能力は交際機会を増やして結婚につながること（中村・佐藤2010）などが明らかにされている．

先行研究を踏まえて，「出生動向基本調査」に基づいて，未婚者の「出会いと結婚」に関する基礎的な情報を紹介しよう．

3. 出会いと結婚——「出生動向基本調査」から

「第15回 出生動向基本調査（2015年，独身者調査）」で未婚者（18歳～34歳）の中で結婚する意思をもつ者（「いずれ結婚するつもり」）の比率は，近年は若干低下傾向にあるものの，9割弱と高い水準にある（男性85.7%，女性89.3%）．つまり，未婚者は未婚を希望しているわけではない．もちろん「一生結婚するつもりはない」とする未婚者がわずかに増え，男性12.0%，女性8.0%となっている点に注意が必要となる．ちなみに「一生結婚するつもりはない」と回答した未婚者に「これまでにいずれ結婚するつもりと思ったことがあるか」を尋ねた結果を見ると，「ある」と回答した割合は，男性41.4%，女性50.7%となる．つまり，現在は結婚する意思をもつ者が多数を占めるが，その意思の実現が難しい状況に直面し続けると，「一生結婚するつもりはない」へと転換する可能性が示唆される．他方で，「一生結婚するつもりはない」と回答した者が，「いずれ結婚するつもり」に転換する可能性もある．いずれにしても，少子化の進展を踏まえると，結婚する意思をもつ者が多数を占める現在のうちに，その意思の実現を阻害する要因を取り除き，意思の実現を支援することが重要な社会的な課題となる．

「いずれ結婚するつもり」とした結婚意思をもつ者の結婚に関する考え方を調べると，男女ともに「ある程度の年齢までには結婚するつもり」（男性55.2%，女性59.3%）が過半数で，「理想的な相手が見つかるまでは結婚しなくてもかまわない」（男性42.9%，女性39.2%）を上回る．前者は1990年代を通じて減少し，後者が男女ともに上回ったが，その後は前者が増加に転じている．つまり，最近は，結婚に関する「年齢規範」が復活しているといえ，この点は第1章の分析でも確認できる．「いずれ結婚するつもり」とした結婚意思を持つ者が希望する結婚年齢は，男性30.4歳，女性28.7歳で，これまで緩やかな上昇傾向にあったが，ほぼ頭打ちとなった．

結婚相手に求める条件として最も重視されている上位4位までを取り上げると，男性では「人柄」（76.6%），「家事・育児の能力」（46.2%），「仕事への理解」（41.8%），「容姿」（24.1%）が，女性では「人柄」（88.3%），「家事・育児の能力」

(57.7％),「仕事への理解」(49.6％),「経済力」(39.8％) となる.女性が結婚相手の男性に求める条件を見ると,「家事・育児の能力」や「経済力」を男性に求めており,男性が経済面で不安定な仕事であったり,家事・育児は女性の役割と考えていたりすると,交際相手がいても結婚に繋がらない可能性が示唆される.

「いずれ結婚するつもり」とした結婚意思をもつ者のうち,1年以内に結婚する意思のある者は,男性に比較して,女性の方が多くなる(男性45.5％,女性52.6％).この傾向は,過去の調査でも確認できる.この1年以内に結婚する意思のある未婚者の割合を就業状況別にみると,学生を除くと,女性では就業形態別に差はないが,男性で差が大きく,正規の職員に比較して,パート・アルバイトなどの非正規で低くなる.男性の結婚意思が実現できるようにするためには,雇用機会の安定化が不可欠なことが確認できる.

未婚者の多くが結婚を希望していることを前提とすると,結婚を希望してもその希望の実現を阻害する要因があることが示唆される.それらの要因に関して先行研究を踏まえて例示すると,結婚の対象となりうる異性と出会う機会が少ないこと(男性ばかりの職場,長時間労働で職場外での出会いの時間ないことなど),異性と出会う機会があっても両者の価値観が異なり恋愛までにいたらないこと(女性の就業継続に関する価値観の相違など),結婚を希望する相手がいても雇用機会が不安定で結婚に踏み切ることが難しいなどを挙げることができる.結婚意思のある未婚者に,独身でいる理由(複数回答)を上記の調査で確認すると,18歳〜24歳では,男女ともに,「まだ若すぎる」や「仕事(学業)にうちこみたい」が「適当な相手にめぐり会わない」(男性30.4％,女性37.3％)を上回るものの,25〜34歳の年齢層になると「適当な相手にめぐり会わない」が男女(男性45.3％,女性51.2％)とも第1位となる.この結果によると,結婚の意思があっても異性との出会いの機会がないことが,結婚意思の実現を阻害している可能性が示唆される.

結婚意思をもちながら未婚でいる理由として,「適当な相手にめぐり会わない」が上位に指摘されていた.その点を確認しよう.未婚者のうち「交際している異性はいない」と回答した者は,男性69.8％,女性59.1％を占め,この比率は増加傾向にある.「適当な相手にめぐり会わない」結果,異性の交際相手

がいない未婚者が増えているのである．さらに注目すべき点は，交際相手をもたずかつ「とくに異性との交際を望んでいない」として者が，男性では全体の30.2％，女性では全体の25.9％も占めること，つまり「交際している異性はいない」と回答した者の半数弱となることである．「適当な相手にめぐり会わない」だけでなく，異性との交際を望んでいない結果，異性との交際相手ももたない者が増えている可能性が示唆される．他方で，結婚したいと思う交際相手がいる割合は，男性16.0％，女性24.5％である．ただし，本書の第1章や第2章の分析は，結婚したいと思う交際相手がいる者が，そのまま円滑に結婚に移行できるわけでないことを示している．

少子化の要因は，未婚化だけでなく，既婚者の出生力の低下もある．この点をつぎにみよう．「第15回出生動向基本調査（2015年，夫婦調査）」によると，夫婦の理想的な子どもの数（平均理想子ども数）と夫婦が実際にもつつもりの子どもの数（平均予定子ども数）の両者とも低下傾向にあり，前者は2.32人，後者は2.01人となる．それぞれが2人を上回るが，いずれも低下傾向にあることに留意が必要である．

さらに「理想子ども数」よりも「予定子ども数」が下回ることから，理想の子ども数を実現しにくい阻害要因があることが示唆される．同調査で，「予定子ども数」が，「理想子ども数」を下回る理由（複数回答）をみると，最も多いのは「子育てや教育にお金がかかりすぎるから」（56.3％）で，とりわけ30歳未満の若い世代ではこうした経済的理由を選択する比率（76.5％）が高い．さらに，今後子どもをもつ予定がある夫婦に，「予定子ども数」を実現できない時に考えられる理由（複数回答）を尋ねた結果では，「理想2人以上予定1人」と「理想3人以上予定2人以上」の両者とも「子育てや教育にお金がかかりすぎるから」が第1にとなった．なお，「理想1人以上予定0人」「理想2人以上予定1人」「理想3人以上予定2人以上」のいずれでも，「欲しいけどできないから」が40％前後となり，晩婚化の影響が示唆される．

4．各章の分析で得られた幾つかの知見

各章の分析で興味深い点のいくつかを紹介しよう．詳しくは，各章を読まれ

たい．

　第1章「結婚を阻む「壁」の在り処——結婚意識と配偶者選択」は，結婚意向，結婚意欲，さらに配偶者選択基準の男女の違いやそれらの変化に関する分析を通じて，家族形成の壁を明らかにしている．男女ともに交際や結婚は，年齢に依存し，20歳代後半から30歳代前半で結婚する確率が高い．この時期に結婚しない場合，その後の結婚確率が大きく低下する．未婚者の85％ほどは結婚意向をもつが，結婚希望年齢は多様である．ただし，一定の年齢までに結婚しようという年齢規範の存在を確認でき，30歳代前半までに結婚したい者が多い．ただし，そのピーク時期が男女で異なることが，マッチング不全の原因となっている．男女で配偶者の選択基準が異なり，男性は女性に学歴や収入を期待していないが，女性はその両者を重視しがちである．他方で，男女ともにこうした基準を重視しない人で，結婚しやすいことが確認できる．以上を踏まえ，男女ともに20歳代に出会いの機会を得ることができることが重要で，さらに配偶者の選択基準を踏まえると，就業条件の改善とりわけ男性の雇用機会の安定化，さらに男女共に働くというカップル観の受容の取り組みを有効とする．

　第2章「結婚への道のり——出会いから交際そして結婚へ」では，結婚への過程を，未婚から交際と，交際から結婚への2段階に分けて分析する．独身者が独身に留まっている理由として，「適当な相手にめぐり会えない」を指摘する者が多い現状を踏まえると，重要な分析といえる．交際相手を主体的に探す取り組みを広義の婚活（友人に紹介を依頼など）とすると，男女とも6割程度が取り組んでいるが，婚活の効果は，もともと婚活をしそうでない人が行うと効果があり，婚活をしそうな人では効果はない点が明らかにされている．また，交際相手がない人が交際相手に出会う要因の分析では，初職雇用形態や学歴は促進効果をもたず，結婚意欲の影響が大きいことが明らかになった．交際から結婚への移行では，男女ともに初職正社員が結婚にプラスに影響する．結婚意欲がある場合，高等教育を受けていることは男性では結婚にプラスとなるが，女性では結婚にプラスになるわけではない．つまり，出会いを規定する要因と結婚に移行する要因は異なり，交際相手がみつかれば結婚に移行するわけではない．つまり，婚活のみでは，未婚化の課題は解消しないことになる．

　第3章「性別役割意識の変容——若年層の保守化と結婚意欲をめぐって」で

は，若年層における保守化傾向を踏まえた上で，結婚および就業状況と性別役割分業意識の変容の関係を分析する．若年と壮年を含めて，2007年と2013年の2時点間の変化を性別役割分業意識に「肯定」，「どちらとも言えない」，「否定」の3分類でみると，男女ともに半数は，意識が安定しており，「どちらとも言えない」層で意識変化が大きい．つまり，性別役割分業に関して明確な意見をもった者では，意識が変化しにくいのである．また，全体としては保守化の方向に変化している．2007年から2011年の役割分業意識の変化を男女，コーホート，学歴，婚姻地位別にみると，個人単位では意識変化のしやすさに男女差はない．他方，期間中に結婚した者で意識変化が大きく，「肯定」方向に変化し安定化する．つまり，結婚の前後での変化をみると，結婚を期に女性では現状追認的な意識へと変化している．これは，現状の結婚自体は，「幸福な家庭」が標準的な役割分業を組み込んでいる可能性があることを示唆する．

第4章「既婚男性の働き方と就業環境——家事分担を規定するか」は，既婚男性の働き方や職場のワーク・ライフ・バランス（WLB）の変化が夫婦の家事分担に及ぼす影響を分析する．2007年から2011年の変化では，正規雇用者同士のカップルでは，夫の家事分担比率が，他の就業形態の組合せより高いものの，妻の家事分担割合が依然として高い状況にある．また，非正規雇用の妻では家事分担比率が，無業の妻と変わらない．つまり，非正規雇用では，就業しても家事分担の軽減はない．他方で，正規雇用同士のカップルでも，妻の労働時間の増加が夫の家事負担率を高めるものの，夫の労働時間の変化は，家事負担率の変化をもたらしていない．他方で，午後7時までに帰宅できることは夫の家事負担率を高めるが，夫の勤務先の職場のWLBや仕事の裁量度の高まりは，夫の家事分担率に影響していない．つまり，夫の家事分担を高めるためには，妻の正規雇用化と，家事ニーズが高い時間帯までに夫が帰宅できることが大事になることがわかる．つまり，カップルの家事分担を変えるためには，労働時間の長さよりも既婚男性の退社時間が鍵となるのである．

第5章「出生意欲は低下するのか」は，有配偶男女の出生意欲を規定要因や変化をもたらす要因を分析するために，先行研究を踏まえた4つの仮説を検証する．年齢や子ども数という人口学的な要因のほか，収入・雇用の安定性という経済学的要因が，出産意欲に影響することから，出産の先送りを食い止める

ためには，夫だけでなく妻の雇用機会の安定化が不可欠となることを明らかにする．

　第6章「結婚をめぐる若者の意識——家族形成初期のジェンダー差に着目して」では，高卒パネルデータを用いて，結婚満足度の変化や結婚前のジェンダー意識を分析する．両者の分析を踏まえて，男女で結婚の意味が異なることを明らかにしている．具体的には，男性にとって結婚はゴールであり通過点となるため，結婚後も結婚満足度は高く，結婚後もその経過年数により大きくは変化しない．他方，女性では結婚はスタートであるため，子育てや就業の在り方が結婚満足度に大きく影響する．そのため，子どもの出産により，結婚満足度が高い妻と低い妻に別れることになる．また，非正規雇用で働く女性で結婚満足度は低くなる．これは，第5章で明らかにされたように非正規雇用で働く女性の家事・育児負担が大きいこととも関係しよう．

文献

朝井友紀子・水落正明（2010）「結婚タイミングを決める要因は何か」佐藤博樹・永井暁子・三輪哲編著『結婚の壁——非婚・晩婚の構造』勁草書房：144-158.

岩澤美帆（2002）「近年の期間TFR変動における結婚行動および夫婦の出生行動変化の寄与について」『人口問題研究』58-3: 15-44.

岩澤美帆（2005）「日本におけるパートナーシップ形成を考える——出会い・共棲・離別」毎日新聞社人口問題調査会編『人口減少社会の未来学』論創社：71-98.

岩澤美帆（2010）「職縁結婚の盛衰からみる良縁追及の隘路」佐藤博樹・永井暁子・三輪哲編著『結婚の壁——非婚・晩婚の構造』勁草書房：37-53.

岩澤美帆・三田房美（2005）「職縁結婚の盛衰と未婚化の進展」『日本労働研究雑誌』535: 16-28.

大淵　寛・高橋重郷編（2004）『少子化の人口学——人口学ライブラリー1』原書房．

大澤真知子（2007）「女性の社会進出と出生率の回復」毎日新聞社人口問題調査会編『超少子化時代の未来学』論創社：31-64.

加藤彰彦（2004）「配偶者選択と結婚」渡辺秀樹・稲葉昭英・嶋崎尚子編『現代家族の構造と変容』東京大学出版会：41-58.

金子隆一（2004）「少子化の人口学的メカニズム」大淵寛・高橋重重編『少子化

の人口学——人口学ライブラリー1』原書房：15-36.
酒井正・樋口美雄（2005）「フリーターのその後」『日本労働研究雑誌』535：29-41.
佐藤博樹・永井暁子・三輪哲編（2010）『結婚の壁——非婚・晩婚の構造』勁草書房.
高橋重郷（2004）「結婚・家族形成の変容と少子化」大淵寛・高橋重郷編『少子化の人口学——人口学ライブラリー1』原書房：133-162.
津谷典子（2009）「学歴と雇用安定性のパートナーシップ形成への影響」『人口問題研究』65(2)：45-63.
永瀬伸子（2002）「若年層の雇用の非正規化と結婚行動」『人口問題研究』58-2：22-35.
中村真由美・佐藤博樹（2010）「なぜ恋人にめぐりあえないのか」佐藤博樹・永井暁子・三輪哲編著『結婚の壁——非婚・晩婚の構造』勁草書房：54-73.
毎日新聞社人口問題調査会編（2005）『人口減少社会の未来学』論創社.
毎日新聞社人口問題調査会編（2007）『超少子化時代の未来学』論創社.
松田茂樹・佐々木尚之・高村静・大澤朗子・小野田壮・藤澤美穂・上村秀紀・石田絢子（2015）「少子化と未婚 女性の生活環境に関する分析」ESRI Discussion Paper Series No. 323.
水落正明（2006）「学卒直後の雇用状態が結婚タイミングに与える影響」『生活経済学研究』22-23：167-176.
山田昌弘（2007）「少子化と家族格差」毎日新聞社人口問題調査会編（2007）183-215.
渡辺秀樹・稲葉昭英・嶋崎尚子編（2004）『現代家族の構造と変容』東京大学出版会.

第 I 部

結婚意欲・交際そして結婚

第 1 章

結婚を阻む「壁」の在り処
―― 結婚意識と配偶者選択

三輪 哲

1. 結婚意識から家族形成への道筋

　本章の目的は，結婚意向や結婚意欲，配偶者選択における基準など，結婚に対する意識要因に着目して，家族形成へと向かう主観的プロセスを明らかにすることである[1]．特に焦点とするのは，結婚意識に包括される諸下位意識の変化である．結婚意欲はいかに変わるのか．配偶者選択の基準は加齢とともに緩くなるのか，それとも厳しくなるのか．そして，結婚にかかわる意識とその変化は，実態レベルにおける結婚や交際とはどのような関係にあるのか．これらの問いに対して，実証的に迫る．強調したいのは，そうした家族形成への主観的プロセスに男女差があり，意識のずれにより交際や結婚でのマッチングがうまくいかないのではないか，というスタンスで検討をおこなうことである．

　本章でいう結婚意向とは，「この先に結婚を経験しようと考えていること」をさすものとする[2]．また本章では，「結婚したい気持ちがどれだけ強いか」を結婚意欲と呼び，結婚意向と区別して用いる．これら2つは似ていつつも別の概念である．まずは時制が異なる．前者は，人生の先まで見通しての，将来にかんする意識である．後者は，調査がおこなわれたその時点においての，自身の結婚に対する意識を問うている．さらに測っている内容としては，前者があくまで主観的ではあるが予定をたずねるものであるのに対して，後者はどの程度意欲があるのか，その程度ないし水準をとらえようとしている．

結婚意向や意欲にかんして[3]，最も広く知られている研究成果は，国立社会保障・人口問題研究所の「出生動向基本調査」によるものであろう．同調査の独身者調査の結果は，「わが国独身層の結婚観と家族観」と題して，1980年代より継続的に報告されてきている．その中で，本章でいう結婚意向にほぼ相当する質問に，生涯の結婚に対する意欲という項目がある．その回答結果へ着目すると，「いずれ結婚するつもり」と回答した者は男女とも9割弱で推移しており，男女差は大きくない．同様の知見は，内閣府の調査研究でも得られている（山田 2011；稲葉ほか 2015）．

ただし1年以内での結婚意思となるとその中の4割（男性）から5割（女性）程度になるほか[4]，結婚意欲の総合指標[5]のトレンドから，近年では女性の結婚意欲上昇と30代男性の意欲低下があいまって，30代男女で結婚意欲のギャップが起きているとも指摘されている（金子・鎌田 2012）．この点は，内閣府の調査結果とも符合している（内閣府政策統括官（共生社会政策担当）編 2011）．遠い人生展望ではなく，今まさに起きようとしている結婚となると，女性のほうがより積極的ということになる．女性は男性以上に短期的に結婚を望んでいるというわけだ．

また，本章では配偶者選択基準にも焦点をあて，その変化と意味を検討する．ここでいう配偶者選択基準とは，「結婚相手に対して重視する生物学的あるいは社会経済的属性」のことをさす．「性格・人柄」，「容姿・外見」，「学歴」，「年収」，「年齢」の5つの基準について，重視するか否かがたずねられた．恋愛結婚が大勢を占めるようになった現在でも[6]（岩澤 2010），交際や結婚を分析する際に注意が必要なのは，それが本人の意思のみによって可能となるわけではないことである．結婚には相手が必要であり，こちらも選ぶが，同時に相手からも選ばれるという仕組みを理解して検討しなければならない．そうした検討で有効なのは，配偶者選択基準の分析である．なぜなら，男性と女性それぞれが，いかなる条件を付けて結婚相手候補の異性を選ぼうとしているかが垣間みえるからである．

既存の調査研究の知見より，配偶者選択基準については，女性のほうが相手に多くの条件を求めがちであること，男性は容姿や家事能力，女性は経済力を条件に挙げる人が多いことが，一貫して明らかにされている（鎌田 2013；経済

産業省商務情報政策局サービス産業課編 2006；内閣府政策統括官（共生社会政策担当）編 2011, 2015）．未婚の若年男性の収入の低下と，それにもかかわらず女性からは稼得能力を期待され続けていることのギャップが，未婚化の一因ともしばしば指摘されている．

　ここまで紹介した成果は，同一個人を1回限り調査するクロスセクション調査に基づくものであったが，同一個人を追跡するパネル調査で結婚意識を扱った研究もある．家計経済研究所がおこなっている「消費生活に関するパネル調査」を用いて，結婚意欲[7]が実際に結婚を促すことや（水落ほか 2010；坂本 2005；滋野・大日 1997），結婚意欲が20代では強くなっていくこと（水落ほか 2010），ただし30代後半になると消極的になっていくこと（坂本 2005）などが明らかにされている．

　これらの研究は，本章でのねらいと大きく重複するため，ベンチマークとしてきわめて重要な先行研究となるのは確かである．しかしながら，結婚意識の男女差を見出した諸研究では，パネルデータに基づくものでないため，結婚意識の変化やそれの結婚への影響を知ることはできない．上述したパネルデータによる日本の諸研究は，データの限界から女性のみの検証にとどまり，意識変化や影響の男女差に迫りえていない．そのうえ，交際にかんする状況が鍵となるはずだが，それが考慮されていない研究が多い．したがって，意識変化のプロセスにみられる男女差から，未婚化の社会的意味を読み解きたい本章の立場からすると，いずれも十分とはいえず，さらなる研究の余地がある．

　そこで本章では，先の批判へとこたえうるように，男女両方を調査対象とした日本全国規模のパネル調査データを用い，結婚意識の変化と，結婚意識と実際の結婚への移行との関連をみることで，未婚者の家族形成に至るまでの主観的プロセスを再検討したい．性別，年代，それと交際状況により層別し，結婚をめぐる主観的プロセスの男女差を提示して，進みゆく非婚ないし晩婚化の背景に隠された未婚男女のマッチング不全の意味を考察する．いわば，結婚意識から家族形成に至るまでの道筋に横たわる，みえざる「壁」を顕在化させる試みといえる．

　本章の構成は，以下の通りである．続く第2節では，データの特徴を紹介するとともに，婚姻や交際の状況にかんして基礎分析結果を提示する．そこでは，

結婚や交際へと移行する確率についても経験的に検証がなされる．第3節では，結婚意向および結婚希望時期が，性別や年代によりどのように異なっているかを中心に検討を進める．そして第4節にて，結婚意欲の移行を扱う．第5節は，配偶者を選択する際に重視する基準についての分析である．そうして得られた実証的知見を論拠に，結婚への道筋について総合的に結論を導くのが，最終の第6節の役割となる．

2. JLPS データからみえる婚姻・交際の状況

JLPS とは，Japanese Life-course Panel Survey の略称で，日本語のタイトルでは「働き方とライフスタイルの変化に関する全国調査」という．同調査は，東京大学社会科学研究所パネル調査プロジェクトによって，2007年から毎年おこなわれてきている社会調査である[8]．最大の特徴は，同一の個人を追跡し続けるパネル調査であることである．よって，就労や生活時間，行動，意識に至るまで，どのように変化してきたのか，その背景で何が起きているのか，詳細に検討することを可能にしてくれる．結婚や交際にかかわる質問項目も豊富に含むため，家族研究にも大いに資する調査データとなっている．

もっとも，官庁が実施する統計調査ほどには大規模な調査ではないので，推定精度がやや粗くなることは否めない．だから，統計調査でわかる事がらにかんしては，その結果のほうがより正確なはずである．例えば，配偶関係であれば，代表的な統計調査である国勢調査の結果より調べることができる．ちなみに20代前半の未婚者割合を求めると，男性で94％，女性は89％であった（出典：総務省統計局「平成17年国勢調査結果」）[9]．20代後半男性のそれは72％，女性は60％．30代前半では，男性が47％，女性は32％．そして30代後半[10]だと，男性30％に対し，女性では18％であった．これらのように，未婚や有配偶者の割合であれば，国勢調査からより確かな情報を得ることができる．ただ，JLPS を用いれば，未婚者の中で交際相手がいるかいないかを分けたうえで集計することにまで，踏み込むことができるのである．

図表1-1は，年代と性別に分けて，JLPS 第1波データにおける婚姻・交際状況の分布を表示したものである．JLPS では，20歳から40歳までの年齢層

第 1 章　結婚を阻む「壁」の在り処

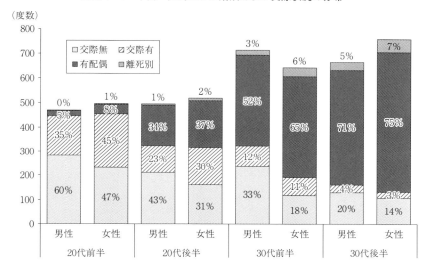

図表 1-1　年代・性別にみた婚姻および交際状況の分布

を対象としているが，それを 5 歳ずつに区切った[11]．縦棒の長さは，回答者の人数をあらわす．帯で塗り分けられている箇所は，婚姻・交際状況の各カテゴリーの相対度数の大きさをあらわす．

20 代前半だと，男女ともに結婚した経験のある者は，1 割に満たない程度であり，少数派である．そして，未婚女性のうちのおよそ半数，未婚男性では 3 割 5 分程度が，交際相手がいると回答している．

年代が上がると，結婚を経験した人の割合は，やはり多くなっていく．男性については，20 代後半で 35％，30 代前半は 55％，そして 30 代後半は 76％になる．女性のそれはというと，20 代後半から 30 代後半にかけて，39％，71％，82％となっている．

一方，未婚で交際相手がいる人の割合は，徐々に減少していく傾向にある．20 代の前半と後半とを比べると，全体の中での交際相手がいる者の割合こそ減少しているが，未婚の中での内訳に注目すれば，先に述べた 20 代前半の値とあまり変わらない．しかし 30 代前半を迎えると，交際中の者が全体の 1 割ほどしか男女それぞれいないというだけでなく，未婚者の中での割合も，男性で 2 割 5 分，女性でも 4 割弱にとどまる．その前の年代に比べ，1 割近く低く

19

第Ⅰ部　結婚意欲・交際そして結婚

図表 1-2　第 1 波から第 7 波にかけての婚姻・交際移行率

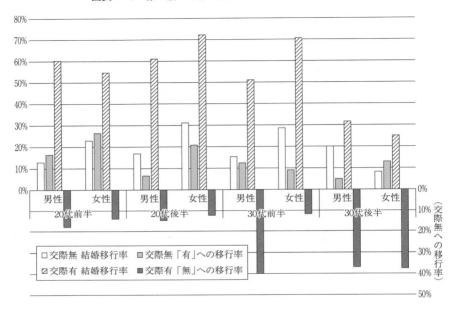

なっている．それから 30 代後半については，未婚者の中で交際相手がいる者は男女ともに 2 割もいないのである．20 代とは異なり，30 代の未婚者は交際から縁遠くなる様子がみてとれる．

このように，JLPS を用いるならば，未婚の中の交際状況を分けたうえで，結婚への道筋を詳細に検討できるのが強みの 1 つである．だがそれだけなら，1 節で紹介した国立社会保障・人口問題研究所や内閣府などの調査データでも分析可能である．JLPS のさらなる強みは，同一個人を追跡し続けるパネルデータを提供できることである．その特性を活かして，婚姻や交際の状況が変化していく軌跡をとらえることが可能なのだ．

図表 1-2 は，婚姻や交際状況の移行率である．ただし，第 1 波（2007 年）と第 7 波（2013 年）の 2 時点だけを扱っており，その 6 年間にかけての状況の違いをもって，ここでは「移行」としている[12]．4 本の縦棒のうち，左の白い棒の高さは，第 1 波時点での交際していない未婚者のうち第 7 波で結婚している者の割合を示す．その右隣の点で塗られた棒の高さは，同じく交際していな

い未婚者のうちで交際相手がいるように変わった者の割合を示す．さらに右の斜線で塗られた棒の高さは，第1波時点で交際していた未婚者のうち第7波で結婚している者の割合をあらわす．最後にもっとも右に位置する棒の低さは，第1波において交際していた未婚者のうち第7波では交際相手がいないと回答した割合を示している[13]．

　交際相手がいない未婚者たちが，その6年後に結婚している確率を移行率より推定すると，概ね2割弱である．結婚への移行率には性差があり，男性のそれは1割5分ちょっとで，女性は2割5分ほどである．第1波時点で交際相手がいる場合だと，男性で5割，女性は6割を超えるまでに，結婚への移行率は上昇する．ここで扱う結婚移行率は，当該の交際相手と直ちに結婚するようなことは意味していないけれども，第1波で交際相手がいることは，平均的に異性との交際機会に恵まれていることを示唆する代理指標となっており，彼女あるいは彼らが結婚する確率がより高いという分析結果が出るのは自明なのかもしれない．詳しい分析は本書第2章に譲るが，やはり交際を通して結婚へと進むのが，現代日本の未婚者の姿なのであろう．

　30代前半までの結婚への移行率を男女で比較すると，概ね女性のほうが高いことがわかる．とりわけ，結婚移行率が高めの20代後半や30代前半の年代において，男女差は非常に大きくなっている．これは，女性のほうが，いわゆる「適齢期」とされる年齢のころに集中的に結婚が起きやすいことを意味するものと考えられる．

　交際相手がいなかった者が6年後に交際している確率を，同様に移行率より求めてみると，性別と年代の組み合わせにより，違いがみられる．交際への移行率が高いのは，20代の女性で，だいたい2割強である．男性や30代女性となると，1割かそれを切る水準にまで，交際への移行率は低下する．女性の場合，結婚しやすい年齢が集中していると先に述べたが，その前段階で，交際相手をみつけやすい年齢についても，比較的集中しているとみるべきであろう．

　交際状況は，時間経過とともに変わりうる．ということは，これまでの話とは逆に，第1波時には交際相手がいたが，第7波調査時点においてはいなくなっている可能性も当然あるわけだ．そうした，交際相手がいない状況への移行率も，同じく図表1-2より確認しておこう．移行率は大きく2つのグループ

に大別される．移行率が高い，すなわちこの場合では交際相手がいない状態へ変わりやすいのは，男性の30代と女性の30代後半の年代である．細かい交際の履歴は不明だが，第1波で交際相手がいた者のうちの4割近くがその相手と別れた後，第7波時点において交際相手不在の状態に置かれている．それ以外の層では，移行率は1割強から2割のあいだにあり，相対的には低めである．

　図表1-1でみた交際状況と，図表1-2でみた移行率の結果をあわせて考察すると，次のように整理することができる．第1に，結婚・交際状況とその移行の年齢依存性である．20代のうちは，未婚者の中でも交際している人もそれなりに多く，結婚へと移行する確率も高い．交際相手と別れたとしても，その次の交際のチャンスがかなり開かれている．非常にオープンな結婚・交際市場におかれている．30代前半は過渡期にあたり，まだ結婚への移行確率はそれなりに高く維持されるものの，未婚者が少数派に転じるとともに，未婚者中の交際相手がいる者の割合は低下する．そして30代後半では，交際している人は実に少なくなり，かつ，その希少な交際している者たちでさえその後結婚へと移り難くなっている．そのうえ，男女ともに，交際相手と別れた後に次なる交際機会に恵まれない傾向にある．恋愛結婚が主流となった現代においてもなお，年齢は結婚への道筋をたどるための道標として，重要な役割を果たしているように思える．

　第2に，女性における結婚・交際の年齢集中性である．女性では，20代において交際する機会が相対的に多い．これは，この年代の女性が，同年代はもとより他の年代の異性からも交際の対象としてみられやすいことを含意している．そこから5歳ほど上にシフトした，20代後半から30代前半にかけての年代で，女性にとって結婚する確率はもっとも高くなる．交際も結婚も，男性に比して，女性のほうが特定の年代で起きやすいわけである．これらから，結婚にかんする年齢規範は，未婚女性たちにいまだ強い影響を及ぼしていると推察することができる．それが未婚女性自身の中で内面化されて意思決定に反映されているのかどうかは，次節の分析結果も総合して検討することで明確になるだろう．

3. 結婚についての意向と希望時期

　現代日本の若年者たちは，将来には結婚をしようと考えているのか．さらには，もし結婚するつもりであるならば，それを何年後に，あるいは何歳の時に実現したいと思っているのだろうか．この節では，結婚意向と結婚したいと希望している時期にかんして検討していきたい．

　まずは単純に，結婚意向について分布をみてみよう．図表は割愛したが，第1波時点における20歳から40歳までの未婚者のうち，8割5分ほどに結婚意向があることが確認された．つまり，よく知られているように，今後結婚したいかどうかを問われれば，多くは「結婚したい」と回答しているということである．具体的な予定や交際相手の有無などを問わず，本人の結婚意向という意識レベルについて論じる限りでは，今なお日本は「皆婚」社会からそう遠くはない位置にある．

　では何歳までに結婚したいのかという，結婚を希望する時期についての回答をみると，次のような興味深い事実がわかる．もっとも多く回答されたのは「30歳」で，有効回答のうちの3割を占めた．それに次ぐのは「35歳」（約19%）であり，それから「40歳」（約12%），「25歳」（約8%），「28歳」（約7%）と続く．これらの上位5番目までの回答割合を足し上げるだけで，7割5分を超えるまでになっている．要するに，数値の末尾が0や5となるキリのよい年齢が，目安として挙げられやすいということだ．そして，ある程度の年齢までには結婚すべきという規範がそれなりに維持されていることの証左とも読み取れる．また，キリのよくない値の中では「28歳」との回答が目立って多かったのは，このあたりの年齢が多くの若年者にとって本格的な結婚市場への入り口を意味しているのかもしれない．

　ここまでで，現代でも，若年者の多くは結構意向があり，近い将来の結婚を考えている様が浮かび上がってきた．ただしそれは，20歳から40歳までをまとめて分析した結果によるものであって，年代別に分けてみると，それらの傾向は異なった様相をみせるのかもしれない．そこで次に，性別および年代別に分けたうえで，結婚意向と結婚希望時期にかんしてより詳細に記述していくこ

図表1-3 結婚意向率と何年後までに結婚したいか

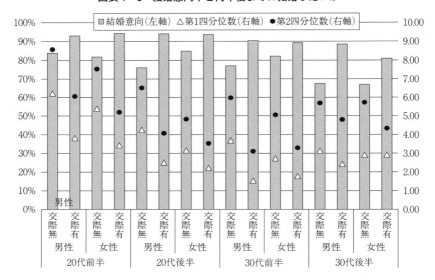

とにしたい.

図表1-3に表示した●の記号は，調査時点から何年後に結婚を希望しているかについて，当該の層の中での第2四分位数（中央値）を示す[14]．層は，性別，年代[15]，それから交際相手の有無を組み合わせてつくった．△の記号は，同じく当該の性・年代の中での第1四分位数を示している．前者については，結婚希望時期の早い順に並べた時にちょうど真ん中に位置する値ということから，その層における標準的な結婚希望時期をあらわしているとみればよい．後者は，結婚希望時期の早さが上位25%に相当するので，その層で比較的早目に結婚したい人が何年後に希望しているかを意味している．そして，同時に表示した縦棒の高さは，結婚意向があると回答した者の割合を示している．

まず，結婚意向からみていこう．結婚意向には，交際相手の有無による違いも，年代による違いもあるが，どの層でも皆，基本的には高い水準にあるといえる．もっとも低い「交際相手なしの30代後半女性」においても，結婚意向がある者の割合は7割弱ほどである．交際相手がいる場合には，いない場合よりも，概ね10ポイントかそれ以上，結婚意向のある者の割合が高くなる．

全体的にみると性差は明瞭ではないものの，交際状況と組み合わせてみることで系統的な違いがみえてくる．男性においては，交際相手がいる人たちといない人たちとのあいだで，かなり大きな結婚意向割合の差異がみられる．それに対して，女性では，交際相手の有無による結婚意向の違いはそれほど大きくはない．すなわち，交際と結婚意向の結びつきに敏感なのは，女性よりはむしろ男性のほうであると読むことができる．とりわけそれは，実際に結婚が起こりやすい20代後半の層で，顕著にあらわれていることも指摘できよう．

　まとめると，性別や年代および交際状況で層別しても，どの層でも結婚意向がある者の割合が過半数を超えるのは間違いない．結婚意向の差異をもたらす属性要因として重要なのは，交際相手の有無である．年代による結婚意向の違いについては，確かに30代後半では他よりも低めではあるが，さほど顕著ではない．性別については，既に述べたように，男性だと交際相手の有無による違いがいっそう大きく出る傾向があることがわかった．

　さて，ここからは図表1-3の記号の位置へと着目し，結婚を希望する時期についての検討へ移ろう．まずは●でプロットされた第2四分位数より，標準的な結婚希望時期をみる．交際相手の有無による希望時期の違いは，ペアごとに隣接した第2四分位数を比べることによって，把握可能である．どのペアにおいても，常に，左側にあるほうがより高く，右側のほうがより低い位置にある．すなわちそれは，交際相手がいる場合は，そうでない場合よりも，より早めの結婚を希望していることを意味する[16]．もっとも，交際相手がいない状況で，近い将来の結婚をイメージするのもなかなか困難かもしれないので，自明の結果といえないこともないだろう．

　結婚希望時期については，30代後半を除き，男女差がみられる．ほかの条件が同じなら，男性よりも女性のほうで，第2四分位数が低めになっている．つまり，女性のほうがより早めの結婚を希望しているということだ．単なる結婚意向だと，それほど明瞭ではなかった性差が，具体的な時期までたずねると顕わになるのは興味深い．

　もっとも結婚を早く希望するのは，30代前半の交際している層である．男女ともに第2四分位数は，わずかに3年くらいとなっている．ということは，交際中の30代前半の人たちにとっては，3年くらいで，あるいは35歳くらい

までには結婚したいと希望するのがわりと多数派であるように思える.

30代前半では，交際相手の有無や性別によって結婚希望時期に大きな違いがあったが，30代後半についてみると差は縮小する．どの層においても調査時点からだいたい5年ののちに結婚を希望するのが標準的で，違いは大きくはない．交際相手がいても，結婚を焦る気持ちが弱くなるのかもしれない．あるいは，結婚をしなくても落ち着いて交際を続けられる安定したカップルだけが，この年代においても未婚のまま維持されているのかもしれない.

ところで△でプロットした第1四分位数であるが，それ自体の位置からは当該の層における早めの結婚希望時期を知ることができる．そのうえ，ベースラインとなっている0年の位置と△の位置とのあいだの距離と，△の位置と●の位置との距離とを比べることで，結婚希望時期の分布の形状をうかがうこともできる．2点の距離が近いということは，多くの人がそれらのあいだの値を集中的に回答していること，すなわち「密」の状態をあらわす．逆に二点の距離が遠ければ，それは，それらのあいだには回答があまり集中していない，すなわち「疎」の状態ということになるわけだ.

そのように，距離をみて解釈をすすめると，以下のようにいうことができる．20代前半では，第1四分位数と第2四分位数のあいだの距離が非常に狭いのが特徴的である．これはつまり，第2四分位数があらわす真ん中付近に，回答が集中している傾向があることを示すものである．20代前半の人たちにとっては，結婚はまだ具体的に時期を絞り込んではいないため，「30歳」や「28歳」など，自身が内面化した結婚にかんする年齢規範に応じつつ，何となく希望時期を回答しているように推察される.

より年齢上がって30代となると，どの層においても，ベースラインから第1四分位数までの距離と，第1四分位数から第2四分位数までの距離とが，ほぼ同程度になっている．これは，結婚時期についての回答が，ある程度均等に散らばっていることを示すものであり，それだけ個人差がはっきりとしてきたということになる．すぐにでも結婚したい人も一定程度いる一方で，何年か後がよい人も一定程度おり，さらには結婚しようと考えていない人たちもそれなりにいる，というように．30代というのは，結婚している人も多くなり，未婚者たちも結婚意向や希望時期において多様性が増してくる年代なのである.

この節で得られた知見をまとめよう．第1に指摘したいのは，結婚意向は年代が上がるにつれて盛り上がっていき，30代前半をピークとして，その後30代後半では低下することである．単に結婚意向をたずねると，多くの未婚者が「ある」と回答しがちなためわからないが，結婚を希望する時期まで回答を得られればパターンがみえてくる．特に交際相手がいる場合において，30代前半の年代では数年内に結婚を考えているのが，データでも浮かび上がってくる．そのピークを過ぎると，ある意味落ち着いたのか，集団の平均傾向としては，すぐにでも結婚をしたがっているような様子はみえなくなる．結婚意向または希望という点でいうと，30代の半ばが，分岐点というべきポイントにあたる．

　さらに第2に，女性は男性よりも早めの結婚を希望しており，ピークに達する年代も相対的に早めであることである．女性は20代後半で既に，ピークと表現した30代前半とほぼ同程度に，早めの結婚を希望する傾向がある．裏を返せば，男性は結婚のリアリティがないのか，ゆっくり構えているように思える．結婚意向や希望する時期にかんして，男性側の意識が女性側のそれへと追いつくのは，ようやく30代に入ってからというわけである．前節で述べた，結婚の年齢規範が，日本では女性において強く影響しているとみる見方と，整合的な知見が得られたといえよう．

4. 結婚意欲の移行

　この節では，将来のことではなく，調査時点現在において結婚についてどのように考えているかを分析していく．結婚したいのか，それとももしもしなくてもよいのか，はたまた結婚はしたくないのか，結婚への意欲とその変化にかんしてみていきたい．

　図表は割愛したが，JLPSの第1波時点での結婚意欲の分布をみると，「ぜひ結婚したい」と「できれば結婚したい」という2つの意欲の高い回答をした者が，それぞれ4割弱を占めることが明らかとなった．これらを合わせた累積相対度数は全体のおよそ4分の3に達するほどで，やはり結婚意欲がそれなりにあると表明する人が多数派であることが再び確認された．中立的な選択肢の「結婚してもしなくてもよい」はおよそ1割5分，否定的な「結婚したくない」

という回答は3%ほど，回答者に選ばれていた．現代の未婚者たちの中で，はっきりと結婚を拒絶する態度を示す者は，決して多くはないのである．残る選択肢は「結婚について考えていない」というもので，選択された割合は8%ほどであった．このように，ある1時点で静学的にとらえると，若年の未婚者たちのうち，多くは結婚する意欲が高めであることがわかった．

ただしJLPSデータからは，より重要な情報を引き出すことができる．ここでポイントとなるのは，JLPSにおいて結婚意欲が「時間とともに変化可能な情報」として測定されていることである．つまり，パネルデータらしく，2007年時の結婚意欲，2008年時の結婚意欲，そして2009年の……というように，毎年の追跡調査の中で，その時々の結婚意欲の回答が累積されてきているわけなのだ．したがって，それらを用いると，結婚意欲がどのように変わりゆくか，変化の軌跡をとらえることが可能となる[17]．

図表1-4に，結婚意欲の移行にかんする分析結果を表示した．上段のパネルa）は，前回の調査から当該回の調査での回答へ，どのように回答が変わったのかを図示した．左のa1）は男性，右のa2）は女性の回答を，それぞれあらわしている．帯グラフにおける横方向の「帯」の長さは，移行確率を示す．太枠で囲っている箇所は，対角のセルへの移行確率であるが，それは同じ回答が継続された確率ということになる．なお，右端の黒く塗られた箇所は，結婚への移行確率である[18]．

太枠で囲われた箇所が長いことからわかるように，男性でも女性でも，そしてあらゆる回答においても，最も典型的なパターンは同じ回答を維持することである．例えば，「ぜひ結婚したい」と回答した男性の調査対象者は，次回の追跡調査においても7割近い確率で，同じく「ぜひ結婚したい」と回答する傾向にある．そしてそれは，性別によって違いはない．ただ，「結婚したくない」という否定的回答については，これらの中では最も継続する確率が低く，4割強であった．それから，「結婚について考えていない」という回答も，継続確率は5割弱にとどまる．

実際に「結婚」へと移行するのは，「ぜひ結婚したい」という回答からが相対的に多い．男性では1割ほど，女性では1割5分ほどが，「ぜひ結婚したい」と回答した次回の調査で結婚に至っている．この結婚への移行確率は，「でき

第1章 結婚を阻む「壁」の在り処

図表1-4 結婚意欲の移行確率（パネルa）とその年代差（パネルb）・交際状況差（パネルc）

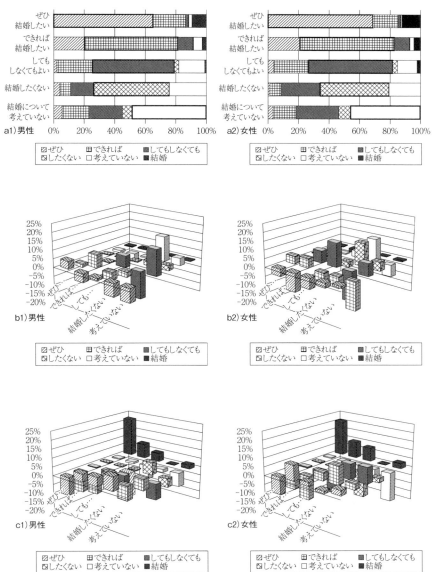

れば結婚したい」という回答だと，5％にも満たない水準にまで低下してしまう．その他の回答となるとほぼゼロに近い．やはり，結婚意欲の強さが，結婚の必要条件であることは間違いないだろう．

　結婚意欲の移行の特徴の1つは，いったん意欲が強くなると下がりにくいこと，であろう．「ぜひ結婚したい」からは「できれば」へと意欲が下がる確率が2割ほどあるものの，それより意欲の弱い回答へと移ることはあまりない．また「できれば結婚したい」から「ぜひ」へと意欲が上がる確率も2割ほどである．意欲が最も強い「ぜひ」という回答と，それに次ぐ「できれば」の回答のあいだは，対称的に移行が起きているとみてよい．この対称性は，循環しているとも読めるが，測定の誤差の影響とも取れる結果である．ただし，「できれば結婚したい」という回答からは，「結婚してもしなくてもよい」や「結婚について考えていない」という回答へもそれなりの確率で移行が生じうる点で，「ぜひ結婚したい」との回答とは性質が異なる．

　中立的な「結婚してもしなくてもよい」に注目すると，その回答から二段階上にあたる「ぜひ結婚したい」という回答へは，直接的にはほとんど移行していないことがわかる．となると，結婚へのいわば入り口にあたる強い結婚意欲を持つには，「できれば」という弱い意欲の段階を経由して変わっていくのが一般的ということになる．結婚への道は遠く，まだまだ時間を必要とするのが，この中立的な回答がもつ意味である．しかしながら，ここに示された移行確率の構造をみる限り，意欲を年々強めていく確率が高いとは言い難い．

　1つだけ異質なのが，「結婚について考えていない」という未定的な回答である．他の回答は，結婚意欲の強さを示す順序的選択肢として与えられており，移行確率などで実際のデータが示す結果も，順序と呼ぶに相応の知見が提示されている．だが，この最後の「考えていない」という回答は，それらのように単一の明確な意味を持ちえていないように思われる．この回答からは，「結婚したくない」という否定的回答へと移行する確率が，否定的回答の継続を除けば，ほかよりも圧倒的に高い．ゆえに，結婚を好まない層を含むものとみられる．他方で，結婚意欲の強い回答への移行確率もそれなりにある．この背景には，若過ぎてまだ結婚は考えられないということで結婚意欲の回答を保留していた人たちからも選ばれていることがあるだろう．さらには，結婚意欲は沸か

ないが，特に拒絶しているわけでもないという，中立回答層の代替的選択肢ともなっているのではなかろうか．潜在的には異なる意味が混合した回答とみられる．

さて，図表1-4の中央にあるパネルb）および下部のパネルc）についても説明を加えたい．これらのステレオグラムは，結婚意欲の移行確率の年代による違い（パネルb））と交際状況による違い（パネルc））をあらわしている．パネルb）において，3次元でみて上に出ている箇所は，30代のほうが20代よりも，移行確率が高い箇所である[19]．下に出ている箇所は，それとは反対で，20代のほうが30代よりも，移行確率が高い箇所ということである．パネルc）で，上に出ている箇所は，交際相手がいる場合のほうがいない場合よりも，移行確率が高い箇所である[20]．下に出ている箇所では，交際相手がいない場合のほうがいる場合よりも，移行確率が相対的に高い．

年代による移行パターンの違いを，パネルb）よりみていこう．男性にかんしては，年代差が生じやすいのは，否定的回答や未定的な回答の時である．否定的回答から強い結婚意欲を持つように変化をしやすいのは，20代により多くみられる特徴といえる．その一方で，30代だと，否定的回答から未定へと変わるのが多くなっている．未定的回答からの変化についていうと，20代はより肯定的な回答へと変わりやすく，30代は中立的回答への移行が多くなっている．まとめると，より若い年代のほうで，結婚に対して近づくような結婚意欲のシフトがみられたといえる．

女性にかんしても，結婚意欲移行パターンの年代差は，男性のそれとだいたい類似している．違いを指摘するならば，まず「できれば結婚したい」という弱めの肯定的回答から「ぜひ結婚したい」という強い肯定的回答への移行が，20代でより多くみられることである．それと，中立的回答と否定的回答で，30代のほうが同じ回答を継続しやすいことである．これらはそれぞれ，20代のほうでの肯定的方向へのシフトと，30代での否定的意識の硬直化として解釈できる．したがって，男女ともに，年代が若いほど結婚意欲はより強まるようになる傾向は一貫して観察された．さらにいえば，男性よりも女性のほうが，年代による変化パターンの違いはいっそう大きい．

交際相手の有無によって，結婚意欲パターンがどのように変わるかを図示し

たのが，図表1-4のパネルc）である．男性についてみると，「ぜひ結婚したい」との強い意欲を示す回答への移行率にかんして，交際相手の有無による違いが顕著である．交際相手がいると，中立と否定そして未定の回答からでも強い結婚意欲を持つように回答が移行しやすい．交際相手がいない場合には，強い結婚意欲を維持しにくそうだが，それは結婚へ移行する者が外れるゆえであろう．

　それと比べると，女性では交際状況による移行の違いがさほど大きくない．交際相手がいると強い結婚意欲へと移りやすくなるとか，いなければ強い意欲を維持しがたいのは，男性同様にみられる．だが，交際相手がいるからといって，中立以下の結婚意欲の弱い回答から強い意欲を示す回答へと移りやすくなるようなことはない．その代わりに，女性では，交際相手がいると，未定や否定から中立あるいは弱めの結婚意欲を示す回答へと移るという，少しだけ段階の上がった回答へと変わる穏やかな変化をしやすいようである．

　最後に，交際状況によって大きく異なるのは，結婚への移行確率である．交際相手がいる状況そのものが結婚への移行率自体を高めることもあるだろうが，それだけでなく，特に結婚意欲が強い場合に非常に大きな差異が生じる．交際状況と結婚意欲とは絡み合いながら，結婚意向に影響することがわかった[21]．

　総じて，結婚意欲については，同じ回答をする傾向が強い．しかし，変化のパターンを追っていくと，二極分化の傾向がみてとれる．一方には，潜在的に結婚意欲の強い人たちから構成される群がある．この群の人たちは，「ぜひ結婚したい」や「できれば結婚したい」のいずれかを回答しながら，機をみて結婚へと移行する者があらわれる．この群にとっては，結婚へとたどりつけばそこがゴールとなる．もう一方には，結婚に対する否定，未定，中立的な回答を循環する，潜在的に結婚意欲の弱い群がある．こちらからは，結婚へと移行する者がほとんどあらわれない．なかなか結婚意欲を高めるような移行は，確率的にはあまり生じるわけではない．この群だと，結婚はしたくない，あるいは別にしなくてもよい，という意識になって収束する可能性がある．

　結婚についての年齢規範の反映と読み取れる結果は，この節でも再度あらわれている．30代よりも20代のほうが結婚意欲を高める方向への移行がみられがちであり，それは特に女性において顕著だからである．結婚意向および希望

時期の結果と類似しており，20代女性は結婚へ向けて己の意識を加速させていくかのような，結婚意欲のシフトがみられる．裏を返せば，30代女性は，もはや結婚の意欲があまり高まらず，結婚しようとそもそも思わないところで立場が固まりやすいともいえる．

男性に特徴的なのは，交際相手ができることで，結婚意欲が大幅に変わりやすいことだ．もっとも，交際すれば結婚意欲が高まるというのは，その時々の状況に応じて柔軟に行為選択を変えやすいという意味にもなるから，決して悪いことではない．未婚率を低下させたい政策当局者からすれば，ある意味歓迎すべきメカニズムともとらえられるだろう．

5. 配偶者選択基準の変化

現代日本の未婚の男女が，それぞれ結婚しようとする相手に求める条件は，いかなるものであろうか．そしてそれは，加齢に伴いどのように変わるのか．配偶者選択基準の水準と変化に着目して，結婚への道筋の意味を読み解くのがこの節の目的である．

JLPSでは，第3波（2009年）より隔年で，配偶者選択基準を質問している．基準として重視しているか否かをたずねられるのは，「性格・人柄」，「容姿・外見」，「学歴」，「年収」，「年齢」の5つである．ここでは，それらのうち「性格・人柄」を除く4つの基準を取り上げ[22]，第3波と第7波（2013年）の2時点に絞って，変化をとらえることとしたい．

以下の図表1-5に，レーダーチャートの形式で，配偶者選択基準の回答割合を図示した．パネルa）が重視すると回答した割合であり，パネルb）はそれの年代による違い（30代の重視割合と20代のそれとの差），パネルc）は交際状況による違い（第3波で交際相手がいる者の重視割合と相手がいない者のそれとの差）である．なお，実線は第3波当時の未婚回答者における重視割合をあらわす．第7波における未婚者の重視割合は点線で，第7波で未婚に残った回答者の過去（第3波）の回答だけに絞った重視割合は破線で，それぞれ示している．このように表現することで，実線と破線とのズレは，セレクションすなわち結婚で抜けやすい人と未婚のまま残りやすい人との違いを意味するものとな

第Ⅰ部　結婚意欲・交際そして結婚

図表1-5　配偶者選択基準の回答割合（パネルa）とその年代差（パネルb）・交際状況差（パネルc）

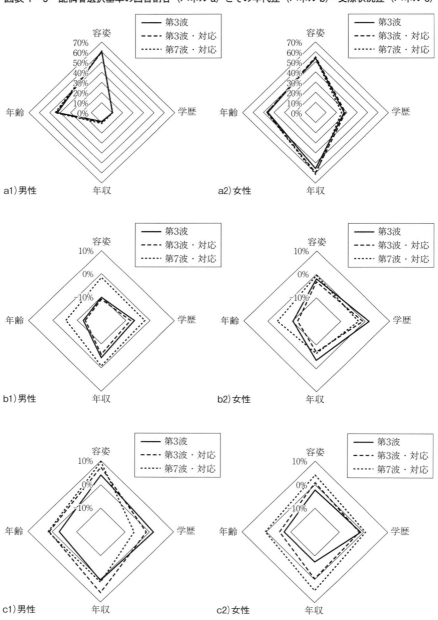

る[23]．そして，破線と点線とのズレは，個人内変動すなわち4年間経過しての未婚者たちの平均的な変化を映し出す．

　パネルa）をみて直ちに気がつくのは，男女間での形状の差異であろう．男性は，容姿・外見を重視すると回答した割合が概ね6割，年齢を重視する割合が5割に達するが，それら以外はきわめて低い水準にある．他方，女性では，年収を重視する割合がもっとも高く5割5分を超える．また，容姿・外見は5割，年齢も5割，そして学歴についても3割が重視すると回答している．女性のほうが男性よりもさまざまな基準を挙げがちであるので，実線や点線で描かれる四角形が大きめになっている．

　男性については，実線，破線，点線の3つの線は，だいたい同じ四角形を描いているとみてよい．つまり，配偶者選択に重視する基準が変わることはあまりない．しかも，結婚する人とそうでない人とのあいだで，重視する基準が異なるというわけでもない．言い換えれば，どのような基準を重視するかによって，結婚確率が変わるということもないということである．

　女性では，年収を重視する割合において，実線だけが値が小さめで，破線と点線がそれより大きな値になっている．ということは，同一の対象者が含まれた集団に絞れば変化はみられないが，第3波の未婚者全体と第7波まで未婚のまま残った人たちとのあいだで差があることになる．未婚者全体のほうで重視割合が低いわけだから，結婚して配偶者選択基準の回答対象でなくなる人たちはより収入を重視するとは答えない傾向にあったことになる．結局のところ，配偶者選択基準で収入を重視するほうが，その後に結婚する確率は低めになることを示唆する結果といえる．

　同一個人における系統的変化の可能性があるのは，女性回答者における配偶者選択基準としての学歴の重視についてである．こちらは点線のみ，図の内側に寄っている．それはすなわち，同一の未婚者たちにおいて学歴を重視する割合が4年間のあいだで減少していったことをあらわす．学校を出てから時間が経つにつれて，学歴や学校歴がもつ意味合いが薄まっていくことのあらわれのように思われる．

　続いて，パネルb）の結果より，年代による配偶者選択基準の重視割合の違いに注目しよう．男性にかんしては，シンプルに解釈可能である．全体的に，

第 7 波の値である点線が外側に，しかも年代差がないことに相当する 0% 付近の位置にある．それからわかるのは，第 3 波時点ではより若い 20 代の人たちのほうが，4 つの配偶者選択基準いずれについても重視すると回答する傾向が高かったが，それからの 4 年で年代差がなくなったことだ．加齢に伴って，条件をわずかに緩めるのが，特に 20 代でみられたということである．

　女性は，年齢の重視割合に年代差があったのが，やはり第 7 波でなくなったという結果が出ている．男性とは異なり，あくまで年齢という 1 つの基準だけで条件の緩和が起きたわけである．ほかの 3 つの基準については，値が少々異なっているが，系統的差異といえるほどはっきりしたものではない．

　最後にパネル c) から，男性と女性それぞれにおいて，交際相手の有無による配偶者選択基準の重視割合の違いを確認する．男性では，実線が内側で，破線と点線が外側に位置するパターンが，容姿・外見と年齢の 2 つの基準においてみられる[24]．前者では，第 3 波では交際状況による重視割合の違いがなかったのだが，その後も未婚でいた人にだけに絞ると交際相手がいた人のほうがむしろ重視割合が高かったことがわかる．後者では，どちらかといえばもとは交際相手がいるほうが年齢を重視しない傾向であったのだが，4 年後まで未婚でいた人に限れば年齢の重視割合は交際状況による差がなくなる．実のところこれら 2 つは，差異のパターンとしては類似している．すなわち，交際中でかつその後も未婚でいる男性は，平均的に配偶者候補に対して条件を付けがちであるのだ．再び言い換えれば，そういうタイプの男性未婚者が，交際の機会に恵まれていたにもかかわらず，結婚には至りにくいということであろう．

　女性の回答については，もっとも差異が顕著な年収重視割合にかんしてのみ解釈をする．第 3 波調査の同一時点でも，未婚者全体集団とその後も未婚であり続けた集団を比べると，交際状況による重視割合の違いがあらわれている．違いの原因は何かというと，第 3 波当時，交際相手がおり，同時に年収を配偶者選択において重視していない未婚女性のほうが，結婚しやすいことである．パネル a2 でみた結果と整合的でもあり，それの中身をさらに掘り下げた結果として受けとめられる．

　この節の知見を整理しよう．もっとも明解であったのは，配偶者選択基準として重視するものの男女差である．女性が全般的に生物的属性も社会経済的属

性もいろいろ重視しがちなのに対して，男性では容姿・外見と年齢という基準のみにとどまっていた．というよりも，男性は，配偶者候補たる女性へと，学歴や収入を期待していないとみるほうが妥当かもしれない．仮にそうだとすると，結婚以前の若年者の意識においてさえも，男女共働はイメージされないことが多いのを示す傍証と読み取れよう．

　配偶者選択基準の変化は，思いのほか小さなものであった．指摘できるとすれば，男性において，20代で未婚のままでいると基準をやや緩めるような傾向がみられたことと，20代女性で年齢のみ重視しなくなることくらいである．ただこの点も，前節での，男性の「状況に応じた変化ないし調整」として，統合的に解釈できないこともないだろう．結婚相手をみつけるのに際して，男性は妥協し，女性はそうではない，というような差異として行動レベルでは観察できるのかもしれないが，それを語るにはまた別の証拠が必要である．

　そうした変化以上に特筆すべきなのは，配偶者選択基準とセレクションとの関係である．女性では年収，男性では容姿や年齢といった配偶者選択基準を，重要視していなかった人たちのほうが，その後結婚しやすかったことが明らかとなった．結婚は人生の一大事であり，誰が相手でもよいはずがあるわけはない．それは正しいのだろうけれど，さりとて厳しい選択基準を課して，自ら相手候補のサーチ範囲を狭め過ぎるのはいかがなものかとも思う．めぐり合うべき相手が，一時的に「基準」として設定した許容範囲の外側にいるのかもしれないからだ．

6. すれ違う男女と主観的な結婚の「壁」

　結婚への道筋を眺めた時に，ある意味で分岐点となるのは，30代の半ばである．そのあたりの年齢までは，女性も男性も，結婚意欲を強めていくのが多数派である．20代前半の，結婚を遠くに眺めていた時期を過ぎ，現実のものとして直視したということなのだろう．できるだけ早く結婚したいというように，結婚の希望時期もどんどん早くなっていく．主観的プロセスにおける結婚への意思の高まりは，そのまま結婚への移行確率の結果に反映されている．

　しかしそれも，分岐点と称した30代半ばまでのことである．分岐点を超え

た30代後半以降になると，未婚者たちは分極化の様相をみせる．結婚意識は後退し，否定的な意識をもって結婚に背を向ける者も徐々に増える．もちろん反対の極には，それでもなお結婚への意欲を強く保っている人たちもいる．だが残念なことに，30代後半では新たなる交際機会が閉ざされがちであり，それと同時に交際相手を失った場合には，結婚へ向かう道へと戻れなくなる懸念も強い．ここに，現代社会の非婚化の問題が，象徴的にあらわれている．

　結婚についての年齢規範ゆえか，女性は比較的早く結婚に目覚めがちである．早めの人は20代前半で既に，すぐにでも結婚を希望する．多くは20代半ば以降で結婚意向や意欲はピークに達し，そのまま30代前半まで維持し続ける．交際することで，結婚意欲はさらに強まる傾向にあるが，女性のそれは男性に比して変化が緩やかである．結婚に対して中立的だったのが，翌年には弱い肯定的回答へ，さらにその翌年に強い肯定的回答へ，というように．

　彼女らの相手候補たる男性であるが，こちらはとにかく目覚めが遅い．こと結婚意識についていえば，男性は女性の後ろを5年遅れて追いかけているようなものである．ところが，男性と女性，それぞれの集団の平均像のみで語る限り，5年ズレても差し支えがない．なぜなら，配偶者基準の年齢にかんする下限と上限の値を男女比較すると，そこにも概ね5歳分のズレがあるからである．すなわち，男性は自分と同じか10歳下くらいまでを配偶者として望み，女性は自分の上下5歳の範囲を望む傾向がある[25]．結婚相手の年齢希望のズレと意識のズレがちょうど対応しているのだから，男性の結婚意識の立ち遅れはとりあえず平均的には問題とならない．

　むしろ問題は，男性の結婚意識のピークアウトが女性と同時期であることだ．男性の分岐点，すなわち結婚意識が下りに転じるタイミングについては，女性のそれと変わらないのである．すると，男性のほうが，結婚意識がピークにある期間が短いのと同じことになる．よって，5歳程度の年齢差での結婚，という条件を男女間の暗黙の了解事項と設定すると，結婚意識の高い30代前半未婚女性たちのマッチング対象となるべき30代後半未婚男性が，結婚市場で不足する．結婚のマッチング不全は，意識レベルにも原因がありそうだ．

　さらに，交際機会の喪失傾向が，男性の場合は30代前半から起きているのも，この問題を増幅させる．過去の交際における挫折から，どうにかして立ち

直って，次の機会をみつけていければよいのだが．年齢を条件に結婚市場から撤退するには，30代男性は早過ぎる．彼らからみると年下にあたる20代女性たちは，年を重ねるにつれて年齢を重視しなくなっていく傾向にあるので，それもまた追い風となるはずである．

　そうはいっても，楽観視できない事情もある．30代男性にかかわるセレクションの問題があるからである．ここでいうセレクションは，以下述べる3つの要素からなる．第1に，男性の収入にかんするセレクションである．本書第2章で述べられることとなるが，男性では，収入が結婚への移行へと正の関連をもつ．単純に，お金がなければ結婚しにくいのである．そうなると，経済的に恵まれていない男性ほど，30代後半で未婚で残りやすくなる．第2に，相手候補の女性からのセレクションである．前節でみたように，未婚女性の配偶者選択基準で重視される割合がもっとも高いものは，年収である．未婚女性が提示する年収条件をクリアできる30代後半の男性がどれほどいるのか．第1のセレクションと結びつけて考えると，必ずしも多いわけではなかろうとの推察に辿り着く．そして第3に，男性自身からの相手候補のセレクションが加わる．30代後半の男性も，選ばれると同時に，選ぶ立場なのである．女性の年齢が想定した範囲内ならば，それだけでよいかといえばそんなはずはない．未婚男性が，容姿・外見を配偶者選択の基準にするというのは定番の結論で，しかも30代に入って後にもその条件を譲る気配はほとんどない．

　小倉千加子が，「結婚とは『カネ』と『カオ』の交換」（小倉2003）と喝破したのは2003年のことだった．それから10年以上過ぎ，とりたてて事態が変化したという兆しはみえない．いやむしろ，収入という配偶者選択基準が維持されたまま，若年男性の平均所得が下がっているのだとしたら，いっそう深刻化したのかもしれない．一大ムーブメントを起こした「婚活[26]」も，当初の思惑から逸れてしまい，「『わずかないい男の奪い合い』へと誤解されていった」（白河2013）とされる．時代は変わったはずで，世代も入れ替わったはずだ．それは正しいのだろうけれど，日本の若年未婚者たちの結婚意識や規範，行動様式の潜在構造は，思っていた以上に強固であったということである．

　なぜ結婚しないのか，と問われれば，「適当な相手とめぐりあわないから」（交際相手なしの場合），とか，「経済的に不安だから」（交際相手ありの場合）と

答えるのが，社会調査での典型的な結果である（三輪 2010）．だがよく考えて欲しい．「適当」も「不安」も，実のところ，他の誰でもない，己自身がつくりだしたものだ．結婚を阻む「壁」は，主観的な世界，すなわち自身の内にあるともいえるのである．そびえるような「壁」の高さも，それは感じ方や見方を転換するだけで，ずいぶん印象が変わるのかもしれない．

　意識のもちようを変えたくらいで結婚が近づくかといえば，さすがにそんなことも考え難い．行動が伴うのが，必要条件としてそこへ加わる．考えられる処方箋は，既に既存文献で挙げられているので（山田・白河 2013），ここではあえて述べない．そこで展開された結婚に近づく方策にも，ほとんど同意できる．ただ一点，男性のほうが交際するやいなや結婚意欲が跳ね上がりやすいとする本章の知見に基づけば，「女̇性̇が花束も持って男̇性̇へとアプローチする」ほうがよりゴールへと近づきやすいかもしれない，というささやかな異議はある．そして，諸々の方策の効果を評価するために，新たな研究が求められよう．

注
1) このテーマに対する社会的注目は，今まさに高まっている。例えば，厚生労働省の『平成25年版厚生労働白書』でも，大きくとりあげられている（厚生労働省監修 2013）。
2) 同一の概念にもかかわらず，研究によって，結婚意向，結婚意欲，結婚意思など異なる言葉で呼ばれることがある。それとは反対に，同じ言葉を使いながら，異なる概念のことを論じていることもある。さらには，調査によっては，質問文や，選択肢が変わって，同一概念で同一の言葉でも，異なる事がらをとらえることさえある。ここでの概念の定義と言葉の用法は，あくまで本章としての立場のみを示しているに過ぎない。
3) 結婚行動そのものの研究成果は非常に豊富にあるが，その文献レビューは本章の範囲を超えるので，本書第2章へと譲りたい。
4) 近年の，1年以内の結婚意思は上昇したことをもって，「結婚に対する先延ばし意識が薄らぐ」（金子・鎌田 2012: 19）とまとめられている。
5) この指標は，生涯の結婚意思，年齢重視・理想重視，当面の結婚意思という3つの質問をもとに合成して得点化したものである。本章で扱う結婚意向，配偶者選択基準（年齢），結婚意欲を総合化することに近い。
6) あくまで発生した結婚件数の中での内訳における恋愛結婚の割合上での話である。
7) 「消費生活に関するパネル調査」における結婚意欲の質問では，選択肢が，

「まもなく結婚することが決まっている」、「すぐにでもしたい」、「今はしたくないが、いずれはしたい」、「必ずしもしなくてよい」、「したくない」の5件であり、本章で用いるJLPSにおける結婚意向・時期と結婚意欲、婚約者の有無などを複合した意味を持っている。

8) JLPSおよび東大社研パネル調査プロジェクトの詳細情報については、ホームページを参照のこと（http://csrda.iss.u-tokyo.ac.jp/panel/JLPS/　最終閲覧2016年12月22日）。
9) JLPS第1波調査と時期がもっとも近い平成17年の国勢調査結果を掲載した。これらの値は、日本人のみを対象とし、不詳を除く有効回答中における割合である。
10) JLPSでの集計に合わせて、35歳以上40歳以下を合併して、30代後半としている。
11) 20代前半は20〜24歳、20代後半は25〜29歳、30代前半は30〜34歳、30代後半には35〜40歳までを含めた。
12) 本章で扱う結婚への移行については、前の調査時点での交際相手との結婚を必ずしも意味しないことに注意をされたい。また、交際している状況が継続していたといっても、交際相手が同一であるかどうかは分析上で区別してはいない。
13) この棒のみ下向きで表示したのは、交際相手なしへの移行は、この中では唯一結婚から遠ざかる移行なので、逆方向と解釈すべきと考えたからである。
14) 結婚意向がないので希望時期の回答がないデータがあるため、それに影響されない中央値など分位数を用いることとした。
15) ここでは、2007年の第1波時のデータのみを用いた。なお40歳の者も、30代後半へと含めた。
16) あくまで一般的な意味での結婚希望であって、特定の交際相手との結婚についてのことと完全に重複するかどうかはわからない。
17) この節における分析では、第1波から第7波までのすべてのデータを累積したデータファイルを用いた。それゆえに、ここでの「移行」は1年前から調査時点への変化の姿としてみることができる。本章第2節の「移行」とは異なるので、注意が必要である。
18) 調査設計上、結婚意欲の質問は、既婚の調査対象者にはたずねていない。
19) ここでの年代の分類にあたっては、第1波時の年齢を使用して層別した。
20) 交際相手の有無については時間依存変数として扱い、前時点での状況を使用して層別した。
21) こうした複数の変数による複合的な影響のことを、統計学では、交互作用（interaction）と呼ぶ。
22)「性格・人柄」は、9割5分もの者が重視すると回答したため、分散があまりに小さく統計分析に適した変数ではないため、残念ながら除外した。

23) なぜこのようにいえるかというと，配偶者選択基準の質問が，調査時点での未婚者（性格には無配偶者）のみを対象としているからである．ただし，実線のほうは，後に結婚する人たちと未婚のまま残る人たちが合わさっているので，集団の差としては過小とみなければならない．
24) 男性ではそもそも学歴や年収を配偶者選択で重視する者が非常に少ないことがあり，それらの基準の結果について，交際状況による違いを取り上げることが適切とは思われないため，結果の解釈は割愛した．
25) この知見も JLPS 第3波調査データの分析から得られたが，図表は割愛した．
26)「婚活」という言葉の意味にかんしては，山田・白河（2008）を参照のこと．なお，婚活をおこなうこと自体にも，結婚意欲や働き方の影響がみられる（村上 2010）．

文献

岩澤美帆（2010）「職縁結婚の盛衰からみる良縁追求の隘路」佐藤博樹・永井暁子・三輪哲編『結婚の壁——非婚・晩婚の構造』勁草書房：37-53.

稲葉昭英・岩澤美帆・杉野勇・吉田崇（2015）「若年層の結婚観と家族形成」内閣府（共生社会政策担当）編『平成26年度　結婚・家族形成に関する意識調査報告書』内閣府政策統括官（共生社会政策担当）：103-112.

鎌田健司（2013）「30代後半を含めた近年の出産・結婚意向」ワーキングペーパーシリーズ（J），国立社会保障・人口問題研究所.

金子隆一・鎌田健司（2012）「第1章　結婚の意欲」国立社会保障・人口問題研究所編『平成22年　第14回出生動向基本調査（結婚と出産に関する全国調査）第Ⅱ報告書——わが国独身層の結婚観と家族観』国立社会保障・人口問題研究所：16-25.

経済産業省商務情報政策局サービス産業課編（2006）『少子化時代の結婚関連産業の在り方に関する調査研究報告書』経済産業省商務情報政策局サービス産業課.

三輪哲（2010）「現代日本の未婚者の群像」佐藤博樹・永井暁子・三輪哲編『結婚の壁——非婚・晩婚の構造』勁草書房：13-36.

水落正明・筒井淳也・朝井友紀子（2010）「結婚願望は弱くなったか」佐藤博樹・永井暁子・三輪哲編『結婚の壁——非婚・晩婚の構造』勁草書房：97-109.

村上あかね（2010）「若者の交際と結婚活動の実態——全国調査からの分析」山田昌弘編『「婚活」現象の社会学』東洋経済：44-64.

内閣府政策統括官（共生社会政策担当）編（2011）『平成22年度　結婚・家族形成に関する調査報告書』内閣府政策統括官（共生社会政策担当）.

内閣府政策統括官（共生社会政策担当）編（2015）『平成26年度　結婚・家族形成に関する意識調査報告書』内閣府政策統括官（共生社会政策担当）.

小倉千加子（2003）『結婚の条件』朝日新聞社．
坂本和靖（2005）「未婚で居続けるリスク」『リスクと家計　消費生活に関するパネル調査平成17年度版（第12年度）』国立印刷局：17-31．
滋野由紀子・大日康史（1997）「女性の結婚選択と就業選択に関する一考察」『季刊家計経済研究』36：61-71．
厚生労働省監修（2013）『平成25年版厚生労働白書』ぎょうせい．
白河桃子（2013）「『婚活』の誤解と限界」山田昌弘・白河桃子『「婚活」症候群』ディスカヴァー携書：42-63．
山田昌弘（2011）「若者の結婚プロセスの実情と家族形成支援の可能性」内閣府編『平成22年度　結婚・家族形成に関する調査報告書』内閣府政策統括官（共生社会政策担当）：193-201．
山田昌弘・白河桃子（2008）『「婚活」時代』ディスカヴァー携書．
山田昌弘・白河桃子（2013）『「婚活」症候群』ディスカヴァー携書．

第 2 章

結婚への道のり
—— 出会いから交際そして結婚へ

茂木　暁・石田　浩

1. 結婚への二つの移行過程

　本章は，未婚者が結婚に至るまでの道のり（以下，「結婚への道のり」）について，交際という中間段階を想定することによって，「交際への移行」と「交際から結婚への移行」の二種類の移行からなるプロセス（結婚過程像）を想定し，恋愛結婚が主流化した状況における結婚行動の実態を明らかにする．

　現代日本の結婚行動は，晩婚化・未婚化の進行によって特徴づけられる．平均初婚年齢の上昇，20歳代から30歳代の年齢層における未婚者比率の増加といった人口指標の推移は，より若い世代が結婚しにくくなっているだけでなく，初婚タイミングが遅れており未婚者の結婚への道のりが長くなっていることを示す．晩婚化・未婚化の進行によりもたらされるさまざまな社会経済的影響は以前から知られているが，最も関心を集めているのは，出産行動への影響だろう．すなわち，日本では「結婚そして出産」というライフイベントの経験順序が社会全体でみるとほとんど揺らいでいない．他の先進諸国と比較したときの日本の特徴としてもよく知られているこの事実は，結婚の遅れがそのまま出産タイミングの遅れをもたらすこと，そして結婚後の出生行動に大きな変化が生じない限り，晩婚化・未婚化の進行がそのまま出生率の低下として帰結していくことを意味する[1]．

　このような社会経済的影響の大きさから，さまざまな分野から結婚行動に対

する注目が集まり，晩婚や未婚の実態に関する分析が進められた．特に1990年代以降の注目すべき変化として，結婚行動あるいは出産行動などの家族形成行動に関する個票データ，とりわけ同一の調査対象者のデータを追跡的に観測するパネルデータの整備が進むという発展が注目に値する．環境整備の進展は，結婚するかどうか（あるいはどのくらいのタイミングで結婚するか）に影響する要因について，多くの分析の蓄積をもたらした[2]．

　こうした動向が，結婚行動への理解を大きく進めたことは重要な事実である．しかしその一方で，既存の研究で採用されてきた結婚過程像の限界が明らかになっている．本章の初発の問題関心として，このことを指摘したい．つまり，既存研究のほぼ全てが，「未婚」という状態から「結婚（の成立）」という状態への単一かつ単線的な道のりとして想定した結婚過程像を採用している．これは特に，結婚の有無／タイミングに影響する要因の分析のほぼ全てに当てはまる．しかし，このような結婚過程像が，現在の結婚行動を記述する上でどの程度高い妥当性をもっているかは明らかではない．というのは，1980年代後半以降，見合い結婚の衰退が顕著になり，恋愛結婚が支配的になっていくという日本の結婚のもう1つの特徴が，ここでは全く考慮されていないからである．すなわち，恋愛結婚では，未婚者の男女が出会い交際関係が成立して，一定の交際期間を経た後に婚姻関係を結ぶ．それは，未婚と結婚成立の間に「交際」という中間段階が存在する移行形態である．従って，恋愛結婚が主流化した今日，結婚のほとんどにおいて，未婚期に交際相手をみつけるという段階があり，次にその相手と結婚に至るという段階が存在する．にもかかわらず，既存の研究がそれらを完全に捨象した結婚過程像を採用し続けていることは大きな問題だろう．

　本章の目的は，このような中間段階としての交際を考慮することで，結婚への道のりを再検証することにある．そのために，交際を中間段階に位置づけた上で，「結婚への道のり」を，(1)「交際への移行」（交際相手をみつけるまでの道のり），そして(2)「交際から結婚への移行」（交際相手がみつかってから結婚に至るまでの道のり）の2つからなるものとして区別して捉える，というアプローチを採用する．非常にシンプルなアプローチであるが，1つのものとして捉えられてきた移行を2つにすることの利点は大きい．このことを本章の分析

で示す．まず準備作業として，この2つの移行の説明と，それらを想定することによって得られる論点の整理を行う．

2．「交際への移行」

　見合い結婚が衰退し，恋愛結婚が主流化することによって，結婚への道のりにおける自発的なパートナー探索の重要性が高まることは以前から指摘されていた（岩澤・三田 2005；山田 1996）．その実態を明らかにするための方法として，「交際への移行」を分析対象にする意味がある．すでに晩婚化・未婚化の進行が顕著になった 90 年代には，恋愛結婚の主流化によって，配偶者とのマッチング経路が交際に一元化し，パートナーをみつけることが難しい未婚者が増加するという予測がなされていた[3]．にもかかわらず，それが実証的検証という具体的作業の進展へと接続しなかったのは，未婚者の交際に関するデータが非常に少なかったという事情による[4]．

　しかし，近年データの整備はついに未婚者の交際についても及んでおり，上述のような議論を進展させる環境は整いつつある．例えば，『出生動向基本調査』の公表結果は，未婚者が未婚でいる理由について，「適当な相手に巡り合わないこと」という回答が最も多く，かつ未婚者において「交際相手がいない」というケースが調査年ごとに増加傾向にあることを示し[5]，自発的な探索ではパートナーに出会えない未婚者が存在するというイメージに対して，部分的にではあるがデータのサポートを与えている．基礎的な実態把握の進行は，「交際への移行」を学術的な議論の俎上に載せる契機となり，交際相手がいるかどうか，あるいは，交際相手をみつけられるかどうか，という論点に関する具体的な研究動向（データの収集・検証）として結実しつつある[6]．さらに，「交際への移行」への関心の高まりから，未婚者自身によるパートナー探索の手段として，いわゆる「婚活」の重要性を説く議論が社会的注目を集めるという現象も起こっている[7]．

3.「交際から結婚への移行」

本章も，交際相手をみつけるかどうかということが結婚への重要なステップであり，そのステップの通過に苦慮する未婚者が少なからず存在するという問題認識を，既存の議論と共有している．しかし同時に，昨今の議論状況において交際相手をみつけられるかどうかという段階のみに関心が集中している点は，課題として指摘しておきたい．交際相手をみつけるということは，結婚への道のりに至る過程の中間段階に到達したこと，本章の枠組みからいえば「交際への移行」を完了したことに過ぎない．最終的に結婚するかどうかという初発の関心からすれば，その後に（その交際相手と）結婚に至るかどうかということ，つまり「交際から結婚への移行」を経験するかどうかという論点も検証される必要があるだろう．しかし残念ながら既存の議論において，その作業にはほとんど全く手がつけられていない．議論の対象となっているのは「交際への移行」だけであり，その後に実際に結婚に至るかどうかについてはデータによる実態把握も進んでいるとはいえない．

本章はこのような議論状況を改善するため，「交際への移行」に加えて，「交際から結婚への移行」を明示的な分析対象とし，交際した後に結婚に至るかどうかを検証する．そこで重要なことは，「交際から結婚への移行」においては，結婚だけでなく，交際解消という移行先を想定できるという点である．「結婚」への移行の中間段階に交際を位置づける本章の視点からみれば，交際解消というイベントの発生は，「交際への移行」は経験したが，「交際から結婚への移行」において（結婚に移行せずに）交際解消に移行したケースとして分類できる．このケースを想定することは，後述する「交際への移行」と「交際から結婚への移行」との違いを検証するためには必要な作業となる．

ただ交際解消については，データ収集の難しさという問題がつきまとう．例えば，ある調査時点で交際相手のいる未婚者が，その後（その相手と）結婚に至ったのか，それとも交際を解消したのかを特定するためには，複数の観測時点から同じ未婚者ないしカップルの関係の変化を観測するという作業が必要になる．本章が利用する JLPS は，この課題を重視して，未婚者の交際関係に関

する質問項目を複数時点にわたって設けており，交際関係の経過を観測できる調査設計をとっている．

以上のように，「交際への移行」と「交際から結婚への移行」の2つの移行からなる結婚過程を想定することで，結婚への道のりを再検証する．具体的には，【要因の違い】と【パートナー選択の違い】の2つの論点を取り扱う．

3.1 【要因の違い】

【要因の違い】とは，「交際への移行」と「交際から結婚への移行」とで，それぞれ影響する要因が異なる可能性を検証することを意味する．既存研究が採用する結婚過程像では，未婚／既婚の区別だけが判定対象となるため，「交際への移行」で交際相手がみつからないまま結婚しないというケースと，交際相手はみつかったが「交際から結婚への移行」で交際解消に至って結婚しないというケースを区別することができない．このような分析方法によって得られた結果は，2つの移行過程の要因が違う可能性が想定されておらず，再検証される必要がある[8]．

本章が注目する要因は，個人の資源をあらわす職業や学歴，そして「結婚意欲」の2種類である．前者については，すでに先行研究で結婚への道のりに影響することが明らかにされている要因であるが，「交際への移行」と「交際から結婚への移行」に対する影響の仕方を比較することによって，結婚へ至る道のり全体の中での要因の影響を再検証する．また結婚意欲（どのくらい結婚したいと思っているか）については，「交際への移行」および「交際から結婚への移行」において影響を与えるか否かという結婚意欲それ自体の主効果と，結婚意欲が高いことで職業や学歴といった階層変数の影響力が変化するか否かという交互作用効果を検証する．

3.2 【パートナー選択の違い】

第2の論点は，「交際への移行」ではパートナーを交際相手として，「交際から結婚への移行」ではパートナーを結婚相手として選択する（あるいは選択される）過程としてそれぞれ特徴づけることによって，両者のパートナー選択のあり方の違いを検証するものである．この分析はカップルを単位として行い，

本人とパートナーの学歴に着目して，どのような学歴の組み合わせのカップルが交際から結婚へと移行していくのかを検証する．本章が注目したいのは，交際相手の場合と，結婚相手の場合とを比較して，後者の方がより慎重な選択を迫られる場合である．つまり「交際への移行」では交際相手としては選択する／されるけれども，「交際から結婚への移行」では結婚相手として選択対象になりえず，結果として交際解消に至るというかたちで，一種の「選抜」が発生する可能性である[9]．本章では学歴による「選抜」に焦点をあて，「選抜」がもし存在するならば，どの程度厳しいものなのか，パートナー（交際相手か結婚相手か）によって「選抜」が異なるのかを検証することによって，「交際への移行」に偏重した議論を相対化し，「交際から結婚への移行」を含めた形で，結婚への道のりの理解を進めることができると考える．こうして，2つの移行からなる結婚過程像を想定することによって扱いが可能になる論点の設定ができた．最後に，議論の構成について説明する．

3.3 議論の構成

本章では，第4節と第5節で【要因の違い】について検証し，第6節で【パートナーの違い】を検証するという構成をとる．すなわち次節では，「交際への移行」の要因について個人を単位として分析する．交際相手とのマッチング経路が，未婚者個人が自発的に探索していくことが不可欠となってきているという状況を踏まえて，未婚者のパートナー探索としての「婚活」という媒介項を想定し，誰がどのような婚活をするのか／しないのか，婚活はパートナーをみつける上で実際にどのくらいの効果をもつのか，そして効果をもつとしたらどのような属性をもった人にとって効果があるのかといった点について分析を行う．

第5節では，「交際から結婚への移行」の要因に焦点をあて，個人を分析単位として，その移行に影響する要因について分析する．この節では，交際相手をみつけた未婚者個人が，結婚だけでなく交際解消に移行しうるという状況を想定するため，交際から結婚への移行に影響する要因についてより精緻な分析が可能となる．ここで得られた分析結果と，第2節の分析結果を比較することによって，【要因の違い】について検証することができる．

第Ⅰ部　結婚意欲・交際そして結婚

　第6節では，【パートナー選択の違い】に注目し，「交際から結婚への移行」の過程においてみられる交際相手としてのパートナー選択と結婚相手としてのパートナー選択の違いについて分析する．具体的には，未婚カップルの交際関係が時間とともに変化していく様態を観測できるパネルデータの特性を活かして，未婚カップルのうち，結婚に至ったカップル，交際解消に至ったグループ，そして，最終観測時点で交際継続のままであったカップル，それぞれのパートナー選択を比較することで，「交際から結婚の移行」におけるパートナー選択を通じた「選抜」について明らかにする．なお，本書の他の章と同様に，本章でも一貫してJLPSを利用して分析を行なっているが，分析方法および利用する変数の一部は各節ごとに異なるため，その都度説明する．

4.「交際への移行」の分析

4.1　誰が婚活するのか

　交際・結婚相手と出会うために行った活動を広い意味での「結婚活動（婚活）」と考えると，現代日本の男女はどのくらい婚活をおこなっているのだろうか．図表2-1および図表2-2は，結婚活動全体の実施率と活動の種類別の実施率を年齢グループ別に示したものである．JLPSの対象者が，それぞれの年齢時点で交際・結婚相手と出会うために行った活動の割合を示したものであり，ひとりの対象者がそれぞれの年齢ごとの時点で複数回登場する形で計算した．「交際してみたい異性と出会うために，今までにやってみたことは何ですか」という質問への回答を種類別にしたものである．複数回答なので，ひとりの対象者が複数の活動をした場合がある．結婚活動全体の実施率は，何らかの活動を1つでもした対象者の割合を示す．未婚の回答者だけでなく既婚者についても，結婚する前に交際したい異性と出会うためにやったことの回答を含めている[10]．

　婚活実施率の年齢別の推移をみると，女性では35歳以上になると明確に低下し婚活全体の実施率は4割以下に落ち込むが，男性ではわずかに低下するのみで35歳以上でも45％ほどは婚活に取り組んでいる．これは女性が35歳以上になると，結婚の可能性が低くなると感じてそのための活動を行わなくなる

第 2 章 結婚への道のり

図表 2 - 1 年齢別にみた婚活実施率と種類別実施率（男性）

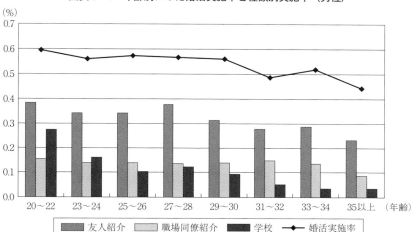

図表 2 - 2 年齢別にみた婚活実施と種類別実施率（女性）

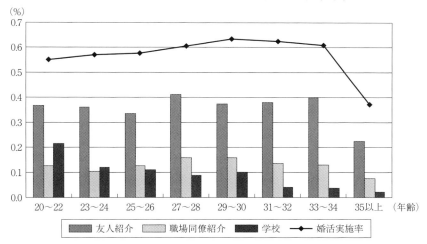

傾向を示唆するものと推察される．婚活の種類別にみると，男女ともにほぼ同じパターンがみられる．「友人・知人に紹介を依頼」がどの年齢層でも一番多い．「学校の授業・部活・サークル活動などに参加」は 20 歳代前半に多く，「職場・アルバイト先の同僚・上司に紹介を依頼」はどの年齢層でも一割程度を占めている．

次にどのような人が婚活に従事するかを検討してみよう．第 1 波の対象者（未婚者・離死別者）に対して，それまでに婚活経験があったか否かを従属変数として，年齢，社会的背景（父職，父学歴，母学歴，15 歳時の家庭の資産など），学歴，初職の影響力を検証した．図表は省略するが，男性では高学歴で初職が正規職であることが婚活実施を有意に高めることがわかった．高等教育を受けた男性は，受けなかった場合に比べて 1.4 倍（$e^{0.325}$）婚活しやすく，初職正規の場合にはそれ以外に比べ 1.9 倍（$e^{0.643}$）婚活しやすい．女性では高等教育に受けたものは受けなかったものに比べ 1.6 倍（$e^{0.445}$）高いが，初職正規については男性のような明確な効果は現れなかった．

4.2　婚活の効果

結婚活動をすることは，本当に交際相手をみつける確率を高めているのであろうか．婚活効果を測定する方法として，次のような反実仮想的な枠組みを用いた．第 1 波で交際相手のいない対象者を選び出し，第 1 波と第 2 波の間で行った婚活を実験による処置のように考え，第 2 波時点で交際相手の有無を調べた．第 1 波の時点で，婚活に従事する確率（婚活の傾向スコア）を年齢，社会的背景，学歴，初職などすでに検討した変数を基に推定し，婚活に従事する確率によって 4 つのグループに分けた．グループ 1 は婚活を最もやりそうにない人々により構成され，グループ 4 は婚活を最もやりそうな人々により構成されている．婚活（処置）がランダムに行われるのではなく，特定の特性をもった人々により行われる傾向があることを考慮し，同じグループ内では婚活（処置）がほぼランダムに配分されていると考えることができる[11]．

それぞれのグループ内で，婚活を実施した人（婚活あり）と実施しなかった人（婚活なし）の間で，第 2 波時点で交際相手がいる人の比率を示したのが図表 2-3 および図表 2-4 である．男性からみてみよう．グループ 4 では，婚活

図表2-3 婚活に従事する確率別の婚活効果（男性）

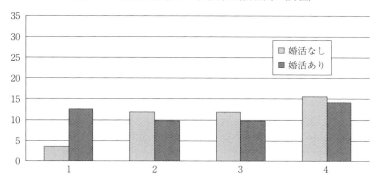

図表2-4 婚活に従事する確率別の婚活効果（女性）

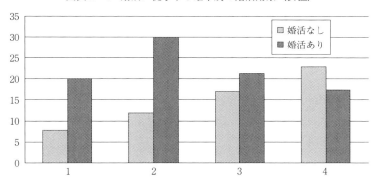

を第1波から第2波にかけて行わなかった人の15.6％は第2波時点で交際相手をみつけている．婚活を行った人では14.1％が交際相手をみつけている．婚活効果はマイナス1.5％，つまり婚活をした方がわずかだが交際相手のみつかる比率が小さい．同様にグループ2，3でも婚活をしたか否かによる違いはほとんどみられない．しかし，グループ1では，婚活をした人の12.5％が交際相手をみつけているのに対して，婚活をしなかった人で相手をみつけたのはわずか3.5％に過ぎない．このグループでは，婚活の有無により9％という大きな違いが生じている．

女性の場合もほぼ同様の傾向が確認できる．婚活をしそうなグループ（3と

4) では，婚活なしとありの間では，第2波で交際相手をみつける確率はほぼ違わないのに対して，婚活をしなさそうなグループ（1と2）では，婚活をした場合としない場合では，交際相手をみつける確率に大きな違いがみられる．このことは次のようなことを意味している．婚活をしなさそうな人が婚活を行った場合には，婚活をすることによって交際相手がみつかる確率は上昇するといえる．しかし，婚活をもともとしそうな人は，婚活をしてもしなくても交際相手がみつかる確率はほとんど変わらない．つまり婚活の効果が，もともと婚活をしそうなグループとしなさそうなグループの間で異なることがわかる．

4.3 誰が交際するのか

次に誰が交際相手をみつけやすいのかについて分析を行った．第1波で未婚・離別・死別の回答者の中で婚約者や特定の交際相手がいる男性は3割，女性は4割ほどである．第1波で交際相手がいない人で，第2波で交際相手をみつけた人は，男性で11％，女性で16％となっている．どのような属性の人に交際相手がいるのかを調べると，男性・女性ともに学歴や初職などの個人の社会・経済的地位は，第1波の回答者の交際相手の有無と関係はみられない．統計的に有意で大きな影響力をもつのは，結婚意欲である．ぜひ結婚したいと思っている回答者は，交際相手のいる確率が2倍以上高い[12]．

結婚意欲が高いグループ（ぜひしたい）とそれ以外のグループにわけて分析しても，男性・女性ともに学歴や初職などの個人の社会・経済的地位は，交際相手の有無に有意な影響を与えていない．つまり交際に関しては，結婚意欲にかかわらず，個人の学歴や初職が交際相手をみつけだす要因とはなっていない．学歴が高いから交際相手をみつけやすいといった違いがあるわけではなく，交際相手の有無は，個人の社会・経済的地位とは概ね独立しているといえる．

5.「交際から結婚への移行」の分析（1）

「交際への移行」について分析した前節に続いて，本節と次節では，交際相手がみつかった後の「交際から結婚への移行」を分析対象とする．本節の分析結果と前節の分析結果との比較から，2つの移行を説明する【要因の違い】を

明らかにする．

　分析のポイントを整理しておこう．第1に，【要因の違い】を検証するために注目する要因として，初職雇用形態および学歴を取り上げる．第1節で述べたように，この2つは個人の資源をあらわす要因として位置づけられる．

　第2に，これらとは異なるもう1つの要因として，結婚意欲に注目する．この要因については，結婚意欲の高さそのものによる移行への影響という主効果に加えて，初職雇用形態と学歴それぞれが結婚意欲の高さによって効果の大きさが異なるのかという交互作用の可能性についても検証する．ある未婚カップルが，その後結婚生活を送ることを前提にして交際関係にある場合とそうでない場合とを比べると，前者において結婚意欲がより高くなると考えられる．結婚意欲が高く結婚への移行が前提となっている時には，初職雇用形態や学歴といった要因の影響力が強くなるという交互作用の発生を予測できるが，本節の分析でその検証を行う．

　第3に，結婚に加えて「交際解消」という移行先を想定する．パネルデータの特性を活かし，交際関係が結婚成立へと発展するのか，それとも交際解消を迎えるのかについて特定し，交際から結婚に移行するケース（以下，「結婚への移行」）と，交際から交際解消に移行するケース（以下，「交際解消への移行」）をそれぞれ区別して扱う．これによって，異なる移行先それぞれに影響する要因について検証することができる．

　データの設定と分析方法について確認しておこう．分析対象サンプルは，JLPSの第1波から第6波までの観測のうち，第1波から第5波までの間に交際相手をみつけた未婚サンプルである．また上述のように，交際相手をみつけて以降（つまり第2波から第6波までの期間）に，結婚もしくは交際解消に移行したかどうかに基づき「交際解消」，「交際継続」，そして「結婚」の3つの状態を想定し，次節でも同じカテゴリーを利用する．なお，「交際継続」とは，観測時点で交際継続中のままであった場合もしくは観測途中で脱落した場合の2つのいずれかに該当し，結婚にも交際解消にも移行しなかったサンプルに対して与えられるカテゴリーであり，統計学的には観測中に移行先が未確定であったデータ（いわゆる観測打ち切りデータ）として処理される[13]．本章では，観測打ち切りの問題に対処するための標準的分析方法としてCox回帰モデルを

利用し[14]，交際から結婚への移行に影響する要因（独立変数）と，交際から交際解消への移行に影響する要因とをそれぞれ別々に検証する[15]．

利用する独立変数は，階層変数として初職雇用形態ダミー，学歴ダミー，そして統制変数として年齢ダミーと父親学歴である．初職雇用形態ダミーのカテゴリーは，「初職非正規雇用」（以下，「初職非正規」）を基準として，「初職正規雇用」（以下，「初職正規」），「無回答」の3つ，そして学歴ダミーのカテゴリーは「非高等教育」（中学高校もしくは専門学校に該当），「高等教育」（短大高専，大学，もしくは大学院以上に該当）の2つをそれぞれ設定し，前者を基準カテゴリーとした[16]．前節の分析では，初職雇用形態と学歴は，交際相手をみつけるかどうかとは概ね独立しているという結果が得られたが，これと本節の分析結果との比較が焦点になる．なお，この2種類のダミー変数についてはいずれも，交際開始時点での観測を利用している．また以下では，就業している回答者のみを利用した分析結果を示す[17]．

結婚意欲については，「是非したい」（以下，「意欲高い」）と，それ以外（「意欲高くない」）の2値をとるダミー変数によってその高さを測定し，要因の主効果に加えて，交互作用効果も検証するため，次の手順をとる．まず，すべての交際相手のいる未婚者を利用して（以下，「全サンプル」），結婚意欲を独立変数に含むモデルを推定し，主効果を検証する．次に，「意欲高い」と回答した未婚者と「意欲高くない」と回答した未婚者とを分割して，それぞれ別々に推定し，要因の係数推定値を比較する[18]．なお，結婚意欲についても，初職雇用形態や学歴と同様に交際開始時点での結婚意欲の値を利用するため，結婚意欲は交際開始後から時間とともに変わらないという仮定をおいて分析している点を確認しておく[19]．なお分析は男女別々に行うため，以下で男女別の分析結果を示す．また結果のみやすさを考慮して，注目する階層変数の結果のみグラフのかたちで図示する．

5.1 分析結果——交際から結婚への移行

「結婚への移行」を説明する要因の分析について，まず男性サンプルの結果からみてみよう．図表2-5は「全サンプル」を利用した分析結果を示しており，「初職正規雇用」と「高等教育」は共に有意に正の符号条件をとる．係数

第 2 章　結婚への道のり

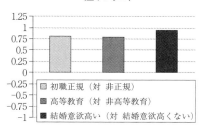

図表 2-5　交際から結婚—男性
（全サンプル）

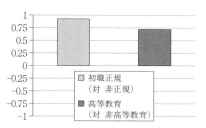

図表 2-6　交際から結婚—男性サンプル
（結婚意欲＝是非したい）

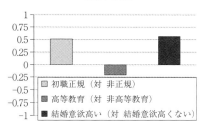

図表 2-7　交際から結婚—女性
（全サンプル）

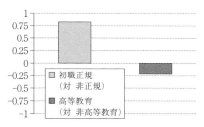

図表 2-8　交際から結婚—女性
（結婚意欲＝是非したい）

注：高等教育（斜線部）は有意差なし　　　　　　注：高等教育（斜線部）は有意差なし

から計算すると，「初職正規雇用」は「初職非正規」と比べて 2.2 倍（$e^{0.808}$），「高等教育」学歴取得者はそれ以下の学歴と比べて 2.2 倍（$e^{0.787}$）それぞれ結婚しやくなる．また，結婚意欲については，「意欲高い」はそうでない場合に比べて有意に 2.6 倍（$e^{0.941}$）結婚しやすくなるという主効果としての影響を示す．

次に，結婚意欲の 2 つのカテゴリーごとに別々に分析したところ，「意欲高くない」に該当する場合は初職・学歴どちらの要因も有意でないのに対して（図表は省略），「意欲高い」に該当する場合は，図表 2-6 に示す通り，「初職正規」は初職非正規であった場合と比べて 2.5 倍（$e^{0.923}$），そして「高等教育」学歴はそうでない場合と比べて 2.1 倍（$e^{0.722}$）それぞれ有意に結婚しやすく，共に結婚意欲との交互作用がみられる．

次に，女性サンプルの結果をみてみよう．図表 2-7 は「全サンプル」の分析結果を示す．男性と同様に「初職正規」が初職非正規雇用と比べて 1.7 倍（$e^{0.506}$）有意に結婚しやすくなり，「高等教育」学歴は有意ではない．一方，「結

57

婚意欲」は男性と同じく正の符号条件で有意であり，（「意欲高くない」と比べて）1.8倍（$e^{0.562}$）結婚しやすくなる．

　結婚意欲を区別して分析した結果について図表2-8を参照すると，「意欲高くない」ではどの変数も有意ではなく，「意欲高い」に限定した場合に「初職正規」が正で有意，数値としては「初職非正規」と比べて2.3倍（$e^{0.841}$）結婚しやすいが，「高等教育」は有意ではない．また「全サンプル」と「意欲高い」とでそれぞれ分析結果を比較すると，後者の方が「初職正規」の係数推定値は大きくなっていることから，結婚意欲が高い場合には初職雇用形態の影響が強くなるという交互作用がみられる．これに対して，学歴については，結婚意欲を区別しても，交際から結婚への移行に影響を与えていない．

　以上を踏まえて，交際から結婚への移行について，要因別に次のように整理することができる．まず初職雇用形態については，男女とも共通して，結婚意欲が高い場合には，初職正規雇用であると交際から結婚に移行しやくなる，という結果を得た．なお，この結果は，初職非正規雇用を基準カテゴリーとしていることから，初職非正規雇用である場合には交際相手がみつかったとしてもその後結婚に至りにくいという結果としても解釈することができる．結婚意欲が高くない場合には，男女ともに，初職雇用形態の有意な効果はみられない．つまり交際相手と結婚を真剣に考えている場合においてのみ，初職が正規雇用であることが結婚を後押しすることが男女に共通してみられることがわかる．

　次に学歴については，男女間で結果に違いがみられた．すなわち男性については，結婚意欲が高い場合には，「高等教育」の学歴をもつと，交際から結婚に移行しやすいという結果が得られた．一方女性については，結婚意欲の区別に関わりなく，「高等教育」は有意でないため，主効果も交互作用も全くみられない．男性については，交際相手と結婚を強く望む場合に高学歴であることが結婚の確率を上昇させるのに対して，女性については，交際相手と結婚を強く望む場合に学歴の高さは結婚確率を上昇させるわけではない．結婚意欲が高い時に，男性の場合に限って学歴が結婚へのプラスの影響を及ぼすが，女性に関しては学歴の高さは結婚へのゴールインを促す要因とはなっていないことがわかる．

5.2 分析結果——交際から交際解消への移行

ここからは交際解消への移行を説明する要因の分析の結果について検討する．まず男性の結果については，「全サンプル」で推定した場合は，どの要因も有意ではなく，「交際解消への移行」に対しては，初職雇用形態も学歴もそれ自体では影響しないことがわかる．結婚意欲を区別すると「意欲高くない」に該当するサンプルだけで推定した場合は，どの変数も有意ではない（図表省略）．しかし「意欲高い」場合については，図表2-9に示した通り，「初職正規」は負の符号条件で有意であり，「初職非正規」と比較して0.6倍（$e^{-0.509}$）交際解消しにくくなる．このことは「初職非正規」の場合には「正規」に比べ1.7倍（$e^{0.509}$）交際が解消されやすいことを示している．「高等教育」学歴の効果は有意ではない．

図表2-9 交際から交際解消—男性
（結婚意欲＝是非したい）

注：高等教育（斜線部）は有意差なし

図表2-10 交際から交際解消—女性
（結婚意欲＝是非したい）

注：高等教育（斜線部）は有意差なし

次に，女性の結果についてみてみると，結婚意欲を区別しない「全サンプル」で分析した場合に初職雇用形態と学歴はともに有意ではないが，結婚意欲については「意欲高い」に該当すると0.7倍（$e^{-0.317}$）交際解消しにくくなり，主効果として抑制作用をもつことがわかる（図表省略）．また，結婚意欲が高くない場合ではどの変数も有意ではないのに対して（図表省略），「意欲高い」に限定した場合について図表2-10を参照すると，「初職正規雇用」が負で有意となり，「初職非正規」と比べて0.6倍（$e^{-0.581}$）交際解消しにくくなる．「高等教育」学歴は有意ではない．従って，交際解消を移行先とした時に，男女ともに結婚意欲が高い場合には，「初職正規」が交際解消を抑制するという交互

作用が生じている．つまり男女に共通して，結婚意欲が高く初職が正規の場合には非正規の場合に比べて交際が解消しにくい傾向があることが確認された．

以上より，「交際への移行」と「交際から結婚への移行」とで要因が異なる可能性を検証するための分析結果が揃った．詳しい説明は最終節に回すが，「交際への移行」では男女ともに「結婚意欲」のみが影響し学歴・初職の影響がみられなかったのに対して，「交際から結婚への移行」では男女差を伴いつつも，初職雇用形態や学歴の影響がみられ，2つの移行で要因が異なることが示されたといえる．

6. 「交際から結婚への移行」の分析（2）

本節では，「交際から結婚への移行」において交際と結婚との間のパートナー選択の違いから生じる「選抜」について検証する．未婚男女が交際相手としてあるいは結婚相手として，互いに選択する／される状況を分析対象とするため，本節ではカップルを分析単位とする．

まず交際と結婚との間でのパートナー選択の違いと「選抜」について説明しよう．未婚カップルとして交際関係をもつ場合と，既婚カップルとして婚姻関係をもつことの最大の違いは，後者が安定的な結婚生活を継続していくことを前提として成立する点にある[20]．婚姻関係の解消に要するコストは，交際関係の解消に比べて大きく，婚姻関係解消という選択肢を行使することは，多くの場合容易ではない．そのため交際相手としてパートナーを選ぶ時と，結婚相手として選ぶ時とでは，（たとえ同じ相手であっても）後者の方がより厳正な判断を迫られることは想像に難くない[21]．

これに関連して，既婚カップルが安定的な結婚生活を継続していく上で，カップル同士の属性の組み合わせ，要するに「相性」がいいことが有利であるという指摘がある[22]．一見自明な指摘であるが，結婚相手に対するパートナー選択の厳正化が，「相性」の見極めの厳正化としても観察される可能性を示唆している点は重要である．つまり，交際相手としてパートナーを選択する段階の「相性」の見極めは，結婚の場合と比べればそれほど厳正でなくても構わない．しかし，結婚相手に求めるレベルでの「相性」の良さを満たしていなけれ

ば，そのカップルは，結婚には移行せず，むしろ交際解消に向かう可能性のほうが高い．このようにして，パートナー選択の違いは「交際から結婚への移行」に影響しうる．つまり，「交際から結婚への移行」においてパートナー選択の違いを通じて発生する「選抜」の可能性である．

そこで，(1)「相性」が良くなる属性の組み合わせとはどのような条件を指すのかという点と，(2)「相性」の良さの判定指標となる具体的な属性として何を想定するかという点についてそれぞれ整理しておく．(1)の「相性」の良さの条件については，2つの立場がある[23]．第1の立場は，カップル同士の属性が似通っている状態，いわゆる「ホモガミー」が成立している状態を以って「相性」が良い状態であるとみなす．そのロジックは，カップル同士の属性（例えば学歴）が似通っていれば，価値観・ライフスタイルの共通性も高くなり，これが安定的な結婚生活を維持する上で有利となるという考え方である[24]．

これに対して第2の立場は，価値観・ライフスタイルといった側面よりもむしろ結婚によって実現する経済的効率（の上昇）に注目した上で，経済的効率の観点からみれば，ホモガミー以外の組み合わせでも「相性」の良さをもたらす場合がある，という見方をとる．特に，カップルの間で男性が就業，女性が家事をそれぞれ分担する性別役割分業が成立する方が，カップル双方の得る便益が大きくなる時は，それに適合的となるような組み合わせ，典型的には「女性からみたハイパガミー」（以下，ハイパガミー），つまり女性よりも男性の方が学歴などの地位が高い組み合わせが成立していることが「相性」の良い条件になる[25]．性別役割分業が強固であると指摘され続けている日本の状況を踏まえれば，ハイパガミーの方が「相性」が良くなるという構図があてはまる可能性は検討に値するものであり，本節の分析でも注目していく．

(2)の判定指標となる属性の可能性については，学歴，年齢，出身階層（例えば父親の職業），あるいは宗教（信仰）などが今までの研究では用いられてきた．これらのうち本節では，学歴に注目する．その理由は，学歴の測定が比較的容易であることに加えて，判定指標としての学歴が多面性をもつことによる．すなわち，学歴は一方で，価値観・ライフスタイルの共通性の指標となる側面をもち，他方で潜在的な経済力の指標としても機能する．これは，ホモガミーだけでなくハイパガミーの存在にも注目する本節の分析にとって有用な性質と

いえる．過去の日本の研究では，少なくとも既婚カップルにおいては「学歴ホモガミー」の傾向が強いことが明らかにされているため[26]，日本の配偶者選択で学歴が重要な指標とみなされているという想定は十分な妥当性をもつものと判断してよい．他方，未婚カップルについてはほとんど分析例が存在しないのが現状である．

以上を踏まえて，分析のポイントを整理しよう．第1に，パートナー選択の違いそしてその結果としての「選抜」の発生を検証する．分析対象となるカップルのうち，観測期間中に「交際解消」に移行したカップル，結婚して「既婚」に移行したカップル，そして観測期間中にいずれにも移行せずに「交際継続」のままであったカップルを分類する．ここで，確定した3つの種類のカップルが，パートナー選択の結果と「選抜」の発生を反映している点が重要となる．つまり，もし「相性」がいいカップルは結婚に移行しやすく，「相性」が良くないカップルは交際解消に移行しやすいという強い「選抜」が発生していれば，その結果として「既婚」カップルほど「相性の良いカップル」の割合が多くなり，それと比較すると「交際解消」カップルほど「相性が良くないカップル」の割合が多くなる．逆に「選抜」がそれほど強くなければ，「既婚」と「交際解消」それぞれのカップルの間で「相性」の良さにそれほど違いはない．このように「交際から結婚」と「交際から交際解消」それぞれに移行したカップルのデータを利用して，「選抜」の発生を事後的に検証するというアプローチを本節の分析はとる．

第2に，パートナー選択の違いおよびそのパターンを検証するために，ログリニアモデルを利用し，カップルの学歴組み合わせのパターンを，3つの種類のカップルごとに比較する[27]．ログリニアモデルの長所は，既婚や交際解消といった異なるカテゴリーに属するカップルを比較する際に，カテゴリーの違いから生じる周辺分布の違いを統制できる点にある．その上で，ホモガミー（学歴が同じ組み合わせのカップル）もしくはハイパガミー（男性の学歴が女性の学歴より高いカップル）に該当する学歴組み合わせに対してパラメータを設定し，そのパラメータの推定値と符号条件によって，どのような学歴の組み合わせでカップルになりやすいかについて分析する．なお，推定結果の報告には対数オッズを利用するので，パラメータが正の符号条件をとれば，その組み合わせで

カップルが起こりやすく，逆に負の符号条件をとればその組み合わせではカップルになりにくいと解釈することができる．パラメータの設定先にどの学歴組み合わせを選ぶかによって，複数のモデルが考えられるが，本節ではモデル適合度比較という標準的な手続きを通じて，データに最も適合したモデルを選択して，日本のカップルの学歴属性組み合わせの特徴を明らかにする．

　データ・分析方法については，以下のような設定になる．男女カップルのありうる学歴組み合わせそれぞれに該当する件数をクロス表の形でまず出力する[28]．カップルの学歴組み合わせを特定するためのデータとして，回答者本人の学歴，交際相手（回答者が未婚の場合）もしくは配偶者（回答者が既婚の場合）の最終学歴の情報を利用する．

　学歴のカテゴリーは，「中学高校」（中学もしくは高校に該当）[29]，「短大高専専門」（短大高専もしくは専門学校に該当），「大学以上（大学もしくは大学院に該当）」の3種類をそれぞれ想定し[30]，カップルの種類は前節と同じ「交際解消カップル」，「交際継続カップル」，「既婚カップル」の3つを想定する[31]．

　このような設定から出力されたクロス表は，カップルを形成している男性と女性それぞれ学歴3つずつ，そして3つのカップルの種類をもつため，3 × 3 × 3 = 27個のセルからなる．カップルの種類の違いと学歴の違いに応じて，ホモガミーおよびハイパガミーの起こりやすさが変わりうる可能性を検証しながら，最終的に最も適合度のよいモデルを探し出すという分析手順になる[32]．

6.1　分析結果——ログリニア分析

　適合度比較の結果採択されたモデル（以下，採択モデル）は，次のような想定のもとでパラメータを設定している．すなわち，(1) 男女ともに「中学高校」および，男女ともに「大学以上」という2種類のホモガミーが起こりやすいこと，かつ (2)「中学高校」についてはその起こりやすさは全てのカップルの種類で同じであるが，「大学以上」のホモガミーでは起こりやすさが3つのカップルの種類全てで異なること，そして (3) 既婚カップルにおいてのみ女性が「短大高専専門」で男性が「大学以上」という組み合わせのハイパガミー（女性にとっての上昇婚）が起こりやすいこと，の3点である[33]．この想定に対応して，採択モデルの推定結果を，【男女とも「中学高校」のホモガミー】，

【男女とも「大学以上」のホモガミー】，そして【「短大高専専門」女性と「大学以上」男性のハイパガミー】の3点から整理し，以下でそれぞれについて説明しよう．なお，パラメータの推定値については，「交際解消」を図表2-11,「交際継続」を図表2-12そして「既婚」を図表2-13にそれぞれ示しており，棒グラフが立っている部分が，パラメータの設定先である組み合わせとなる．また，グラフの高さは，その組み合わせでのカップルのなりやすさを示すが，それらは全て統計的に有意な値である．

6.2 【男女とも「中学高校」のホモガミー】

採択モデルの結果は，3つのカップルの種類全てで男女がともに「中学高校」という学歴の組み合わせでカップルになりやすく，そのなりやすさ自体は3つの種類のカップルで同じであることを示す．すなわち図表2-11，図表2-12および図表2-13では，男女とも「中学高校」学歴のカップルに対して設定したグラフは，3つのカップルの種類全てで同じ高さであり，パラメータを設定していない組み合わせと比べて2.4倍（$e^{0.881}$）カップルになりやすい．つまり，「中学高校」の学歴をもつ男女については，交際相手をみつける「交際への移行」段階と結婚相手とみなす「交際から結婚への移行」段階では，一貫して同じ学歴のパートナーとの間でのみ関係が成立しやすいホモガミー傾向のあることがわかる．

またホモガミーの起こりやすさ自体はカップルの種類間で同じである．従って「中学高校」の男女については，ホモガミーが「相性」の良さの条件となっていることを示す結果は得たものの，「交際から結婚への移行」の場合に同じ学歴であるという条件がさらに厳しくなる「選抜」の発生はみられない．

6.3 【男女とも「大学以上」のホモガミー】

採択モデルの結果は，男女とも「大学以上」学歴の組み合わせであるホモガミーのカップルが，3つのカップルの種類全てで成立しやすいことを示す．従って，「大学以上」の学歴をもつ男女の間でも「中学高校」学歴の男女と同様に，ホモガミー（同類学歴）が「相性」の良さの指標になっていると解釈できる．

第 2 章　結婚への道のり

図表 2-11　交際解消カップル

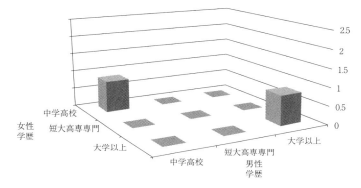

図表 2-12　交際継続カップル

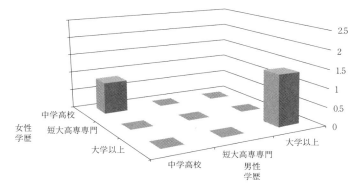

図表 2-13　既婚カップル

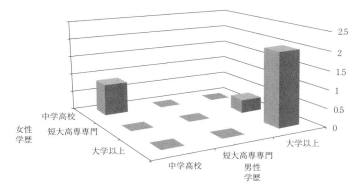

65

ただ、「中学高校」のホモガミーとの違いは、3つのカップルの種類で起こりやすさが異なるという点である。このことについて、図表2-11から図表2-13に図示した棒グラフを比較しながら確認すると、「既婚」カップルのホモガミーを表すパラメータの値が一番高く（図表2-13）、「交際継続」カップルが次に高く（図表2-12）、「交差解消」カップルが一番低い（図表2-11）。推定値から計算すると、パラメータを設定していない組み合わせと比べて、「既婚」が7.4倍（$e^{2.006}$）、「交際継続」が3.9倍（$e^{1.366}$）、そして「交際解消」が2.3倍（$e^{0.835}$）カップルになりやすいという結果が得られる。つまり、「大学以上」の学歴をもつ男女の間では、交際相手としてパートナーを選ぶ段階でそもそもホモガミーの傾向が強く、同程度の学歴をもつ人との間で関係が成立しやすく、「大学以上」の高学歴同士のカップルの場合には、さらに結婚へも移行しやすいという傾向がある。

以上の結果は、「大学以上」の学歴をもつ男女の場合には、「交際から結婚への移行」において同じ学歴レベルの相手をさらに厳しく「選抜」するというメカニズムが発生していることを示す。

6.4 【「短大高専専門」女性と「大学以上」男性のハイパガミー】

採択モデルの結果は、女性が「短大高専専門」で男性が「大学以上」というハイパガミーの組み合わせが、「既婚」カップルにみられることを示す。図表2-13では、この組み合わせを設定先とするパラメータの推定値を示しており、そこから計算すると、パラメータを設定していない組み合わせと比べて1.5倍（$e^{0.397}$）カップルになりやすい[34]。男女とも「大学以上」である学歴組み合わせと比べると低い数値ではあるが、「交際継続」と「交際解消」では有意差が出ずに、「既婚」カップルにおいてのみハイパガミーの傾向が有意になるという点が重要である[35]。

このことについて「短大高専専門」女性の側からみると、「交際解消」や「交際継続」の2つの種類のカップルでは、特定の学歴の男性と結びつきやすいという傾向がみられないにもかかわらず、「既婚」カップルにおいてのみ「大学以上」の男性と結びつきやすい傾向のあることを意味する。

6.5 結果のまとめ

以上の分析結果が意味するところについて整理しよう．パートナー選択の全体的な構造として，学歴によってホモガミーが起こりやすい場合とハイパガミーが起こりやすい場合とで違いがあり，さらにカップルの種類の違いがある場合とない場合についても学歴ごとに異なる．つまり，日本のパートナー選択の構造は，学歴が規定している部分が大きい．これは，他の先進諸国と比べた場合の日本の特徴として位置づけられる[36]．

このうちホモガミーについては，男女とも「中学高校」の場合，そして男女とも「大学以上」の場合の組み合わせがカップルになりやすい．この２つの学歴グループは共通して，学歴ホモガミーが「相性」の良さの条件となっている可能性が高い．

他方，両者の相違点は，「交際から結婚への移行」において「選抜」が発生するかどうかというところにみられる．「中学高校」学歴同士のホモガミーの起こりやすさにはカップルの種類で違いがなく「選抜」がみられないのに対して，「大学以上」同士ではカップルの種類で違いがあり，その違いのパターンは「交際から結婚への移行」の際のより厳しい「選抜」の発生を強く示唆する．

さらに，「短大高専専門」の女性と「大学以上」の男性という組み合わせでのハイパガミーが「既婚」カップルでのみ起こりやすい．この組み合わせのカップルでは，ハイパガミーが「相性」の良さの条件になっていることが推察される．加えて，「既婚」カップルでのみこのような学歴組み合わせが確認されることから，女性にとっての上昇婚が結婚に至るまでの過程で，１つの「選抜」として発生していることを示唆する．

7. 結論と考察──「交際への移行」と「交際から結婚への移行」の違い

本章では，恋愛結婚が主流化した今日の結婚の特徴をふまえて，「結婚への道のり」を「交際への移行」と「交際から結婚への移行」という２段階の移行から構成されるものと捉える結婚過程像を提示し，２つの移行の間の【要因の違い】と【パートナー選択の違い】について分析を行った．

まず【要因の違い】については，既存研究で結婚への移行に影響することが

指摘されてきた初職雇用形態と学歴，そして結婚意欲の3つの要因に注目して，「交際への移行」と「交際から結婚への移行」それぞれに対してどのような影響を示すかを別々に分析し，結果を比較することによって検証した．「交際への移行」に対しては，男女とも結婚意欲が移行を促進するものの，初職雇用形態および学歴は移行に影響を与えておらず，結婚意欲との交互作用もみられなかった．一方，「交際から結婚への移行」の分析では，結婚と交際解消という異なる2つの移行先を想定して分析を行った．その結果，男性については，結婚意欲が高い場合には，初職正規雇用と高等教育相当学歴の両方が結婚への移行を促進することが示された．また，結婚意欲が高いことは主効果として結婚への移行を促進する．また初職正規雇用については，結婚意欲が高い場合には交際解消を抑制する方向に作用することが明らかになった．女性の場合も，学歴の影響はみられなかったが，結婚意欲が高い場合には，初職正規雇用が結婚への移行を促進し，交際解消を抑制する知見が導きだされた．また，結婚意欲はそれ自体の主効果として，結婚移行の促進と交際解消の抑制という両方の影響を示した．これらの結果は，「交際への移行」と「交際から結婚への移行」とで影響する要因が異なることを明確に示す．

　次に【パートナー選択の違い】については，「交際から結婚への移行」において，「相性」の良いパートナーと結婚し，そうでないパートナーとは交際解消しやすくなるという「選抜」の発生を検証するために，婚姻関係にある既婚カップル，交際関係が継続している交際継続カップル，交際解消してしまった交際解消カップルとで，ホモガミーあるいはハイパガミーとして特徴づけられるカップルの学歴組み合わせのパターンがどのように異なるかを分析した．その結果，男女がともに「中学高校」学歴という組み合わせについては，3つの種類のカップルにおいて同じ程度に結びつきの強さがみられ、結婚の場合に結びつきがより強くなるといった「選抜」の発生はみられなかった．しかし，「短大高専専門」の学歴をもつ女性と「大学以上」の学歴をもつ男性からなる組み合わせは，既婚カップルにおいてのみみられ，さらに「大学以上」の学歴をもつ男女という組み合わせが，既婚，交際継続，交際解消の順に結びつきが強いことが示された．従って，学歴による違いはあるものの，交際相手として選ぶ場合と結婚相手として選ぶ場合とで，パートナー選択のあり方に違いがあ

り,「交際から結婚への移行」において「相性」の良いカップルが結婚に移行しやすく，かつ「相性」の良くないカップルは交際解消に移行しやすいという「選抜」の発生を裏付ける実証結果が得られた．

以上の結果は,「交際への移行」と「交際から結婚への移行」はそれぞれ異なる移行過程として捉えられるべきものであることを示す．このことは第1に，交際という中間段階を捨象して，未婚から結婚への一直線の移行という既存研究が採用してきた結婚過程像が現実の結婚行動を理解する上で有用性を失いつつあることを示唆する．恋愛結婚が主流化した今日の結婚行動を理解するためには，2つの移行の違いの捨象ではなく明示的な考慮こそが結婚への道のりの理解にとって必要な作業であることが，本章の分析結果が伝える含意である．

第2に，交際の存在を想定したとしても，「交際への移行」に注目するだけでは不十分であり，それに引き続く「交際から結婚への移行」も考察の対象とすることの重要性が，本章の分析結果から示された．これに関しては，昨今の「交際への移行」に焦点化した研究，あるいはいわゆる「婚活」に関する議論だけでは，結婚への移行の理解という点では不十分であることが明らかになったと言える．すなわちそこでは，交際相手としてのパートナーといかにして出会うかという論点に焦点化する傾向が強いが，交際相手をみつけることは「交際への移行」の通過を意味するものの，「交際から結婚への移行」の通過を保証するものではない．例えば初職雇用形態や学歴といった要因は,「交際への移行」については促進効果をもたないものの,「交際から結婚への移行」には明確に促進効果をもつため，交際関係は成立したものの結婚には至らないというケースは起こりうる．また，パートナー選択の違いを通じた「選抜」の発生によって，交際から結婚への移行が困難になるケースも本章の分析結果が示唆するとおりである．

晩婚化・未婚化の進行が継続する状況下で，結婚行動の理解を進めることの意義は社会的にも大きい．恋愛結婚の主流化という現代の結婚の特徴を的確に捉えた現実の結婚行動により近い結婚過程像を想定し，それをデータ観測や分析にも反映していくことが必要になる．

注

1) 岩澤（2002）は，1970年代後半から2000年代にかけて見られた合計特殊出生率の低下に対して，結婚しないという結婚行動の変化と子どもを産まないという夫婦の出生行動の変化がそれぞれどの程度寄与していたかについて分析している．シュミレーション分析の結果，1990年代までの出生率の減少の大部分は，結婚行動の変化によって説明できることを明らかにしている．
2) 例えば，結婚行動に影響を与える要因として，樋口・安倍（1999）は女性の学歴・就業・親の属性について，永瀬（2001）は未婚期の雇用形態や学歴について，野崎（2007）やRaymo（2003）は女性の学歴に注目して，酒井・樋口（2005）は学卒後の非正規雇用就職についてそれぞれ分析している．
3) 代表的な議論として，阿藤（1998）は，日本では「デート文化」が未発達であり，異性と交際関係をもつということが必ずしも一般化していないという認識のもと，恋愛結婚が主流化することは，結果として晩婚化・未婚化を進めてしまう可能性があるという見解を示している．
4) 未婚者の交際活動についてデータに基づいた数少ない検証例としては，岩澤（1999）が1987・1992・1997年の出生動向基本調査を利用して，主として記述的な分析を行なっている．
5) 『出生動向基本調査』の公表結果については，国立社会保障・人口問題研究所（2012）の第三章および五章が概要と解説を与えている．またこれ以外にも，家族形成に関する国際比較調査として実施された『少子化社会に関する国際意識調査』の結果からは，日本のサンプルに「交際相手なし」と回答するものの比率が高いことがわかる．
6) 例えば，未婚者の交際や「婚活」についての分析例として，三輪（2010），村上（2010），中村・佐藤（2010）などが挙げられる．また，永瀬（2002）も交際相手の有無と就業形態の関連について記述統計による分析を行なっている．
7) 「婚活」に関する議論については，その呼称の普及も含めて，山田・白河（2008）が出発点となる．
8) より厳密にいえば，既存の分析における「結婚への道のり」に影響する要因とは，「交際への移行」を経験し，かつ「交際から結婚への移行」で結婚に移行することに影響する要因を意味している．
9) 例えば国立社会保障・人口問題研究所編（2012）は，『出生動向基本調査』（2010年実施）の分析結果より，恋人としての交際相手がいる18～34歳の未婚者に現在の交際相手と結婚したいかどうかを尋ねた場合に，結婚したいと回答する比率が，男性で66.5％，女性で71.0％となったことを報告している（pp. 39-40）．このように，パートナー選択という観点からみても，交際相手がみつかった場合にその相手と結婚するかどうかは定かではないことは，現実のデータからかなりの程度裏付けられる．
10) 第2波から第5波までの「未婚・死別・離別」の対象者に対しては，「この

「1年間に交際してみたい異性と出会うためにやってみたこと」の回答を調査年次の年齢ごとに計算した．第1波の質問は「今までに交際してみたい異性と出会うためにやってみたこと」であるため，対象者に交際相手がいた場合にはその相手と出会った年齢マイナス1年を活動の年齢とした．対象者に交際相手がいない場合には，第1波調査時点の年齢を活動年齢とした．既婚者に対しては，第2波で「結婚する前に，交際してみたい異性と出会うためにあなたがやってみたこと」の質問をしており，その回答を結婚相手と出会った年齢マイナス1年の時点の結婚活動とした．全年齢を平均すると，男女ともに5割強が婚活に従事していることがわかる（男性53％，女性55％）．この数値は，未婚・死別・離別の対象者が各年齢時点で行った結婚活動と，既婚者については結婚前に行った結婚活動の情報から算出したものであり，単年度の数値よりも若干高い．例えば第2波の時点で未婚・死別・離別の対象者が過去1年間に結婚活動を行った割合は，男女ともに4割程度である．

11) 実際同じグループ内では，婚活に従事した人と従事しなかった人の特性は平均的に有意な差がないことがわかっている．確率値が極端に低い場合や高い場合は，共通サポートの原則のもとに除外した．詳しくは Ishida（2011）参照．

12) 第1波時点での交際相手の有無を従属変数としたロジスティック回帰を行うと，社会・経済的地位や社会的背景変数をコントロールしても結婚意欲の強い効果が残る．ただし，結婚意欲は第1波時点での回答者の結婚に対する考え方である．そこで第1波に特定の交際相手のいない回答者のみを取り出して，第2波での交際相手の有無を従属変数としたロジスティック回帰分析を行ったが，第1波時点での回答者の結婚意欲は依然として強い有意な効果をもった．なお男性の場合には，結婚意欲に加えて，学歴と第1波の仕事がフルタイムであることが，第2波で交際相手がいる確率を高める．

13) 観測期間中に交際継続のままであった未婚カップルの中には，敢えて結婚を選択しないカップルが存在する可能性はある．この場合，観測を続けても結婚イベントが決して起こらない可能性はあるが，そうであったとしても交際解消イベントが発生する可能性は排除できない．従って，このケースに対しても交際継続のまま観測打ち切りになったデータとして処理することが適切である．

14) Cox 回帰モデルの解説として，中村（2001），山口（2002）を参照．なお，交際から結婚への移行については，「交際解消」もしくは「交際継続」をレファレンスとして，交際から交際解消への移行については，「結婚」もしくは「交際継続」がレファレンスとして，それぞれ設定している．

15) なお補足分析として，観測打ち切りに対処できるカプラン・マイヤー法とログランク検定による分析も行なっているが，Cox 回帰モデルと概ね同じ結果が得られた上に，個別の要因に関する結果の解釈については Cox 回帰の方が容易なので，以下では Cox 回帰の結果のみ報告する．

16) 学歴ダミーについては，カテゴリー設定の違いによって分析結果が変わる可

能性を考慮して，補足分析によって次のような検証を行い，カテゴリー設定の違いによる影響がないことを確認している．すなわち，「中学高校」，「専門学校」，「短大高専」，「大学以上（大学もしくは大学院以上に該当）」の4カテゴリーを想定し，「中学高校」を基準カテゴリーとしてそれ以外の3つの学歴ダミー変数を設定して推定を行ったところ，高等教育に該当する「短大高専」と「大学以上」の2つが本節と同様の符号条件および有意差を示すという結果を得た．

17) 未就業サンプル（その多くは在学中である）は結婚しにくいため，そのことが分析結果に影響する可能性がある．これを確認するため，未就業サンプルを含めた場合でも分析を行ったところ，未就業者は（初職非正規雇用に比べると）結婚しにくくかつ交際解消しやすいという結果を得た．それ以外の変数の効果については，未就業サンプルを除いた結果と変わらなかった．

18) 未就業サンプルを除外した場合，交際相手のいる未婚者で結婚意欲が高い人の比率は男性で52%，女性で52%であり，未就業サンプルを含めた場合も男性が53%と女性52%とほぼ同じ比率になる．

19) 本節が分析対象とする交際相手がみつかった後の未婚サンプルについては，結婚意欲の時間変動が少ないことを予備分析の段階で確認している．

20) また本章冒頭で述べたように，日本では「結婚そして出産」という強固な順序関係が存在するため，結婚を選択すれば，そのパートナーとの間で将来的な出産・育児の展望がより現実的になる．妊娠を機会に結婚する未婚カップル（いわゆる「授かり婚」）の割合が新たに結婚するカップルの4分の1ほどあることも，結婚に求められるコミットメントが強いことを示唆している．

21) 日常感覚に近い言い方で例示すると，未婚カップルの中には（少なくとも片方が）交際相手としては受け入れるが結婚相手として考えていない，という状況である．

22) Blackwell and Lichter (2004), Schwartz (2010) を参照．

23) 「相性」の良さの条件をめぐる2つの見方の違いについては，Schwartz (2010) が最近の研究成果を含めて整理している．

24) ライフスタイル・価値観の共通性が「相性」の良さをもたらすとする立場を総称して，「文化的マッチング（Cultural Matching）仮説」と呼ぶことがある．

25) 役割分業を通じた結婚の便益を重視する立場の理論的源泉は，経済学者ベッカーの古典的業績（Becker 1991）にあり，そこから総称して，「特化と交換（specialization and trading）仮説」と呼ばれることが多い．

26) 三輪（2005），志田・盛山・渡辺（2000），白波瀬（2011）を参照．

27) ログリニアモデルの解説としては，粕谷（2012）の第3章および第4章が，一般線形モデルの特殊ケースとしてログリニアモデルを扱っており，説明もわかりやすく，統計ソフトRの利用例など関連情報も充実している．また，Powers and Xie (2008) のCh.4は，ログリニアモデルの社会学での応用を念

第2章　結婚への道のり

頭に置いた解説として有用である．
28）女性「中学高校」と男性「中学高校」の件数，次に女性「中学高校」と男性「短大高専専門」の件数，その次に女性「中学高校」と男性「大学以上」の件数と列挙して，最後に女性「大学以上」と男性「大学以上」の件数まで全ての組み合わせの件数をそれぞれ算出する．
29）「中学高校」のほとんどは実際には「高校卒」の学歴に該当する．
30）例えば，男性が大学卒で，女性が短大卒のカップルの場合，分析上は「男性が大学以上，女性が短大高専専門」という組み合わせというデータとして扱われる．パートナーの学歴の特定については，配偶者の場合は第1・4・5・6波，交際相手については第4・5・6波に質問項目が設定されているという違いがある．
31）「交際継続」に該当するのは，観測終了時点で交際が継続しているカップル，あるいは交際継続のまま脱落したカップルである．
32）掲載は省略するが，まずホモガミーだけを想定したモデル（つまり同じ学歴同士である対角セルにのみパラメータを設定するモデル）を出発点として，カップルの種類ごとと学歴ごとのホモガミーの強さの違いを検証した．その結果，ホモガミーだけを想定するモデルの中では，ホモガミーの起こりやすさがカップルの種類ごとに異なりかつ学歴ごとにも異なるというモデルの適合度が最も高く，従ってカップルの種類ごとにホモガミーの起こりやすさに違いが存在することがこの時点で確認できた．ここからさらに適合度を改善するモデルが選ばれるように分析を繰り返した結果，図表2-11，図表2-12，図表2-13に示すモデルを最終的に採択する，というプロセスを経ている．
33）米国の研究では，学歴ホモガミーに注目する場合，パラメータは各学歴で共通に想定し，かつカップルの種類ごとに異なるパラメータを想定するモデルを利用することが多い．本章では，予備分析の段階で，そのモデルは採択されなかった．
34）予備分析の段階で，「交際解消」でも「交際継続」でもこの組み合わせを設定先とするパラメータは有意ではなく，またそれらのパラメータを追加したモデルは適合度比較の結果採択されなかった．
35）採択モデルに至る予備分析の段階で，男女とも「短大高専専門」のホモガミーという組み合わせが，「交際継続」と「交際解消」の未婚カップルにおいては有意ではなく，既婚においてはマイナスで有意，つまり起こりにくいことを確認している．
36）例えば米国における Schwartz and Mare（2005）や Schwartz（2010）など学歴同類婚に関する代表的研究では，ホモガミーの傾向の強さが学歴間で共通すると想定したモデルの方がデータへの適合度が高いという結果が示されており，本節で示した日本の特徴とは逆の構図になっている．

文献

阿藤誠（1997）「「少子化」に関するわが国の研究動向と政策的研究課題」人口問題研究 53(4)』: 1-14.

Becker, Gary. S.（1991）*A Treatise on the Family*. Cambridge, Harvard University Press.

Blackwell, Debra L. and Daniel T. Lichter.（2004）"Homogamy among Dating, Cohabitating, and Married Couples" *Sociological Quarterly Vol. 45*(4): 719-737.

樋口美雄・阿部正浩（1999）「経済変動と女性の結婚・出産・就業のタイミング」『パネルデータからみた現代女性――結婚・出産・就業・消費・貯蓄』: 25-65.

樋口美雄・太田清・家計経済研究所編（2004）『女性たちの平成不況――デフレで働き方・暮らしはどう変わったか』日本経済新聞社.

Ishida, Hiroshi（2013）"THe Transition to Adulthood among Japanese Youths: Understanding Courtship in Japan," *Annals of the American Academy of Political and Social Science* Vol. 646(1): 86-106.

岩澤美帆（1999）「1990 年代における女子のパートナーシップ変容」『人口問題研究 55(2)』: 19-38.

岩澤美帆（2002）「近年の期間ＴＦＲ変動における結婚行動および夫婦の出生行動の変化の寄与について」『人口問題研究 58(3)』: 15-44.

岩澤美帆（2006）「結婚」内閣府政策統括官（共生社会政策担当）編（2006）『「少子化社会に関する国際意識調査」報告書』: 73-99.

粕谷英一（2012）『R で学ぶデータサイエンス 10 一般化線形モデル』共立出版.

国立社会保障・人口問題研究所編（2012）『平成 22 年 わが国独身層の結婚観と家族観』厚生労働統計協会.

三輪哲（2007）「日本における学歴同類婚趨勢の再検討」『家族形成に関する実証研究（SSJ data archive research paper series 37: 二次分析研究会 2006 テーマ B)』: 81-94.

三輪哲（2010）「現代日本の未婚者の群像」佐藤博樹・永井暁子・三輪哲編『結婚の壁――非婚・晩婚の構造』勁草書房.

村上あかね（2010）「若者の交際と結婚活動の実態」山田昌弘編『「婚活」現象の社会学日本の配偶者選択のいま』東洋経済新報社.

永瀬伸子（2002）「若年層の雇用の非正規化と結婚行動」『人口問題研究 58(2)』: 22-35.

中村真由美・佐藤博樹（2010）「なぜ恋人にめぐりあえないのか」佐藤博樹・永井暁子・三輪哲編『結婚の壁――非婚・晩婚の構造』勁草書房.

中村剛（2001）『医学統計学シリーズ 3 Cox 比例ハザードモデル』朝倉書店.

野崎祐子（2007）「雇用不安時代における女性の高学歴化と結婚タイミング―

JGSS データによる検証—」,『JGSS で見た日本人の意識と行動：日本版 General Social Surveys 研究論文集』6（JGSS Research Series No.3），pp.131-146.

Raymo, James M.（2003）"Educational Attainment and the Transition to First Marriage among Japanese Women,". *Demography Vol.40(1)*： 83-103.

Raymo, James M. and Miho Iwasawa（2005）"Marriage Market Mismatches in Japan: An Alternative View of the Relationship between Women's Education and Marriage,". *American Sociological Review Vol.70(5)*： 801-822.

酒井正・樋口美雄（2005）「フリーターのその後――就業・所得・結婚・出産」『日本労働研究雑誌 No.535』： 29-41.

Schwartz, Christine R.（2010）"Pathways to Educational Homogamy in Marital and Cohabitating Unions," *Demography Vol.47(3)*： 735-753.

Schwartz, Christine R. and Robert D. Mare（2005）"Trends in Educational Assortative Marriage from 1940 to 2003," *Demography Vol.42(4)*： 621-646.

志田基与師・盛山和夫・渡辺秀樹（2000）「結婚市場の変容」盛山和夫編『日本の階層システム4 ジェンダー・市場・家族』．東京大学出版会：159-176.

白波瀬佐和子（2005）『少子高齢社会のみえない格差――ジェンダー・世代・階層のゆくえ』東京大学出版会．

Powers, Daniel A. and Yu Xie（2nd ed）（2008）*Statistical Methods for Categorical Data Analysis*. Emerald Group Publishing.

山田昌弘（1996）『結婚の社会学――未婚化・晩婚化はつづくのか』丸善ライブラリー．

山田昌弘編（2010）『「婚活」現象の社会学―日本の配偶者選択のいま』東洋経済新報社．

山田昌弘・白河桃子（2008）『「婚活」時代』ディスカヴァー携書．

山口一男（2002）「イベントヒストリー分析（7）」『統計』3月号：69-74.

第 3 章

性別役割意識の変容
―― 若年層の保守化と結婚意欲をめぐって

橋本摂子

1. 性別役割意識のアポリア

「性別役割」というアジェンダが初めて公的な場で提起されたのは，1979年の国連総会における女子差別撤廃条約であった[1]．この条約はいくつかの点で，それ以前になされた種々の女性権利宣言とは思想を異にする．従来の女性権利思想が，基本的には女性固有の「本性」としての母性を前提に，その尊重と保護を謳うものであったのに対し，この条約では初めてそうした前提への疑義が立てられた．自然化された固定的な性別役割分業こそが，現存する性差別の根本的な原因であるとされ，役割分業の解消に向けた社会的変革の必要性が明示的に訴えられたのである．いわく，出産する性であることが，家事・育児等のケアワークに専従する根拠とはなりえず，「子の養育責任は男女および社会が共同して負うべきもの」であり，男女平等の完全な達成には「家庭および社会における伝統的役割分業を変更すること」が必要不可欠である[2]．条約にみられるこうした見解の背後には，いうまでもなく，解剖学的性差としてのセックスから切り離された，社会的性差としてのジェンダーの「発見」がある．性による役割を脱自然化し，かつ政治的介入の対象とみなすこと．それはつまり，セックスからジェンダーへと単線的につながった（かのように構成される）社会的現実への異議申し立てであるとともに，その2つの結びつきが1つの権力構造を形成し，男女間の不平等の固定化・再生産に寄与しているという，フェ

ミニズム理論の分析視角を政策現場へ導入する初めての試みでもあった．

性別役割（gender role）とは社会的役割の一種で，広義には男女の性別に応じて固有の役割や行動規範を振り分ける社会慣行一般を指す．ジェンダー不平等解消に向けた政策的文脈で特に問題となるのは，男性に稼得就労，女性に家庭内ケアワーク——いわゆる「専業主婦」——を割り振る「家庭内性別分業」である．こうした分業体制は，一方では女性を，無報酬労働を中心とする私的な家内領域に押しとどめ，社会参画や経済資源への自由なアクセスを阻害する．その点で政治的には不公正な慣行といえるが，しかし他方，経済的側面からみれば，こうした「分業」は優れて合理的なスタイルでもある．家事育児が主に出産する性である女性によって担われることで，男性雇用者の集約的な長時間労働が可能になり，同時に女性の非正規短時間労働を雇用変動の調整弁とする効率的な雇用システムが完成する．特に日本のように，政府主導による急速な近代化過程を歩んできた近代後進国では，家庭内性別分業モデルこそが高度経済成長の土台となる「標準」世帯像とみなされてきた．家族政策をはじめ労働，教育，社会保障など広大な領域で，夫婦間の役割分業を前提とする制度設計がおこなわれていたため，「先進国」の一員として女子差別撤廃条約を批准するにあたり，日本政府は既存の法制度の大幅な見直しを迫られることとなった．

こうした文脈を背景に，70年代以降，日本では性別役割意識が重要な社会意識として注目されるようになった．性別役割意識とは，性別役割，特に家庭内性別分業に対する賛否の意識を指す．性別役割分業という生活様式が，一種の社会規範に支えられている以上，条約批准の名目で単に法整備をおこなっただけでは，伝統（および効率）に根ざした社会慣行を変えることは難しい．個々人の意識のうちに固着する男女の役割規範は，これからも明に暗に人々の行動選択を規定し，両性の平等な社会参加を内面から制約するだろう．したがって真のジェンダー平等を達成するには，法制度の整備と並行して，人々の内面，つまり意識のうえでも改革がなされねばならない．その意味で，性別役割意識とは，その社会がどのくらい性役割規範から解放されているか（あるいは解放が進んだか），その度合いを測るための社会的指標でもある．

1979年，内閣府による性別役割意識の国民調査が始まった当時，日本ではまだ多くの人が家庭内性別分業に肯定的な意識を持っていた．図表3-1は，

第Ⅰ部　結婚意欲・交際そして結婚

図表3-1　「夫は外で働き，妻は家庭を守るべきである」といった考え方について

年	賛成	どちらかといえば賛成	わからない	どちらかといえば反対	反対
1979年(n=8239)	31.8	40.8	7.1	16.1	4.3
1992年(n=3524)	23.0	37.1	5.9	24.0	10.0
1997年(n=3574)	20.6	37.2	4.4	24.0	13.8
2002年(n=3561)	14.8	32.1	6.1	27.0	20.0
2004年(n=3502)	12.7	32.5	5.9	27.4	21.5
2007年(n=3118)	13.8	31.0	3.2	28.7	23.4
2009年(n=3240)	10.6	30.7	3.6	31.3	23.8
2012年(n=3033)	12.9	38.7	3.3	27.9	17.2

資料：内閣府「男女共同参画社会に関する世論調査」

調査開始から近年に至る意識の推移をみたものである．1979年は賛成層（賛成＋どちらかといえば賛成）が7割を超えていたが，それから徐々に意識改革が進行し，1992年では賛成層は6割に縮小，反対層は34.0％に拡大している．その後も性別役割規範からの解放化傾向は続き，2007年には初めて反対層が半数を超え，2009年は賛成層が4割程度に縮小する結果となった．先進国の水準からみれば未だ保守傾向は強く残るものの，長期的な変化の趨勢をみる限り，日本における固定的な性別役割規範は，少なくとも意識の上では解消の方向に進みつつあるといえるだろう[3]．

ただし，こうした意識の変化とともに現実の性別分業のあり様も変わったのかといえば，現状はにわかに首肯しがたい．図表3-2は日本における女性の就業率[4]の年次推移をみたものだが，一見してわかるように，女性の就業率の長期的趨勢には，意識にみられるような大きな変化があらわれない．女子差別撤廃条約が採択された79年に50.1％，そして男女雇用機会均等法が施行された85年をへて，92年には58.4％，その後も漸増し，2012年には63.1％となるが，30年あまりで13ポイントの変化は意識に比べてはるかにゆるやかである．

図表3-2 女性の就業状況（15-64歳）

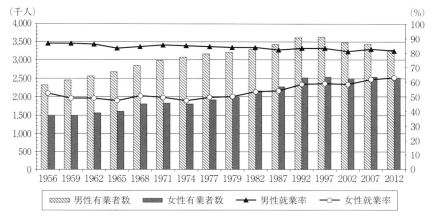

注：男女ともに15-64歳で集計．
資料：総務省「就業構造基本調査」

　また，就業率の男女差も同じく縮小傾向にあるが，それは97年以降の男性就業率下降による影響が大きい．ここからみる限り，意識の解放化が女性の就業選択と連動し，変化を促したと評価するのは難しいだろう．

　さらにもう1つ注目すべき点は，近年観察される若年層を中心とする保守化傾向である．図表3-1にみるように，性別役割意識は調査が開始された79年以降一貫して反対層の拡大と賛成層の縮小傾向が続いていたが，2012年の調査で初めてこれまでと逆行する変化が観察された．2009年調査では賛成層41.3％，反対層55.1％だったのに対し，2012年の調査では，賛成層51.6％，反対層45.1％と10ポイント以上が賛成に移行し，意識の解放度としては実に約10年前の水準に戻っている．こうした「揺り戻し」は，特に20代の若年層に顕著にみられる．2009年時点での20代の意識は賛成層30.7％，反対層67.1％だったのに対し，2012年では賛成50.0％，反対46.7％となり，この世代の反対層への移行は20ポイント近くに上ることがわかる[5]．その背景には，直前に起こった東日本大震災による保守化傾向，あるいは若年層における雇用の緊縮化などが指摘されるが[6]，そうした意識の変化に対し，就労状況の変化を対照してみると，近年にかけて若年層有配偶女性の労働力率[7]はむしろわずかに

第Ⅰ部　結婚意欲・交際そして結婚

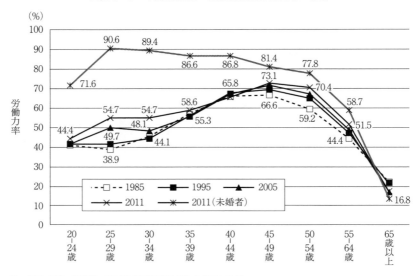

図表3-3　年齢階級別　有配偶女性労働力率の推移

注：2011年は、岩手県、宮城県及び福島県を除く全国の結果
資料：総務省「労働力調査」

上昇していることがわかる．図表3-3は年齢階級別に有配偶女性の労働力率の推移をみたものだが，85年から近年にかけて34歳以下の有配偶女性の労働力率は全体的に増加傾向にある[8]．未婚女性との間にいまだ大きな開きはあるものの，特に20代後半から30代前半では10～15ポイント上昇している．

つまり，全体としては漸進していく意識の解放化と，他方で膠着する就業状況，あるいは局所的にみられる保守化傾向と，それとは裏腹な労働力率の上昇——データからみる限り，ここ30年の性別役割分業の趨勢は，人々の意識が徐々に変化する一方で，その変化に見合う実体がともなわないという奇妙な状況が続いている．こうした主観意識と客観指標のミスマッチは何を意味するのだろうか．

おそらくいくつかの解釈が可能であろう．1つは単純に，就業選択の変化はこれから遅れてあらわれる，という解釈である．意識の解放が現実変革に結びつくという当初の（やや古めかしい）想定にしたがえば，現状のミスマッチは意識改革のスピードに現実が追いついていないだけで，人々の全体的な就業選

80

択の変化は今後進展していくと考えられる．あるいはその延長として，まだ意識改革が十分な水準に達していない，という解釈もありうる．多くの人々は漠然と役割分業の解消を望むが，現状ではそれが現実の変革に結びつくほどの強度には至っていない，あるいは意識の上で分業解消を望んでも，それを可能にする職場環境・家庭環境が十分に整備されていない．その場合，若年層における保守化バックラッシュの内実は，近年顕著な不安定雇用の増加によって，非選択的に性別役割分業から解放された人々——いわば劣悪な就業環境のもとで，「否応なく共働きせざるをえない」世代——が示す，現状への不満および自らの予期される将来像への反動形成とみることもできる．

　こうした解釈はある程度のリアリティをもつ．しかし，均等法施行から30年あまり経過した現在，役割意識と就業状況のミスマッチを就業環境の未整備のみに帰するのは無理があるだろう．というより，集積データにあらわれる不整合を解明しようとするならば，むしろ遅々として環境整備が進まない現状の根本原因をも含めて，性別役割意識に関するわれわれの当初の想定をあらかじめ疑うべきではないか．つまり，意識改革によって社会規範が弱まり性別分業の解消がうながされる，という従来の単純な想定が，実際には意識‐行動をつなぐ現実の複雑な連関関係に対応しきれていない，と考えたほうがよいのではないか．

　より広義に捉えれば，性別役割意識と行動選択との乖離は，性別役割意識の社会的機能だけでなく，社会意識全般と行動選択のリンケージにかかわるさまざまな疑問をもたらす．社会意識は人々の行動選択と連動するのか，それとも現実とかかわりなく形成されうるのか．あるいは，性別役割意識に限っては，意識改革の理想は理想，自分が実際にどうするかは別次元という二重規範（ダブルスタンダード）が成立するのか．そして性別役割意識が就業行動と必ずしも連動しないのだとすれば，そもそも社会における役割規範こそが女性に対する不公正な抑圧の源泉だとする当初の問題規定のありかたは妥当だといえるのか．

　以上の問題状況を簡単に整理すると次のようになる．依然進まぬ日本の女性就業の現状に対し，おそらく多くの人々のあいだで「日本社会に未だ根強く残る性別役割意識が，就業をはじめとする女性の社会参加への強固な障壁となっ

ている」という漠然とした認識が共有されている．しかし他方で，その実感がデータ上では確認できない．意識の上での解放化傾向が，実際の就業選択にほとんど反映されないのである．論理的に考えて，可能性は3つある．1つは，就業選択の変化はまだ観察されていないだけでこれから遅れてあらわれる，というもの．2つ目は，意識が行動選択を制約するという人々の直感が実はまったく間違っており，現実には意識と選択は相互に無関連である，というもの．そして3つ目は，意識と行動選択の実際の連関メカニズムが当初の想定と異なっており，われわれはいまだその内実を捉えきれていない，というものである．第1の仮説については，その可能性は永遠に排除できないものの，現時点では棄却も採択もできない．ゆえに，観察される現象に整合的な説明を与え，生産的な議論をおこなうには，第1の可能性を保留にしたまま，第2，第3の可能性を検討するべきだろう．そのためには，意識と現実がどのようにかかわっているのか（あるいは，かかわっていないのか），つまり個人レベルで意識‐行動の連接関係を明らかにする個票分析が不可欠となる．

　以上を背景に，階層移動研究における性別役割意識分析の多くは，これまでこの点をめぐって蓄積されてきた．中心となるのは，意識の規定要因の探索，および就業状況の対応関係と因果方向の解明であり，最終的には，性別役割意識の社会的・政治的（啓蒙）機能をどう捉えるかの問題に帰着する．性別役割意識は現状（女性の低就業率）の原因としてあるのか，そして今後の行動選択の動機となりえるのか．つまり，意識改革を通じたジェンダー平等の達成をどの程度期待できるのか，という広義の政策的関心にもかかわる．

　この問いをめぐって現時点では，意識と就業は無関連ではないが，意識が就業を規定するというよりも，むしろ逆向きの因果関係が成立しているのではないか，と考えられている．多くの個票分析から明らかになったのは，性別役割意識が行動を規定するというより，意識は単に，各人の状況，つまり現状の就業（分業）形態に適合するように事後的に形成されるという傾向である．仮に性別役割意識と就業状況との連関について，意識が規範的機能をもって就業行動を規定するという因果関係を「就業抑制仮説」，現実の性別分業の状況が後から意識に反映されるという考えを「現状追認仮説」と呼ぶならば，データに適合したのは明らかに後者の「現状追認仮説」であった．そのため，階層移動

研究の領域では，意識改革の実際的な啓蒙効果について懐疑的な見解が多勢を占める（木村 2000；白波瀬 2005 等）．

ただし，そうした知見の多くが，有配偶者層の分析から導かれている点には留意が必要であろう．性別役割意識の規定要因を探るにあたって，実際に家庭をもち調査時点で何らかの分業を選択（受容）している有配偶者層に焦点が集まるのは当然だが，彼らの意識が状況適合的であることからただちに，性別役割意識がつねに現状の分業体制に対する後づけの「結果」だという結論にはならない．というより，集積データに示される意識と行動の不整合を解明するには，有配偶者層における「状況適合」の前段階およびそのプロセスを精査し，彼ら彼女らの「適応」がどのようなメカニズムで生じているのかについて分析が必要となる．性別役割意識分析は，これまで主に有配偶者層のデータを中心に蓄積されてきた[9]．だが，意識の現実的な機能と行動選択との連関関係をみるうえでは，分析対象は本来，これから家庭を築き，家庭内での分業選択をおこなおうとしている未婚者層が望ましいはずである．

このことと関連し，先行研究から導かれるもう 1 つの重要な知見は，性別役割意識と就業選択との結び付きを捉えるには，性別役割意識の可変性を前提としなければならない，という点である．これまでの性別役割意識観では，行動規範としての機能が中心を占め，各人の性別役割意識は若年期に完成し成人後もそれが固定的に維持されるという暗黙の了解が存在した．だからこそ，意識改革にあたっては若年層への教育による啓蒙効果がもっとも期待されたという事情がある．しかし有配偶者層が状況適合的な意識をもつという事実は，裏を返せば，結婚前にどのような意識をもっていても，それとはかかわりなく，結婚後には自身の生活状況に応じた役割意識をもつようになる，という可能性を意味する．それはつまり，性別役割意識が世代間だけでなく，ライフステージや家庭環境の変化に応じて個人内で容易に変容しうる柔軟な（悪くいえば，場当たり的な）意識であることを示唆している[10]．

本章はこうした状況を踏まえ，性別役割意識の変容をめぐって，結婚と就業状況とのかかわりを中心に分析を進める．特に，長期的な解放化傾向と近年の若年層にみられる保守化傾向を踏まえ，結婚に至る過程での未婚者層の意識変容，つまり結婚後の家庭形成に向けた「適応」の過程がどのように生じるのか，

その一端を明らかにしたい．意識の再形成と現状適応への移行を焦点とするならば，個人レベルでの意識変容の過程こそが焦点となる．そのため，今回の分析にあたって，個人の意識を追跡できるパネルデータの存在意義は非常に大きいといえるだろう．というより，これまでの経緯から，性別役割意識研究では長らくパネルデータの整備が待たれていた．その点でJLPS調査は，性別役割意識を継続的に調査しつづけている，国内では稀有なパネルデータであり，変容過程の内実を検証するうえで重要な知見が期待される[11]．分析を通じ，日本における性別役割分業の実態と意識との関係，あるいはその乖離に一定の説明を与え，理解を深めることが本章の目的となる．

2. 性別役割意識の変容

2.1 性別役割意識は変わるのか？

本章で用いる性別役割意識は，家庭内性別分業への賛否である．JLPS調査では，家庭内性別分業について，2007年の第1波調査から隔年で質問をおこなっているため，使用するのは，JLPS2007-2013年の6年間のデータのうち，質問項目のある2007, 2009, 2011, 2013年のデータとなる．質問文は「男性の仕事は収入を得ること，女性の仕事は家庭と家族の面倒をみることだ」，数量分析には「1. そう思う」「2. どちらかといえばそう思う」「3. どちらともいえない」「4. どちらかといえばそう思わない」「5. そう思わない」と，性別役割分業に対し否定度が高くなるほど大きくなる方向にスコア化したデータを用いる[12]．

まず，意識変容の概要を横断的に確認しよう．先にみたように，性別役割意識については，同一個人内で変化するか否か，ということ自体が一つの重要な論点となる．図表3-4は2007年と2013年の2時点における男女別性別役割意識の移動表である．意識を「肯定」，「どちらともいえない」，「否定」の3カテゴリーに分けた場合，2007と2013年の2時点間で意識カテゴリーを移動している層，つまり意識の変容した層は全体の45.1％であり，約半数の意識可変性が確認される結果となった．男女別にみると，女性では43.9％，男性では46.6％が移動している．意識変化のない層のうち，2007年時点での賛成層反対

図表3-4　2007〜2013年　性別役割意識の変化

			2013			
			分業肯定	どちらともいえない	分業否定	計
2007	女性	分業肯定	207	92	67	366
		列%	56.6%	25.1%	18.3%	100%
		行%	52.1%	19.5%	9.7%	23.4%
		どちらともいえない	106	173	128	407
		列%	26.0%	42.5%	31.4%	100%
		行%	26.7%	36.6%	18.5%	26.1%
		分業否定	84	208	496	788
		列%	10.7%	26.4%	62.9%	100%
		行%	21.2%	44.0%	71.8%	50.5%
		計	397	473	691	1561
			25.4%	30.3%	44.3%	100%
2007	男性	分業肯定	201	106	64	371
		列%	54.2%	28.6%	17.3%	100%
		行%	56.3%	26.8%	14.7%	31.3%
		どちらともいえない	84	149	87	320
		列%	26.2%	46.6%	27.2%	100%
		行%	23.5%	37.7%	20.0%	27.0%
		分業否定	72	140	283	495
		列%	14.5%	28.3%	57.2%	100%
		行%	20.2%	35.4%	65.2%	41.7%
		計	357	395	434	1186
			30.1%	33.3%	36.6%	100%

層は安定性が高く，男女ともに半数以上が4年後も一貫した意識をもっている．特に反対層は経年による意識変化が起こりにくく，女性反対層の一貫性（再生産率）は7割を超える．逆に変化率が高いのは中立層であり，2007年に「どちらともいえない」と回答した人のうち，2013年では女性で57.5%，男性で53.4%が賛成あるいは反対意見に変化している．明確な意見をもった者ほど経年変化をこうむりにくいといえるだろう．

　変化の方向を数量的にみると，全体の平均スコアは，2007年で3.45（女性3.55，男性3.33），2013年は3.30（女性3.38，男性3.21）であり，6年で0.15ポイント減少している[13]．数値自体は中立の3.0を超えているため否定寄りに位置するものの，2007年以降6年間における若年・壮年層の性別役割意識の変化は，

先に見た内閣府調査と同様，全体的に保守化傾向を示す．JLPS調査の回答者は，まさに性別役割意識のバックラッシュ世代に重なることが確認できる．

さらに，性別，コホート，学歴の影響をみてみよう．クロスセクション・データの先行研究から，性別役割意識の特徴としては，先進国一般に，性・時代・年齢（コホート）・学歴が有意な影響をもつことが知られている（尾島2000；吉川1999；Brooks and Bolzendahl 2004；Cotter, Hermsen & Vanneman 2011 等）．男性よりも女性で否定傾向が強く，年齢が下がるほど，また世代が下がるほど否定傾向が強い．さらに学歴が高いほど否定傾向が強くなることも多くの研究で共通して確認されている．

JLPSデータからも同様の傾向が確認される．図表3-5は性別・学歴グループ別に各調査年の平均スコアをプロットした図である．JLPSは調査対象者の年齢幅が狭いため，世代による違いはそれほど大きく表れないが，性と学歴による違いは確認される．全体的に，男性に比べて女性はスコアが高く（つまり否定傾向が強く），また男女ともに学歴が高いほど役割分業に否定的である．男

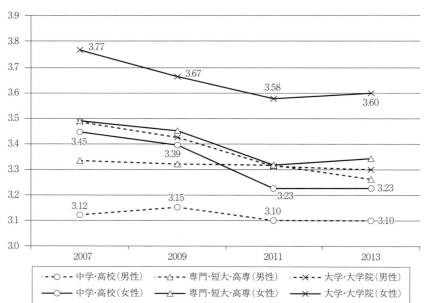

図表3-5　性別・学歴別　性別役割意識の変化

性の「大学・大学院」「専門・短大・高専卒」層と女性の「専門・短大・高専卒」「中学・高校」層とは各調査年ともスコアが近く，この4層の性別役割観は互いに近接しているが，女性の高等学歴層（「大学・大学院」）および男性の初等学歴層（「中学・高校」）はそこから上下に大きく外れている．女性では大卒以上の学歴が顕著に役割否定と結び付き，男性では高卒以下の学歴で否定志向が弱くなる．また，調査年度内の変化にも性別で多少の違いがある．2007年から2011年にかけて，女性はどの学歴層でも否定傾向が0.20ポイント前後減少するが，男性では高学歴層のみに減少がみられ，他の層にそれほど大きな変化はない．また，2011年から2013年にかけてはどの層もほぼ横ばい状況である．総体でみると，若年層における性別役割意識の保守化傾向は，特に女性および高学歴男性層にみられる変化であることが示唆される．

2.2 誰の意識が変わるのか？

　全体の変化の方向を横断的に把握したところで，次にパネルデータの特性を生かし，誰の意識が変わるのかを追ってみよう．性別役割意識の変化量を数量化するために，2007～2009年，2009～2011年，2011～2013年の3期間について，それぞれの意識偏差スコアの絶対値を足し合わせ，意識変化量（絶対値）の変数を作成した．以下では，意識変化量と各属性変数がどのような関係にあるのかを確認していく．

　図表3-6は，属性ごとに意識変化量の平均値を取った分散分析の結果である．まず，変化の平均値は男女ともに2.22，変化量自体に性別による差はないという結果が得られた．横断的分析からは女性の保守化傾向の方が若干大きいという結果を得たが，個人単位で変化量のみをみた場合，意識の変わりやすさそのものに男女差はみられない．

　コホート効果をみると，効果は有意で，年齢が上がるほど変化量が小さくなっていくことがわかる．クロスセクション分析では，年齢が上がるほど性別役割に肯定的になるという結果が得られるが，変わりやすさもまた年齢の影響を受け，年齢が上がるほど意識も変わりにくくなることが確認される．多くの人は年齢を経るごとに性別役割を受容し，意識も徐々に固定化されていくといえるだろう．1981～86年生と1966～70年生では変化量の差に0.35ほど開きが

図表3-6　2007〜11年性別役割意識変化　分散分析

		意識変化量平均値（n）	標準偏差	F値（df）	p
性別	女性	2.22 (1561)	1.71	0.002 (1)	n.s.
	男性	2.22 (1186)	1.72		
コーホート	1981-86年生	2.42 (540)	1.81	4.69 (3)	$p<0.01$
	1976-80年生	2.26 (591)	1.70		
	1971-75年生	2.20 (823)	1.66		
	1966-70年生	2.07 (793)	1.69		
学歴	中学・高校	2.35 (860)	1.78	4.12 (2)	$p<0.05$
	専門・短大・高専	2.20 (896)	1.69		
	大学・大学院	2.12 (958)	1.69		
婚姻地位	未婚継続	2.25 (734)	1.68	3.98 (2)	$p<0.05$
	期間中結婚	2.37 (336)	1.81		
	既婚継続	2.11 (1292)	1.65		

あるが，1981〜86年生は調査期間中20〜25歳から26〜31歳になった層であり，また1966〜70年生は36〜40歳から42〜46歳になっている．2つの世代は，仕事や結婚，出産をめぐってライフステージの大きく異なる年代であり，この差には世代効果だけでなく年齢効果も含まれると考えられる[14]．

学歴の影響をみると，学歴が高くなるほど変化量が小さくなる傾向がみられる．高学歴層に強くみられる性別分業否定傾向は，おそらく合理性や効率性よりも男女両性の市民的平等を志向するリベラリズム的公正観の側面が大きく，理念的側面が強い分，意識の状況依存性が他の学歴層よりも多少弱くなるという可能性が考えられるだろう．

次に，ライフステージによる影響をみるために，婚姻地位の変化による意識変化の違いをみる．婚姻地位は，2007年から2013年の間に，未婚状態を継続した層（「未婚継続」），期間中に結婚した層（「期間中結婚」），一貫して婚姻状態にあった層（「既婚継続」）の3層である[15]．婚姻地位の変動効果は有意となり，期間中に結婚を経験した層の意識変化がもっとも大きいという結果を得た．意識変化がもっとも小さいのは既婚継続層であり，このことから，性別役割意識は結婚によって大きく変動し，かつ結婚後に安定した状態に移行することが予測される．

2.3　結婚による意識の変容

　結婚とはつまり，それまで予期的に想像されていた家庭生活，つまり家庭内性別分業が自らの日常となるイベントである．結婚の前後で，性別役割分業への意識は大きく変容することが確認されたが，では，結婚後の現実化した役割分業と意識の変容とはどのような関係にあるのだろうか．ここでは，2007年から2013年にかけて結婚した人だけを取り出し，性別役割意識の変容と夫婦の就業形態との関係をみてみよう．

　図表3-7は期間中結婚層を対象に，結婚前後の意識変化を，結婚後の妻就業形態別にみたものである．サンプル数の関係から，夫は有職者全般，妻の就業は正規・非正規・無職に限られる[16]．女性の結果からみると，結婚後正規職に就いている層の結婚前における性別役割意識は，結婚後無職の層に比べて否定傾向が強いものの，両者の差異に統計的有意性はみられなかった．この2つは時間的に前後関係が取れるため，因果の方向が確定できる．つまり，この結果をみる限り，女性にとって未婚時の性別役割意識は結婚後の就業形態を規定するとはいえない．期間中結婚層のサンプル数がまだ少ないためここで結論を出すのは早計だが，少なくとも現時点では，女性が結婚前に持つ性別役割意識は自身の就業を抑制も促進もしないことがわかる．それに対し，結婚後の意

図表3-7　妻就業別　結婚前後意識変化

		結婚後の妻就業			p
		正規	非正規	無職	
女性	結婚前の意識スコア	3.42	3.40	3.16	n.s.
	結婚後の意識スコア	3.75	3.55	3.05	$p<0.01$
	結婚前後の変化量（絶対値）	1.04	0.80	0.56	$p<0.01$
	結婚前後の変化量（符号付き）	0.33	0.15	−0.11	n.s.
	N	79	40	57	—
男性	結婚前の意識スコア	3.83	3.42	3.22	$p<0.10$
	結婚後の意識スコア	3.76	3.35	3.25	n.s.
	結婚前後の変化量（絶対値）	0.79	0.85	0.81	n.s.
	結婚前後の変化量（符号付き）	−0.07	−0.08	0.03	n.s.
	N	42	26	36	—

注1：分散分析によるF検定
注2：結婚前後の数値は，結婚を挟む直近の調査年を使用

識は結婚後の就業形態と有意な関連をもつ．平均値をみると，正規就業で 3.75 ともっとも否定傾向が強く，無職で 3.05 と役割受容の傾向が強い．先行研究の結果と同様に，ここでも，結婚後の意識については自身の就業状況に合わせた状況適合的な意識が形成されているといえるだろう．

男性の結果をみると，女性とは逆に，結婚前の性別役割意識と結婚後の妻の就業の間に弱い関連がみられた．サンプル数が女性より少ないため解釈には注意を要するが，結婚前の時点で性別役割に批判的だった男性ほど，結婚後に妻が正規職に就いている．効果は線形であり，結婚後に妻が無職である層は，結婚前の性別役割受容傾向が他よりも有意に高い．女性とは異なり，男性における性別役割意識は，配偶者選択という行動選択を規定する点で，ある程度の規範的機能をもっていることが示唆される．

また，結婚前後の意識の変化量（絶対値）をみたところ，女性のみ就業との関連がみられた．変化量は結婚後正規就業層がもっとも大きい．さらに結婚前後の意識変化量を符号付き平均値でみると，男女ともに結婚後の妻就業形態との有意な関連はみられなかった[17]．ただし女性の場合，結婚後正規職に就いている層では性別分業への否定度が上昇し，無職層で減少する線形の効果がみられる[18]．こうした傾向と，結婚後の状況適応的な意識形成，また結婚前の意識が結婚後の就業と関連をもたない点を合わせると，女性においては未婚から既婚へと移動する際に，意識が選択を左右するよりも，状況に応じて後から意識が変化する側面が強く，かつ結婚前後の意識変化量からみて有職者ほど追認傾向が強いといえる．つまり，性別役割意識と実際に選択される性別分業との関連は，意識が行動を左右する「就業抑制（促進）仮説」よりも，状況に応じて意識が変わる「現状追認仮説」が妥当であろう．従来のクロスセクショナル・データによる知見と同様に，パネルデータからも，女性については性別役割意識の「現状追認」機能が確認される結果となった．

3. 未婚者層における意識の変容と受容

3.1 変数と分析方法

結婚を機に現状に合わせた性別役割意識が形成されるとして，移行は突然生

じるわけではない.では未婚者層の性別役割意識はどのようなメカニズムで変容するのだろうか.その一端を明らかにするために,パネルデータの特性を利用して,個人内での意識の変容にかかわる変数を探索してみよう.

2007〜2013年の未婚継続層を対象に,性別役割意識スコアを従属変数とする男女別パネル分析をおこなった.独立変数には年齢,学歴の他,就業変数として現職の就業上地位,現職の職種,初職非正規職ダミー(2007年時点),意識変数として,結婚意欲[19],仕事で成功することを重視,結婚して幸せな家庭生活を送ることを重視,階層帰属意識,さらに出身階層変数として,15歳時父家事育児不参加ダミー,15歳時母無職ダミーを投入している.分析には,プーリングモデル,固定効果モデル,ランダム効果モデルに加え,Hausman and Taylor法を用いた[20].各モデル間の検定をおこなったところ,男女ともにプーリング推定に対しランダム効果推定が採択され,さらにランダム効果推定に対し固定効果推定が採択,最後に固定効果推定とHausman and Taylor法による推定結果を比較したところ,Hausman and Taylor法が採択された[21].参考のため,プーリング推定とHausman and Taylor法による推計結果を図表3-8に示す.

3.2 未婚者層の性別役割意識のパネル分析結果

図表3-8の結果を,就業状況からみてみよう.女性のプーリングモデルでは現職の影響がみられ,性別役割の否定傾向は,正規雇用層に対し無職層および自由・自営・家族従業層で低く,また専門・管理職に比べて事務・販売職層で有意に低くなるが,パネルデータでは現職と意識の関連がみられない.つまり女性未婚者層において性別役割意識と現職との関連は個人間分布の問題であり,意識変容と就業選択は連動していないことがわかる.ここでも女性における性別役割意識の「規範機能」は確認されず,結婚後の追認傾向が傍証されることとなった.

男性では,女性と同様に,プーリングモデルでのみ現在の就業状況と意識が関連を示し,パネルモデルでは有意な結果が得られなかった.ただし正規雇用層に対して学生のみ負の効果をもつことから,学卒後正規雇用に就いて働きはじめた男性は,学生の頃より性別役割分業に対し否定的な意識をもつようにな

図表 3-8　パネル分析推計結果：2007-2013 年未婚継続層　従属変数：性別役割意識（否定的→スコア大）

	女性				男性			
Estimation Method	Pooling OLS		Hausman-Taylor		Pooling OLS		Hausman-Taylor	
	Coef.	t	Coef.	z	Coef.	t	Coef.	z
外生変数（可変）								
現職就業地位（base：正規雇用）								
非正規雇用	−0.063	−0.88	0.000	0.00	0.136	1.49	−0.049	−0.48
自営・自由・家庭従業	−0.366*	−2.11	−0.239	−1.30	−0.033	−0.26	−0.081	−0.51
無職	−0.388**	−3.00	−0.009	−0.06	0.109	0.86	0.205	1.50
学生	−0.011	−0.08	−0.105	−0.82	−0.176	−1.16	−0.295*	−2.16
現職職種（base：専門・管理職）								
事務・販売職	−0.162*	−2.34	0.010	0.13	0.110	1.29	−0.007	−0.08
熟練職	−0.171	−1.36	−0.030	−0.20	0.043	0.40	0.004	0.04
半熟練・非熟練職	−0.185	−1.36	0.042	0.30	−0.170†	−1.72	−0.039	−0.38
農業	−0.349	−0.76	0.036	0.08	−0.049	−0.17	0.317	0.79
内生変数（可変）								
結婚意欲	−0.131***	−3.69	−0.087*	−2.19	−0.043	−1.34	0.030	0.95
年齢	−0.039	−0.80	−0.107*	−1.97	−0.055	−0.98	−0.184**	−3.04
年齢二乗項	0.001	0.68	0.001	1.48	0.000	0.56	0.003**	2.72
仕事で成功を重視	0.117**	2.65	0.047	0.92	−0.054	−1.12	−0.061	−1.13
結婚して幸せな家庭生活を重視	−0.282***	−5.24	−0.122*	−2.08	−0.210***	−3.79	−0.154*	−2.57
階層意識（高いほど大）	0.030	1.58	−0.024	−0.96	−0.083***	−4.30	0.024	1.11
外生変数（不変）								
学歴（base：高校以下）								
専門学校・高専・短大	−0.183*	−2.26	−0.153	−1.13	−0.020	−0.23	0.035	0.23
大学・大学院	0.211*	2.48	0.228†	1.67	0.342***	4.43	0.358**	2.79
15歳時父家事育児経験なし	−0.017	−0.28	0.036	0.36	0.040	0.64	0.048	0.45
15歳時母無職	−0.318***	−4.85	−0.298**	−2.78	0.093	1.35	0.077	0.65
内生変数（不変）								
初職非正規（2007年時点）	−0.190**	−2.61	−0.576†	−1.76	0.009	0.11	0.913*	2.53
定数項	5.314***	6.83	6.461***	7.31	5.568***	6.11	6.501***	6.37
Number of observation	1453		1453		1448		1448	
Number of groups			367				367	
Adj. R2	0.112				0.075			
within R2								
between R2								
overall R2								
sigma_u			0.806				0.901	
sigma_e			0.823				0.816	
rho			0.489				0.549	
Wald Chi2(df): Prob			53.69(19): $p<.000$				47.05(19): $p<.000$	

注：*** $p<.001$，** $p<.01$，* $p<.05$，† $p<0.10$

ることがわかる．

　女性では結婚意欲と性別役割意識との間に関連がみられ，結婚意欲が高くなると性別役割意識が肯定方向に変化する．プーリングモデル，Hausman and Taylor 法ともに有意であり，結婚意欲が高い人ほど性別役割への受容傾向が高いだけでなく，同一個人内でも結婚を望むようになると同時に性別役割肯定化へ移行することがわかる．男性では結婚意欲はプーリングモデルのみ有意で，Hausman and Taylor 法では関連がみられず，男性の結婚意欲と性別役割意識の関連は，女性とは異なり個人間分布の問題であることがわかる．ただし「結婚して幸せな家庭生活を送る」ことの重視は，男女ともにプーリングモデル，Hausman and Taylor 法ともに有意な関連がみられ，家庭生活の重視と性別役割意識の受容は並行して生じる意識変容といえる．つまり，男女ともに，家庭生活の重視や結婚への意欲は性別役割分業の受容と一種の交換関係にあり，結婚や家庭生活に対する心的準備の一環として性別役割意識の変容プロセスを経ていることが示唆される．

　属性変数をみると，男女ともに年齢が上がるほど役割受容傾向が増す．男性は年齢の二乗項が有意であり，年齢が上がるほど変化量が逓減するという第 2 節での結果が確認された．また，学歴の影響は男性で強く，他の変数を統制しても高等学歴層が役割分業に否定的であることがわかる．出身家庭の影響をみると，男女ともに父親の家事参加は本人の意識に影響しないが，女性のみ 15 歳時に母親が無職だった層は性別役割分業肯定の傾向が強い．女性にとって未来の家庭像は，出身家庭，というよりロールモデルとしての母親が強い影響力をもっていることがわかる．

　さらに就業キャリアをみると，学卒後の初職が非正規職であることが男女ともに性別役割意識と有意に関連することがわかった．ただし，規定方向は男女逆であり，女性で初職非正規層は性別役割意識の受容傾向が強く，男性で初職非正規層は性別役割意識の否定傾向が強い．こうした齟齬の一端は，おそらく女性の家事育児負担よりも男性の稼得責任をめぐって生じたものであり，その背景には近年深刻化する若年層の非正規雇用問題が指摘できるだろう．

4. 意識の変容から「幸福」の多様化へ

　以上，性別役割意識の「規範機能」と「追認機能」との検証を中心に，パネルデータから意識変容の過程を追跡した．本分析から得られた知見は以下となる．

　まず，パネルデータの結果から，性別役割意識は時間とともに変容しうる可変的な意識であることが示された．男女ともに結婚の前後でもっとも大きな変化をこうむり，結婚後徐々に安定していく．未婚者層をみる限り，女性では，性別役割意識が本人の就業選択を規定している証拠は見当たらず，性別役割意識の機能としては，主に結婚後の現状追認のみが確認された．男性未婚者層においては，本人の現職とのかかわりはみられないものの，婚前の性別役割意識が妻の就業状況に影響する点で規範的意味合いもみられる．ただし男女ともに，性別役割意識と現在の就業状況は関連しないが，初職が非正規就業であることは関連する．男性初職非正規層は性別役割に否定的であり，反対に，女性初職非正規層では肯定的な傾向を示す．初職情報は2007年時点のものであり，時間的には性別役割意識よりも初職の就業選択が先行するため，こうした傾向は，正規雇用に就けなかった層が現状を肯定するための一種の追認機能ともいえる．しかし意識との連関が初職のみでみられるということは，入職前の意識が就業キャリアの最初の時点で何らかの「規範」――この場合おそらく性別役割というより，男性の稼得責任に特化した意識――として機能している可能性も考えられるだろう．

　最後に，どうして結婚を機に性別役割意識の変容が起こるのか，これまで得られた知見から考察してみよう．性別役割意識の変容において，男女ともに特徴的なのは，「幸福な家庭生活」の重視が性別役割受容に結びつく，という点である．こうした意識変化の背景として，一つには，正義や社会的公正などの公共的問題から，徐々に幸福や合理性といったよりパーソナルな問題へと移行していく過程が捉えられるだろう．つまり，性別役割分業という問題構成の意味付けや，それが依拠する「文脈」自体が，時間経過とともに個人の内部で変容していくという可能性である．特に，女性に見みられる結婚意欲上昇を媒介

とする性別役割の受容化は，幸福な結婚生活に対する予期的な順応（あるいは期待）としての機能を果たしていると考えられる．因果関係はおそらく双方向的で，結婚意欲上昇による就業継続の断念，あるいは就業意欲の低下による結婚意欲上昇の両方がありうる．正義から幸福の追求への移行は，ある意味で止めようのない（そして止めるべきでもない）自然な流れだが，重要なのは，「幸福な……家庭生活」志向と性別役割の受容が連動すること，つまり結婚前の段階で想定される「幸せな」家庭生活の中に，すでに性別役割分業が含まれてしまっている点である．

　予期される家庭イメージの中に，あらかじめ性別分業が織り込まれているため，結婚意欲が高まると性別役割受容度もともに上昇する．しかし幸せな家庭生活と性別役割分業の間に，本来内的な連関は何もない．「結婚」に対し期待や意欲を持つことが，女性にとっては家庭内ケア，男性にとっては稼得就労の責任を一手に引き受けることと引き替えでなければならないという必然性はどこにもないのである．日本において女性の就業，というより社会参画そのものの障壁となるのは，性別役割意識というよりも，むしろこのようにステレオタイプ化された「幸福」像の方だといえるのではないだろうか[22]．性別役割意識に何らかの規範的機能が認められるとすれば，そうした固定観念の中にあらかじめ組み込まれている限りにおいてだろう．

　したがって，女性の就業支援や社会参画の促進にあたっては，性別役割の不公正さを「教育」するよりも，結婚後の家庭生活に向けた予期的な順応過程から性別役割の受容を切り離すことが重要だと考えられる．現在の劣悪な若年層雇用環境の下，女性の就業率が上昇したとしても，意識の上では過酷な現実に対するバックラッシュが生じるだけであり，性別役割の解消（ジェンダー・フリー）には結びつかない．その意味でも，既婚女性の就業継続や男性の家事育児参加をサポートする環境整備が依然急務でありつづける．一元的な幸福尺度からの解放に向けて，「標準家庭」の枠を廃し，家庭のあり方の多様性を制度的かつ物理的に促進していくことが，未来世代への重要な政策課題となるのではないだろうか．

注

1) 条約の前段階として，1967年に国連総会で「女子に対する差別の撤廃に関する宣言」（女性差別撤廃宣言）がなされている．ただし，この宣言は法的拘束力をもたなかったため，その後の調査・検討を経て新たに法的拘束力を有する包括的な国際文書の起草を開始することが1972年に決議され，1979年に「女子差別撤廃条約」として採択された．日本の署名は1980年，批准は男女雇用機会均等法制定時の1985年となる．
2) 女子差別撤廃条約（Convention on the Elimination of All Forms of Discrimination against Women）前文より．なお，1999年に日本で施行された男女共同参画基本法もこの国際条約に基づいている．
3) 国際比較でみると，日本のジェンダー平等の意識水準は欧米諸国に比べてかなり低く，先進諸国のなかでは韓国と近い水準にあり，高学歴女性の専業主婦化傾向も共通する（竹ノ下・西村 2005；裵 2011）．
4) 就業率＝有業者数／15歳以上人口（本章では15-64歳で集計）．有業者のなかには，仕事を従とし，通学や家事を主とする者も含まれる．
5) 数値の詳細は「男女共同参画社会に関する世論調査」（内閣府大臣官房政府広報室）平成21年度，平成24年度版を参照．
6) 近年の若年層にみられる保守化傾向については山田（2009）参照．
7) 労働力率＝労働力人口／15歳以上人口．労働力人口とは，就業者および完全失業者（就業意志をもって就職活動をおこなっている失業者）の計である．
8) ゆえに，近年の女性就業率の上昇傾向には，こうした若年層有配偶女性の就業増加傾向とあわせて，この年代の女性の未婚率の上昇，つまり晩婚化傾向の効果が含まれると考えられる．近年の女性労働力率の上昇における未婚効果の寄与についてはレイモ・福田（2016）参照．
9) ただし，有配偶層の規定要因分析と並ぶ重要な研究領域として，高校生の進路分化に関するアスピレーション研究がある．性別役割意識の効果が進学アスピレーションや職業アスピレーションに与える影響を焦点とし，性別役割意識は目的変数ではなく説明変数として扱われる（木村 1996；神林 2000など）．パネルデータを用いた高校生の分析としてはJLPSの高校生調査を使用した長尾（2008）がある．
10) 性別役割意識の変容可能性を傍証するデータとして，これまでのクロスセクショナルの分析からわかっていることは，未婚者の性別役割意識は学歴による影響が強く，高学歴ほど否定的な意識をもつが，当の高学歴女性層の結婚後の労働力率の低さこそが，日本の女性労働市場の大きな特徴となっている点である（脇坂・奥井 2005）．既婚女性の性別役割意識は一般に自らの就業状況が強く反映されることから，特に高学歴女性層における結婚前後の意識変容が予想される．
11) パネル調査のデメリットとして考えられるのは，データの蓄積に膨大な時間

（とコスト）がかかるため，長期的なトレンド分析をおこなうのが難しいという点だろう．本章で使用するデータも調査期間は7年であり，より長期的な変容を追うにはデータのさらなる蓄積をまたなければならない．

12) 以下では，すべての調査年で家庭内性別役割意識に DK.NA のない回答者（計2747名）のみを対象に分析を進める．

13) 2007年と2013年で対応の取れる t 検定をおこなった結果，全体，男女別ともに1％水準（t=6.31）で2013年の減少が有意となった．

14) JGSS の反復横断調査を用いて，コホート分析から日本人の性別役割意識の変化における年齢・時代・世代効果を検証した佐々木（2012）では，年齢効果は男女ともに20代，30代を頂点とする曲線を描き，40代以降，固定的な性別役割意識に移行することが指摘されている．

15) 期間中の離死別者層は分析から除外している．

16) 期間中結婚層（n=334，ただし就業地位 DK/NA を除く）のうち，自営・自由業の妻は3名だったため，分析から除いている．また，夫の就業地位の内訳は，正規職294名，非正規職14名，自営・自由業20名，無職6名（分析から除外）である．

17) サンプル数の関係から本分析では結婚後の妻就業のみを統制しているが，分業選択と意識変容との関連をより厳密にみるには，夫婦の学歴および夫就業，妻の結婚前就業形態をコントロールする必要があると思われる．この点については，今後さらなるデータの蓄積がまたれる．

18) 女性の正規就業と無職の差は有意となる．男性においては逆の効果がみられるが，妻就業と統計的に無関連であることと，男性の調査期間中結婚層（有業者）は現時点で104名にとどまるため，この結果をもって一般化することは控えたい．

19) 結婚について 1.ぜひ結婚したい，2.できればしたい，3.しなくてもよい，4.したくない，5.考えていないを逆スコア化し，意欲が強いほどスコアが大きくなる変数を投入した．

20) Hausman and Taylor 法は，説明変数を内生と外生に分割し，外生変数を操作変数として利用することで，内生変数を構造方程式内に直接表さない操作変数法である．Hausman and Taylor 法の詳細については Hausman and Taylor（1981），中澤（2010）参照．

21) プーリング推定に対するランダム効果推定の有効性を示す LM 検定は男女ともに有意（女性：$\chi^2(1)=352.91$, p=.000，男性 $\chi^2(1)=451.36$, p=.000）となった．次に，Hausman 検定による固定効果モデルとランダム効果モデルの比較は，いずれも有意（女性：$\chi^2(14)=42.70$, p=.000，男性 $\chi^2(14)=44.22$, p=.000）で，固定効果モデルが採択される．最後に固定効果モデルと Hausman and Taylor 法による推計結果を比較したところ（女性：$\chi^2(13)=13.49$, p=.411，男性 $\chi^2(13)=10.05$, p=.690），帰無仮説は棄却されず，Hausman and

Taylor 法による推計結果が有効となった．LM 検定，Hausman 検定による各モデル間の比較については北村（2005）参照．
22) それだけでなく，こうした連関関係は，一人で稼得責任を負うことが困難な不安低雇用に就く男性若年層に結婚意欲の低下をもたらしている可能性も指摘できる．橋本（2009）参照．

文献

Brooks, Clem and Bolzendahl, Catherine（2004）"The transformation of US gender role attitudes: Cohort replacement, social-structural change, and ideological learning," *Social Science Research*, 33:106-133.

Cotter, David, Hermsen, Joan M. and Vanneman, Reeve（2011）"The end of the gender revolution? gender role attitudes from 1977 to 2008," *American Journal of Sociology*, 117:259-289.

Hausman, Jerry. A., and William E. Taylor（1981）"Panel Data and Unobservable Individual Effects," *Econometrica*, 49(6): 1377-1398.

尾嶋史章（2000）「『理念』から『日常』へ――変容する性別役割分業意識」盛山和夫（編）『日本の階層システム 4　ジェンダー・市場・家族』東京大学出版会：217-236（第 11 章）．

神林博史（2000）「性役割意識はアスピレーションに影響するか？――高校生女子のアスピレーションの規定因に関する計量研究」『理論と方法』28（Vol.15, No.2）：359-374．

北村行伸（2005）『パネルデータ分析』岩波書店．

吉川徹（1998）「性別役割意識の形成要因――男女比較を中心に」尾嶋史章（編）『1995 年 SSM 調査シリーズ 14　ジェンダーと社会階層』：49-70．

木村邦博（1996）「女性にとっての学歴の意味――教育・職業と性別役割意識」『教育と社会に対する高校生の意識　第 3 次調査報告書』東北大学教育文化研究会：121-138．

木村邦博（2000）「労働市場の構造と有配偶女性の意識」盛山和夫（編）『日本の階層システム 4　ジェンダー・市場・家族』東京大学出版会：177-192（第 9 章）．

佐々木尚之（2012）「JGSS 累積データ 2000-2010 にみる日本人の性別役割分業意識の趨勢―― Age-Period-Cohort Analysis の適用」日本版総合的社会調査共同研究拠点研究論文集 [12]．

白波瀬佐和子（2005）『少子高齢社会のみえない格差――ジェンダー・世代・階層のゆくえ』東京大学出版会．

白波瀬佐和子・西村純子（2005）「性役割意識の規定要因に関する国際比較――日本と韓国との比較から」渡辺秀樹（編）『現代日本の社会意識――家族・子ども・ジェンダー』慶應義塾大学出版会：39-61（第 3 章）．

中澤渉（2010）「男女間のメンタルヘルスの変動要因の違いに関する分析」東京大学社会科学研究所パネル調査プロジェクト・ディスカッションペーパーシリーズ No.31.
長尾有希子（2008）「若年男女における性別役割分業意識の変化とその特徴――高校生のパネル調査から」東京大学社会科学研究所パネル調査プロジェクトディスカッションペーパーシリーズ No.3，東京大学社会科学研究所.
橋本摂子（2008）「性別役割意識の揺らぎをたどる（1）――結婚アスピレーションから見た行動規範と現状追認の距離」東京大学社会科学研究所パネル調査プロジェクト・ディスカッションペーパーシリーズ No.16.
橋本摂子（2009）「未婚者層における結婚意識の変動と社会階層的要因――パネル・ロジットモデルによるアスピレーション分析」東京大学社会科学研究所パネル調査プロジェクト・ディスカッションペーパーシリーズ No.29.
裵智恵（2011）「女性の働き方と性別役割分業意識」斎藤友里子・三隅一人（編）『現代の階層社会3 流動化のなかの社会意識』東京大学出版会（第12章）.
山田昌弘（2009）『なぜ若者は保守化するのか――反転する現実と願望』東洋経済新報社.
レイモ，ジェームズ・福田節也（2016）「女性労働力率の上昇――結婚行動の変化の役割」『日本労働研究雑誌』No. 674: 26-38.
脇坂明・奥井めぐみ（2005）「なぜ大卒女性は再就職しないのか」橘木俊詔（編）『現代女性の労働・結婚・子育て――少子化時代の女性活用政策』ミネルヴァ書房: 184-207（第7章）.

第 II 部

夫婦関係と出産・結婚満足度

第 4 章

既婚男性の働き方と就業環境
―― 家事分担を規定するか

不破麻紀子

1. 日本の既婚男性の家事労働

　日本では欧米諸国に比べ，家事労働の負担が妻に極端に偏っていることが指摘されている．OECD によると日本の男性が日常的な家事に費やす時間は 24 分で，フランスの男性の 98 分，フィンランドの 91 分と比較して 4 分の 1 程度にとどまっている（OECD 2014）．また，社会生活基本調査データによると，1980 年代後半から 2011 年にかけて夫の家事参加はほとんど進んでいない．共働きの夫婦世帯の夫の 1 日あたりの家事時間は，1986 年に 7 分だったが，2011 年時点でも 12 分と，わずかな増加傾向はみられるものの，共働きの世帯においても実質的な夫の家事参加はなされていない（総務省統計局 2013）．近年の研究からは，日本など職場でのジェンダー不平等や両立支援策が充実していない国では，女性が就業している場合でも専業主婦の女性の家事負担率とほとんど変わらないことも示されており，配偶者間の家事分担のメカニズムには夫や妻の収入など個人属性のみならず，職場の環境など社会的要因が大きくかかわっていることが指摘されている（西岡 2004；Fuwa and Cohen 2007）．
　既婚男性の家事労働への参入が進まない要因の 1 つとして，長時間労働や不十分な両立支援などワーク・ライフ・バランス（以下，WLB）の取りにくい職場環境が挙げられる（Hook 2010）．日本でも近年，企業の WLB 施策と就業との関連について関心が高まってきてはいるが，従来の WLB 政策は，主に女性

の世帯における家事・育児負担に考慮した就業環境を整備することに着目してきた．女性が家事・育児責任を負うことを前提とし，その負担を緩和する施策は，家庭責任の重い女性が継続的に就業することは支援するが，他方で女性の家庭での責任を固定化してしまう恐れがある．このため，世帯内の性別分業を是正するためには，女性就業者のための WLB 環境のみならず，男性就業者の働き方・WLB 環境への着目が必要となる．

そこで本章では，2007 年から 2013 年（第 1 波，第 3 波，第 5 波，第 7 波）に実施された東京大学社会科学研究所のパネル調査データを用いて，既婚男性の働き方や職場の WLB の変化が家事分担に及ぼす影響について検討する．具体的には，(1) 第 1 波から第 7 波間の配偶者間の家事分担の変化や年齢階層・就業状況別の家事分担状況について検討した後，(2) 既婚男性の職場の WLB（仕事を家族や個人の事情に合わせて調整できる，仕事のやり方を自分で決められる，仕事のペースを自分で決められる）や働き方（午後 7 時までに帰宅・大企業勤務）の変化が，家事分担に影響を及ぼすか検討することを通して，男性の就業環境と家事労働との関連を探る．

2. 男性の就業環境改善の取り組み

2.1 職場の WLB 支援施策

1990 年代以降，ヨーロッパ諸国を中心として，男性労働者が家庭生活に積極的に参加できる就業環境の整備が進められている．例えば，比較的保守的な政策をとってきたドイツでも日本の育児休業制度にあたる「親時間」制度を設けている．これは母親が休業を取得している場合も，同時に父親も育児休業を取得でき，また，完全に休業するのではなく週 30 時間を上限としたパートタイム勤務も可能な制度である．現状では男性の親時間利用者は少数派にとどまっているものの，少子化問題を背景に家庭のニーズに合わせて仕事を調整できる環境整備に関心が高まりつつある（佐藤・武石 2004）．

また，父親の取得に限定した育児休業制度は北欧諸国を中心に導入されており，男性の育児休業利用率の大幅な増加につながっている．実際，スウェーデンの民間企業に勤める男女の育児休業取得率は女性が 84％，男性が 79％ と，

男女とも高い（内閣府 2005）．さらに，事業所の形態別でみると，民間企業に勤務している男性の利用率の方が公的機関に勤務している男性の取得率(75.7%)より若干高くなっている．これは男性の育児休業が公務員など一部の限られた職種の人のみが取得できるものではなく，一般民間企業に勤務する男性においても広く利用されていることを示している．

　日本でも 2009 年に育児休業制度が改正され，父母がともに育児休業を取得する場合は，1歳2か月まで育児休業を取得することが可能となった．しかし，育児休業の取得率は，2013 年度調査（雇用均等基本調査）では女性 83.0%，男性 2.03% と，女性の利用は広がっているものの，男性はほぼ利用できていないのが実情である．これは日本における育児休業等の WLB 政策が，女性の仕事と家庭責任の両立を念頭においていることを示している．実際，男性が両立支援制度を利用することに対する心理的な抵抗は大きい．例えば，育児のための短時間勤務制度を利用しにくい理由として，「制度を利用すると業務遂行に支障が生じる」と考える男性は 67.5%，また，「制度利用に対しての上司の理解がえられない」と回答した男性も 32.1% にのぼる（佐藤 2008）．WLB 制度が導入されていても，男性が利用できるような土壌が職場にないことを示している．また，賃金や昇進への悪影響を懸念する人も 2 割以上となっている．

2.2　長時間労働の改善

　男性就業者が WLB 制度を利用しにくい背景の 1 つとして，長時間労働の常態化があげられる．2012 年の時点で，日本では雇用者のうち週 49 時間以上働く男性の割合は 31.6% で，約 3 割の男性雇用者が長時間労働している．それに対しアメリカの男性雇用者は 21.8%，ニュージーランドでは 21.0%，最も少ないスウェーデンは 10.7% となっており，日本の男性労働者の長時間労働者の割合は先進国では，韓国の 41.0% に次ぐ高さとなっている（労働政策研究・研修機構 2015）．

　オランダでは正規雇用者を対象に，短時間勤務など就業形態を多様化するワークシェアリング制度を取り入れた結果，平均年間総実労働時間は 1380 時間と，EU 諸国の中でも顕著に短くなっている（労働政策研究・研修機構 2015）．また男性の家庭参加の支援策として，男女とも 0.75 人分（2人で1.5人分）働く

というコンビネーション・シナリオを促進している．このような革新的な政策を打ち出しているオランダであるが，性別分業に関して保守的な意識が強い国であり，実際1950年の女性の就業率は25％と低いレベルであった．しかし，このような政策を展開した結果，女性の労働市場参加につながり，2001年の時点で女性の管理職は全体の4分の1を占める（正木・前田 2003）．ただし，依然としてパートタイム就業が女性に偏っている点や公的な保育サービスが不十分であるなどの問題も指摘されている．しかし，正木・前田（2003）は，コンビネーション・シナリオは，「従来，女性の労働のフレキシビリティ（パートタイム労働）で対処された家事労働を，男女（夫婦）の労働のフレキシビリティで対処する（正木・前田 2003: 9）」方向への転換を示したものであるとし，男性の働き方の見直しや生活のニーズとの調和に着目している点を評価している．このようなことから，日本で男性の家庭参加を促進するためには，男性の働き方の見直しを中心にすえた就業環境の大幅な見直しが必要となることが示唆される．

　男性の労働時間と家事労働参加の問題には，頻繁な残業など労働時間の長さから世帯内での時間を十分にもつことができないという問題に加え，夕食の準備等，家事や育児労働のニーズが高い時間帯に男性就業者が帰宅できていないという問題がある．日本（東京）とスウェーデン（ストックホルム），フランス（パリ）の男性の帰宅時間を比較した分析（内閣府 2005）によると，スウェーデンでは午後6時までに帰宅できている人の割合が最も高く70.9％，午後7時までは5％，午後8時以降と答えた割合は，わずかに1.8％である．フランスでも午後6時までと回答した割合が最も高く33.9％，午後7時までが16.5％，午後8時以降が26.6％となっている．これに対し日本では，午後6時までに帰宅できている割合はわずかに6.8％，午後7時までででも15.6％であるのに対し，午後8時以降に帰宅している男性の割合は，61.4％と大多数をしめている．平均の帰宅時間も日本の午後8時49分に対し，スウェーデンは午後5時11分と，日本の男性労働者の帰宅時間は3時間30分以上遅い．また，スウェーデンでは男女の帰宅時間の差は34分であるのに対し，日本ではおよそ2時間と男女間で大きな隔たりがある．男性が午後9時近くまで帰宅できないという状況から，夕食の支度や子どもの世話などの夕方以降の家事・育児ニーズの高い時間帯に，

女性が一人で対応せざるを得ない状態が生じ，このことが男性の家事労働参加をさらに抑制していることがうかがわれる．

日本では，1980年代後半からの時短政策を受けて，1990年代以降に週休2日制が普及したが，黒田（2010）は1986年から2006年の間に週あたりの労働時間に変化はみられず，平日の労働時間はむしろ長くなる傾向にあることを明らかにしている．これは土曜日に割り当てられていた労働時間が，平日に振り分けられたことにより，平日の残業時間が増加したことによるものである．すなわち，日本における時短政策は，労働者の休日の確保に焦点をあて，休日の増加には貢献したが，労働者の日々のWLBを向上させるという視点に欠けていたため，実質的に男性の家事・育児参加を抑制するものとなっていることが示唆される．

2.3 WLB環境のための法的整備

職場におけるWLB環境の整備のため，近年さまざまな制度や施策が打ち出されてきた．例えば，2009年の育児・介護休業法の改正により，3歳に満たない子を養育する労働者が請求した場合には，短時間勤務制度や所定外労働の制限を設けることが企業に義務付けられた[1]．日本では，女性の多くが子育て期の家事育児責任と就業との両立が困難であることから，結婚・出産を機に多くの女性労働者が労働市場から退出する状態が続いていることはよく知られている．女性の就業中断は女性の男性への経済的依存度を高め，また，世帯内の労働の配分が女性に偏る背景となっている．このため，短時間勤務制度等の家庭の事情に合わせて仕事時間や量を調整できる制度の拡充に対するニーズは高い（矢島2011）．また非正規のパートタイム雇用などと異なり，短時間勤務制度の場合は正規雇用の身分が確保されることも女性の継続的キャリア形成のために重要な視点である．しかし，このようなWLBの向上を意識した施策のほとんどは女性を暗黙のターゲットとしており，企業がこのような施策を導入した場合の男性就業者の家事参加への効果についてはほとんど検討されてこなかった．

職場のWLB環境の改善のための法整備の例としては，2003年に成立した次世代育成支援対策推進法（以下「次世代法」）が挙げられる．次世代法では，企業が従業員の仕事と子育ての両立を図るための雇用環境や労働条件の整備に取

り組むことを求め，就業環境改善のための具体的な目標と対策を定めた計画を策定し，それを従業員にも周知することを義務付けている．2010年度までは従業員数301人以上の企業のみに「義務」とし，300人以下の企業では「努力義務」とされていたが，2011年度からは従業員数101人以上の企業でも義務付けられた[2]．

　企業が策定する計画例には育児休業利用率の男女格差の是正や全般的な職場の働き方の見直しなども含まれ，従来の女性を対象とした限定的なWLB施策から，男性労働者に家庭責任があることを前提とした働き方への転換の契機になる可能性も考えられる．また，次世代法は企業にWLBのための計画を策定することだけでなく，従業員に周知することを義務付けているが，坂爪（2002）によると，従業員がどのようなWLB施策を利用可能なのかについて知識をもつことは，職場における従業員のパフォーマンスの向上につながっている．

　民間企業に対して従業員の待遇改善計画の策定を求める政策を打ち出している例として，オーストラリアのアファーマティブ・アクション政策が挙げられる．オーストラリアでは100人以上の企業に対し女性の雇用機会均等のための計画を定め，政府に報告することを義務付けている．しかしこの法律では，女性を対象とし，女性の雇用機会の拡大を目標としているため，多くの企業では「女性」や「女性の意識」が「問題」として捉えられ，現行の就業環境そのものを見直す視点に欠け，結果的に女性の雇用促進の効果も薄かったと指摘されている（Ainworth, Knox, and O'Flynn 2010）．このため，次世代法が効果をもつためには，男性の働き方の改善にどれだけに貢献できるかが重要なポイントとなるといえよう．

　民間企業によるWLB施策の導入が進まない一因として，これら制度を導入することによる企業側のコストの問題がある．天野・松野（2008）によると，育児休業や育児のための短時間勤務制度を導入することにより，業務を代替する従業員の残業代や，臨時に従業員を雇用したりする場合のコストのほか，周囲の従業員の心理的負担感が増加することが懸念される．このようなコストは企業がWLB施策を導入する際の壁となっている．しかし，WLB施策はそのコストが強調されがちであるが，導入したことによって企業が得られるベネフィットも大きい．例えば，従業員が頻繁に退職している企業では，新しい従業

員を雇用するコストや OJT のコストがかかる．WLB 施策の導入で従業員が継続的に就業することにより，このような潜在的なコストを削減することができる．さらに，両立支援策を導入した企業では，両立支援策を利用したことによる職場への具体的な影響として「仕事の進め方について職場の中で見直すきっかけになった」と肯定的にとらえる割合が 40.9% と最も多く，「仕事を引き継いだ人の能力が高まった」など，職場や従業員の生産性の向上が指摘されている（天野・松浦 2008）．また，女性の活用と WLB を重視した施策は，女性の定着度や管理職率の高さに加え（川口 2011），男性社員の仕事への意欲の高まりとも関連することが指摘されている（男女共同参画会議　少子化と男女共同参画に関する専門調査会 2006）．

3. 家事分担の規定要因

3.1　個人・世帯属性と家事労働

　本節では，家事分担の規定要因について先行研究で指摘された要因を中心に検討する．家事労働に関する先行研究からは，配偶者間の家事分担の規定要因として，①相対資源　②時間的制約　③性別分業意識　④家事・育児ニーズが挙げられている（藤野・川田 2009）．相対資源仮説は配偶者間で相対的に資源を多くもっている方が家事負担を避けることができるとする説で，相対資源の指標として学歴や収入が用いられることが多い．時間的制約説は，家事や育児にかけられる時間は，就業状況や労働時間によって制限されるため，労働時間が長い場合は家事時間が短くなると論じる．日本では特に男性雇用者の労働時間が長く，家事労働参加の抑制要因となっている（労働政策研究・研修機構 2007）．家事・育児ニーズ仮説は，子どもの出生など，家事・育児ニーズの増加が男性の家庭内労働に影響を与えるとする（永井 2001）．また，三世代同居率が減少し，家事・育児ニーズが高いときにも母親からのサポートが受けにくくなったことにより，家事・育児ニーズが高い時期には男性の家庭内の労働への参加率が高くなると考えられている．さらに，性別分業意識仮説は，このような経済的資源や時間的制限による要因に加え，人々の性別分業に対する意識も家事参加に影響を与えるとする．国内の先行研究では，妻の男女平等的な意識は家事分担

を平等的にするが,夫の意識は家事分担との関連が弱いことを示す知見も得られている(西岡 2004;岩井・稲葉 2000).

日本における男性の家事に関する先行研究のほとんどは横断的データを用いているが,個人の変化を追跡的に調査するパネルデータを用いた先行研究からも夫の仕事時間の長さは負の効果をもつことが示されている(福田 2007).また,妻の就業による家事・育児時間の減少は,夫の家事・育児時間の増加によってほとんど代替されないことや妻の出産は夫の家事育児に有意な影響を与えていないことなどが示されており,男性の家事参加が少ないことのみならず,家事・育児労働のニーズが増加した場合にも男性の家事労働参加の度合いは硬直的で,家事労働の増加に対応できていないことが示唆されている(福田 2007;鈴木 2012).さらに,妻と夫のどちらの収入が増加しても家事・育児時間は減少することも明らかになっており,家事育児を市場に外部化することにより,家事・育児ニーズに対応している可能性も考えられる.

3.2 社会構造的要因と家事労働

欧米を中心とした家事労働研究では,これら個人・世帯属性による影響に加え,就業環境や社会における女性の活躍度など社会的な要因が家事分担に与える影響が指摘されている.欧米の 19 ヵ国の家事時間を比較した Hook(2010)は,保育施設の充実や育児休業等の WLB 政策に加え,長時間労働などの就業環境が,男性の家事参加に影響を及ぼすと指摘している.また,国際比較を中心とした先行研究からは,WLB 政策が暗黙的に女性就業者を対象としている場合,このような制度の充実は家事労働の性別による分業を固定化する恐れがあることが示されている(Pettit and Hook 2004;Fuwa and Cohen 2007;Hook 2010).すなわち,女性の WLB をはかるための政策は,子育て期の女性の就業中断を減少させる点において男女平等的であるが,世帯内の労働分担の平等化のためには不十分であるといえる.

他方で,父親だけに取得の権利があるいわゆるファーザーズ・クォータのように男性の育児休業を促進する制度の充実は,女性の炊事時間を減少させることが明らかになっており,男性に焦点をあてた WLB 政策の充実が家庭内の労働の平等化には重要であることが指摘されている(Hook 2010).近年,日本に

おける研究でも構造的要因が男性の家事参加に与える影響の重要性が指摘されてはじめている（例えば，西岡 2004；藤野・川田 2009）．西岡（2004）は，日本的雇用システム等の長時間労働を強いる就業環境など，日本の家事分担の規定要因として個人的要因より，むしろ構造的要因の影響が大きいと指摘する．藤野・川田（2009）は大企業に勤務する従業員を中心としたデータをもちいて次世代法の家事・育児分担に及ぼす影響について検討し，夫の労働時間の長さは，家事・育児時間を有意に減少させるが，育児休業の取りやすさなどの職場の雰囲気には有意な効果はみられないことを明らかにしている．その理由として「今なお，両立支援の利用者は女性をターゲットとしており，男性まで至っていないことの表れ（藤野・川田 2009: 87）」と指摘している．しかし，藤野・川田（2009）の分析は限定された地域のデータであり，このような結果が他の地域でもあてはまるのか，更なる検討が必要である．

　また，先行研究では夜間・深夜労働の頻度や仕事の始業・就業時間の自由度など 1 日の仕事の時間配分のあり方も男性の家事・育児労働の要因として指摘されている（労働政策研究・研修機構 2007）．さらに在宅勤務や，裁量労働制等の利用で男性が幼稚園の送り迎えを担当できるようになるなど，仕事の進め方の裁量性を拡大することは，男性の子育て参加に重要な要因となる（労働政策研究・研修機構 2006）．逆に，管理職であることは自身の仕事に加え，部下の仕事の管理にもあたらなければならなくなるため仕事の自由度が下がり，男性の家庭参加を抑制すると考えられる（中野 2006）．

　これら先行研究の知見は，男性労働者にとって家庭責任との両立が難しい職場環境が性別分業を維持する要因となっていることを示唆する．本章ではこれら知見を踏まえて，男性の就業環境の影響に焦点をあてて家事参加との関連を探る．

4. データと分析方法

　本章では，東京大学社会科学研究所が実施しているパネル調査『働き方とライフスタイルの変化に関する全国調査』（以下，社研パネル調査）データを用いて，既婚の男性の就業環境が配偶者間の家事分担にどのような影響を与えてい

るかについて分析を行う．社研パネル調査では，家事分担に関する設問は第2波と第4波ではなされておらず，また第6波では性別分業意識に関する設問がなされていないため，本章の分析では第1波，第3波，第5波と第7波（JLPS2007，JLPS2009，JLPS2011，JLPS2013）の隔年データを用いた．対象は第1波の時点において20歳から40歳であった就業している既婚男性570名である．なお，調査期間中継続的に結婚している男性に限定した．また，本分析は雇用者の就業環境や働き方に着目しているため，分析では自営業者はサンプルに含めていない．

主な説明変数は2007年から2013年（第1波，第3波，第5波，第7波）の就業環境①「子育て・家事・勉強など自分の生活の必要性に合わせて，時間を短くしたり休みを取るなど，仕事を調整しやすい職場である」（以下，「WLB」），②「仕事のやり方を自分で決めたり変えたりできる」（以下，「仕事のやり方」）度合い，③「仕事のペースを自分で決めたり変えたりできる」（以下，「仕事のペース」）の変化である（それぞれ，「かなりあてはまる」＝4〜「あてはまらない」＝1をあてはめた）．さらに④「午後7時までに帰宅できる」[3]かどうかに加え，WLB施策の導入は大企業を中心に進んでいることから，⑤企業規模（従業員数300人以上または官公庁＝1）の違いによる効果も検討する．

被説明変数は，2007年から2013年の夫の家事負担率（夫の週あたりの合計家事頻度（食事準備・買い物・洗濯・掃除）[4]を妻と夫の合計家事頻度を足したもので除した）である．

統制変数として，回答者の年齢（20代＝1），学歴，管理職（＝1），配偶者学歴と各調査波のダミー変数を投入した．このほか，先行研究で指摘されている相対資源仮説，時間的制約仮説，性別分業意識仮説，家事ニーズ仮説を検証するため，配偶者間の収入比率（妻の収入が高い場合に高い数値をとるように設定した），本人と配偶者の正規雇用，回答者と配偶者の労働時間，性別分業意識（性別分業に否定的な意識をもっている場合に高い数値をとるように設定した），末子6歳以下と親との同居の有無を投入した．

日本における男性の家事参加を検討した先行研究のほとんどは横断的なデータを用い，個人間の属性や特徴の違いが配偶者間の家事分担にどのように関連するかに着目してきた．本章では，パネル分析を用いて個人の就業環境・働き

方の時点間の変化と家事分担の関係性について多変量解析を行う.

5. 既婚男性の家事は増えているか

　まず，多変量解析を行う前に，本分析の主要な説明変数である「WLB」「仕事のやり方」「仕事のペース」および「午後7時までに帰宅」変数の2007年から2013年の平均値の変化をみる．数値が高い場合に，WLB度が高く，仕事の裁量度が高いことを示している（「かなりあてはまる」＝ 4 ～「あてはまらない」＝ 1）．「WLB」変数は平均値が 2007 年 2.18，2009 年 2.25，2011 年 2.30，そして 2013 年が 2.31 となっている．このことから，2007 年から 2013 年までの間の職場のWLB の改善度はわずかであることがわかる．前述したように，日本でも 2000 年代から WLB にかかわる政策が推進されてきたが，職場における WLB 環境に大きな変化はみられない．

　続いて，仕事のやり方を自分で決められる度合いの変化をみる．「仕事のやり方」変数の平均値は 2007 年 2.46，2009 年 2.57，2011 年と 2013 年が 2.66 と6 年間で 0.2 ポイント上昇している．「仕事のペース」変数の平均値は 2007 年 2.73，2009 年 2.74，2011 年 2.79，2013 年が 2.78 となっており，ほぼ横ばいとなっている．午後7時までに帰宅できている人の割合は，2007 年が 27% だっ

図表 4-1　WLB・仕事のペース・仕事のやり方変数の平均値と午後7時までに帰宅できる割合

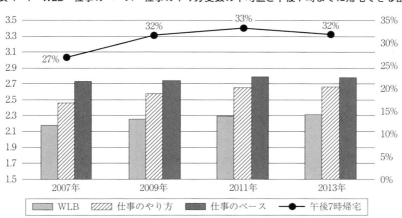

たのに対し，2009年以降は，継続して3割を上回っており，約3分の1の男性が家事や育児のニーズが高まる夜の時間帯に帰宅できるようになっていることを示している．これらは労働者の家事・育児ニーズに対応した労働環境や裁量をもって働ける職場作りが少しずつではあるが進んでいると解釈することもできる．しかし，本分析のデータは1人の回答者を経年的に追跡したデータを使用しているため，裁量度等の数値の上昇には，労働者の年齢が上がるにつれて，仕事に慣れてきたり，職場での立場が変わったりする等の影響があることに留意する必要がある．

次に，本分析の被説明変数である2007年から2013年の調査期間における夫の家事負担率と家事頻度の変化についてみる．図表4-2は2007年，2009年，2011年と2013年の夫の家事負担率，妻の家事頻度と夫の家事頻度の平均値を示したものである．折れ線が夫の家事負担率（パーセント表示，右側目盛り）を示し，斜線の縦棒が妻の家事頻度，黒色の縦棒が夫の家事頻度の平均値を表している．

2007年から2013年の夫の家事負担率は13%から16%で，夫の家事負担率は1割強にとどまっている．これは，日本における夫の家事負担率の低さを指摘する多くの先行研究の知見と一致する．2009年に夫の負担率が若干減っており2011年にかけて増加しているが，3%程度の変化であり，2007年から2013

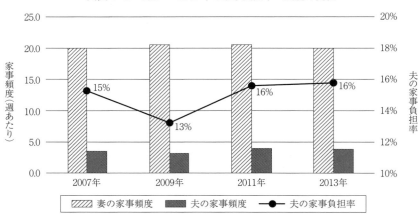

図表4-2　2007～2013年の家事負担率・頻度の変化

年の6年間で夫の家事が顕著に増えている傾向はみられない．

妻の週あたりの合計家事頻度は，2007年20.0，2009年と2011年が20.6，2013年が20.0である．（家事頻度変数に用いられた項目には，食事準備のように1日数回行われている場合が多い家事項目もある．しかし，本分析のコーディングでは「毎日」と回答された家事に対してはすべて7を割りあてている．食事準備は女性によって行われている割合が高い家事であるため，女性の家事頻度の平均値が低くあらわれていることも考えられる．このため，本分析では，妻の貢献度と比較して夫の貢献度が高く見積られる可能性があることに注意が必要である．）他方で夫の週あたりの合計家事頻度は2007年3.5，2009年3.1，2011年3.9，2013年が3.8と，期間を通して非常に低い水準であるものの，2009年から2011年にかけては，夫の家事頻度がわずかながら（0.8）上昇している．

家事負担率や家事頻度の平均値で見ると，2007年から2013年にかけて大きな変化はないようにみえる．これは，この期間に個人内においても変化がなかったということを示すのだろうか．それともこの期間内に家事頻度が増えた男性がいる一方で，減少した男性が存在するため，平均値が大きく変化しなかったのだろうか．図表4-3では，2007年から2013年の個人内の家事頻度の変化の度合いをみる．図表4-3は，2007年から2013年にかけての夫の家事頻度の変化を合計家事頻度が週3以上の場合を○，3未満の場合を×としてあらわしたものである（夫の家事頻度が0の回答者も多いため，週あたりの合計家事頻度が3回以上の場合を1とするダミー変数を作成した．家事に全く参加していない人と，なんらかの参加がある人という分類も考えられたが，日常的なレベルでの実質的な家事参加となるためには，合計の家事頻度で週3回程度以上の参加が必要となると考え，週3回以上を基準とした）．まず，2007年，2009年，2011年，2013年ともに合計頻度が3以上の男性の割合は20.0%で，この期間中，恒常的に週3回以上の家事参加をしている既婚男性の割合は全体の5分の1程度である．逆に2007年，2009年，2011年，2013年ともに合計頻度が3未満の男性は36.8%で，最も大きい割合を占める．すなわち，調査期間中を通して，実質的な家事参加を行わない状態であった男性が多いことが示された．これら両極のグループをあわせると57%となり，およそ6割のサンプルは週あたり3回を基準点としてみると，期間中に変化はなく，配偶者間の家事分担状況は非常に安定的であるこ

図表 4-3　2007 ～ 2013 年にかけての夫の家事頻度の変化

週3回以上	2007年	2009年	2011年	2013年	N	(%)
0	×	×	×	×	160	(36.8%)
1	×	×	×	○	(20)	
	×	×	○	×	(14)	75　(17.2%)
	×	○	×	×	(14)	
	○	×	×	×	(27)	
2	×	×	○	○	(21)	
	×	○	○	×	(5)	
	×	○	×	○	(3)	
	○	×	×	○	(10)	60　(13.8%)
	○	×	○	×	(9)	
	○	○	×	×	(12)	
3	×	○	○	○	(18)	
	○	×	○	○	(13)	53　(12.2%)
	○	○	×	○	(11)	
	○	○	○	×	(11)	
4	○	○	○	○	87	(20.0%)

とがわかる．残りの 43％ は，いずれかの年に 3 以上または 3 未満に変化している．4 回の観測時点の中，週 3 回以上の家事頻度が 3 時点あったサンプルは 12.2％ で，2 時点あったサンプルは 13.8％，1 時点のみだったのは 17.2％ である．期間中に変化があった人の中では，6 年間で 1 回だけ週 3 回以上だった人の割合が 3 回または 2 回だった人の割合より若干大きい．

続いて，図表 4-4 は，2007 年時点の 5 歳刻みの年齢階層別に夫の家事負担率をみたものである．前述のように日本では家事労働が女性に偏っていることが示されているが，近年の分析では若年層男性の家事労働が増えてきていることも指摘されている（小林・諸藤・渡辺 2011）．このような傾向が本データのサンプルでもみられるか，年齢階層別に夫の家事負担率を検討する．なお，20 歳代前半のグループはサンプル数が少なかったため，図表中には含まれていない．

年齢階層別に見ると，2007 年の時点で 30 代前半だった男性の家事負担率が最も高く，17％程度となっている．2009 年時点で負担率が下がるものの，2011 年には上昇している．20 代後半の男性は 2007 年の時点では家事負担率が高いものの，2009 年に低下し，それ以降は 16％程度となっている．2007 年の時点で回答者が 30 代後半だった世帯では，2007 年の夫の負担が最も低いが，2009

図表4-4　2007年時年齢階層別夫の家事負担率の変化

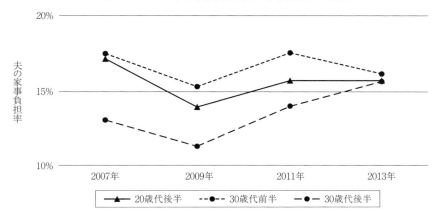

年以降は増加の傾向がみられ，2013年時点では16％と他の年齢層と同様の負担率となっている．いずれにしても変化の度合いは3％程度であり，どの年齢層においても夫の家事負担率は低い状況に大きな違いや変化はみられない．

　ここまでの分析から，2007年から2013年の間に家事分担や家事の頻度に大きな変化はみられず，若年層においても顕著な増加は現れていないことが示されたが，このような傾向は，共働き世帯でもみられるのかだろうか．図表4-5では夫正規雇用・妻正規雇用の世帯，夫正規雇用・妻非正規雇用の世帯，夫正規雇用・妻無職の世帯の夫の家事負担率を比較したものである．

　夫妻ともに正規雇用の世帯の家事分担がもっとも平等的であり，夫の負担率は25％程度と，全体の4分の1ほどになっている．このことから妻が正規雇用の場合，夫の家事への貢献は比較的高いレベルで安定していることが示唆される．しかし，このグラフからは夫婦ともに正規雇用の世帯においても，依然妻が家事の大半を担っていることもみてとれる．また，夫正規雇用・妻非正規雇用の世帯では夫の負担割合は12％から14％程度であり，夫婦ともに正規雇用の世帯の夫の家事負担率の半分程度にとどまっている．夫正規雇用・妻無職の世帯では，夫の負担割合が9％から12％と妻が家事のほとんどを担っている．しかし2013年には夫の負担率が12％と，妻が非正規雇用の世帯の夫の家事負担率とほぼ同じレベルになっている．これらから，妻が就業している場合でも，

図表 4-5 妻の就業状況別夫の家事負担率

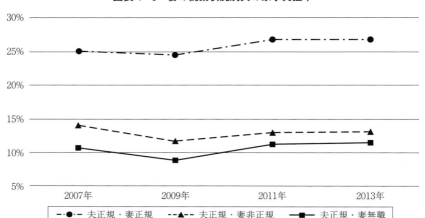

非正規雇用の場合は妻の家事負担はほとんど軽減されておらず,「男性は仕事, 女性は仕事も家庭も」の新・性別分業が行われていることが示唆された.

以上の結果を踏まえて, ここからは夫の就業環境と家事参加の関連を分析する. 図表 4-6 は夫の就業環境と家事負担率の関連を多変量解析した結果である. なお, 図表 4-6 には固定効果モデルの結果のみを示した (Wooldridge 2003).

モデル 1 では,「午後 7 時までに帰宅」できることと大企業勤務の効果を分析する. まず, 先行研究で指摘された家事分担の主な規定要因と夫の家事負担率との関連から検討する. 前述のように先行研究では, 男性の家事参加の規定要因として相対資源, 時間的制約, 性別分業意識, 家事・育児ニーズが挙げられている. 社研パネル調査を用いた本研究の分析からは, 相対資源と時間的制約要因が有意な効果を示した. まず, 妻の夫に対する収入割合が高くなると夫の家事負担率が高くなることが示唆された. また, 妻が正規就業すると夫の負担率が高くなることが示された. しかし, 夫の労働時間が長くなると夫の家事負担率は低くなることも示された. これらから, 夫の意識や世帯内のニーズなどの要因より, 妻の相対資源や夫の労働時間短縮が夫の家事負担率を上げることが示唆された. 管理職は, 予想とは逆に夫の家事参加に正の効果をもつこと

図表 4-6　夫の就業環境と夫の家事負担率のパネル分析結果（固定効果モデル）

	モデル1	モデル2
午後7時まで帰宅	.034 (.010)***	
企業規模（ref. 中小企業）		
大企業	−.004 (.013)	
WLB がとれる		.005 (.004)
仕事のやり方		.000 (.005)
仕事のペース		.003 (.006)
配偶者間相対収入	.124 (.048)**	.120 (.048)*
本人正規雇用	.009 (.023)	.005 (.024)
配偶者正規雇用	.043 (.020)*	.045 (.021)*
本人労働時間	−.001 (.000)*	−.001 (.000)*
配偶者労働時間	.000 (.000)	.000 (.000)
管理職	.037 (.015)*	.035 (.015)*
性別分業意識	.004 (.004)	.004 (.004)
親同居	.008 (.025)	.011 (.027)
末子6歳以下	.007 (.009)	.005 (.009)
本人年齢（20代）	.031 (.018)†	.031 (.018)†
定数	.126 (.038)***	.132 (.039)***
sigma_u	.129	.130
sigma_e	.095	.096
rho	.645	.646
Number of obs	1710	1707

注1：括弧内はロバスト標準誤差である．***p<.001，**p<.01，*p<.05，†p<.10
注2：表には示していないが，調査波変数も投入している．

が示された．

「午後7時までに帰宅」できることについては，その他の個人・世帯属性の影響を考慮しても夫の家事負担率を高めることが明らかになった[5]．「夜遅くまで帰宅できない」ことが，夕食の準備などの特定の時間帯に行うことが必要な家事労働への参加を困難にし，男性の家事参加を阻害していることが考えられる．大企業勤務は有意な効果をもたなかった．

モデル2では「WLB」「仕事のやり方」および「仕事のペース」変数を投入した．WLB，仕事のやり方，仕事のペースともに有意な効果はみられず，WLBや仕事の裁量の度合いが高まることは，男性の家事負担率に影響しないことが

示された．このことから，仕事のあり方や裁量の大きさよりも，一定時刻までに退社できるなど時間的な要因の方が影響していることが考えられる．

ただし，「WLB」変数の解釈については，留意すべき点がある．この設問は，回答者に仕事と生活ニーズの調和が取れるかどうかを主観的に判断してもらうものであるため，回答者が，家事・育児ニーズをどのように考えているかによって，回答が異なってくる可能性がある．例えば，回答者が仕事を重視し，自らの家事，育児などの生活ニーズを過小評価している場合，実際には生活ニーズに対応しにくい職場環境であっても，WLBの必要性が認識されていないために「WLBが取れる」と判断される可能性がある．一方で，生活ニーズを強く認識する回答者にとっては，たとえその職場の環境が比較的WLBが取りやすい環境であったとしても，「WLBが取りにくい」と判断されてしまう可能性もある．このため，WLBの効果の包括的な検証のためには，主観的な指標のみならず，職場における時短就業制度の導入有無や男性を対象とした育児休業制度とその利用率など，客観的な指標とあわせて精査することが必要となってこよう．

6. 考察——就業環境と既婚男性の家事

近年，日本では職場におけるWLBが大きな関心を集め，大企業を中心に仕事と生活の両立や子育てを支援する施策等も導入されている．本章の分析でもわずかずつであるが職場環境の向上傾向がみられた．しかし，本研究の結果からは，2007年から2013年の間に配偶者間の家事分担割合や頻度に大きな流れとしての変化はみられず，家事労働における妻の負担が大きいままの状況が続いていることが示された．ただし，夫婦ともに正規雇用の世帯では家事分担がより平等的であることが明らかになった．性別分業が強固だといわれる日本においても変化の兆しはみられる．一方で，妻が非正規雇用の世帯の家事労働はいぜんとして妻がほとんどを担っており，家事分担割合は専業主婦の世帯と変わらない状態であることもあきらかになった．非正規労働者の低収入や社会保障・雇用の不安定さが，妻の家事分担における交渉力を低下させていると推測される．

個人・世帯的要因の効果については，先行研究で指摘された性別分業意識，家事・育児ニーズともに有意な効果はみられなかったが，相対資源に関しては，妻の相対収入の増加や正規就業は夫の家事負担率を高めることが示された．すなわち，妻の相対資源の増加が夫の家事参加を促すことが明らかになった．一方で，夫の労働時間が長くなると家事負担率が減少した．夫の長時間労働は，家事労働が妻に偏る一因となっている．先行研究では，管理職であることは家事参加に負の影響があると指摘されているが，本分析からは，管理職になることは夫の家事負担率に正の効果をもっていることが示された．

　夫の就業環境が家事分担に及ぼす影響については，午後 7 時までに帰宅できることが夫の家事負担率の増加につながっていることが明らかになった．一方で，WLB や仕事の裁量の大きさは有意な効果をもたなかったことから，仕事の進め方や裁量といった仕事のあり方よりも，家事ニーズが高い時間帯に自宅にいられるかどうかが配偶者間の家事労働の配分を左右することが示唆された．これらの結果は，藤野・川田（2009）の知見と整合的である．藤野・川田が指摘するように，日本においては，WLB 施策が女性労働者を暗黙の対象としているために，男性労働者の働き方の改革にまで至っていないことのあらわれかもしれない．実際，週 60 時間以上働く 30 歳代の男性の割合は，2007 年に 20.2% であったが，2014 年の時点においても 17.0% と，いぜんとして高い割合を保ったままである（内閣府 2015）．また，前述したように本分析に用いた WLB 変数は回答者の主観的な WLB について聞いたものであるため，回答者がどのように自身の生活ニーズをとらえているかによって回答が左右される可能性がある．今後は企業が導入しているさまざまな施策や利用率などの客観的な指標を用いた検討が必要となろう．

　これらの結果から，男性の家事参加を促進するために，男性労働者の WLB を念頭に置いた就業環境の更なる充実に加え，夕食の準備や学校などから帰宅する子どもの世話など，時間的な調整が難しい家事のニーズが高まる時間帯に帰宅できるよう労働時間管理を行うことが男性の家事参加を促進するために重要なポイントとなることが示唆された．

　従来の企業の WLB 施策は，主に女性の家庭における家事・育児負担に考慮した就業環境を整備することに着目してきた．しかし，家事・育児責任が女性

にあることを前提とした WLB 政策は，女性の継続就業を促進する一方，女性の家庭での責任を固定化してしまう恐れがある．男性の家庭参加に対する関心が高まる中，仕事中心の生活を強制する就業環境の見直しや家事・育児ニーズに合わせた帰宅時間の実現など，男性労働者の就業環境に着目した政策の導入が求められる．すなわち，男性も女性も市場労働とケア労働にたずさわる権利と義務をもつことを前提とする政策（Gornick and Meyers 2003）が，今後ますます重要になってくるといえる．

謝辞

　本研究は，科学研究費補助金基盤研究（S）（18103003，22223005）の助成を受けたものである．東京大学社会科学研究所パネル調査の実施にあたっては，社会科学研究所研究資金，株式会社アウトソーシングからの奨学寄付金を受けた．パネル調査データの使用にあたっては社会科学研究所パネル調査企画委員会の許可を受けた．また，二次分析にあたり，JSPS 科研費基盤研究（C）（JP16K04078）の助成を受けた．

注

1）2012 年 7 月 1 日からは常時 100 人以下の労働者を雇用する中小企業にも適用された．
2）ただし，100 人以下の企業においては「努力義務」にとどまっている．
3）帰宅時間が「特に決まっていない」とした回答者は 0，「主に家にいる」とした回答者は 1 とコードした．
4）毎日 = 7，週に 5〜6 日 = 5.5，週に 3〜4 日 = 3.5，週に 1〜2 日 = 1.5，月に 1〜3 日 = 0.5，ほとんどしない = 0 をあてはめた．
5）補足的な分析として，「午後 7 時までに帰宅できる」ことと夫の家事頻度との関連を検討したところ，「午後 7 時までに帰宅できる」ことは夫の家事頻度に有意に正の効果をもつことが示された．

文献

Ainsworth, Susan, Angela Knox and Janine O'Flynn (2010) "'A Blinding Lack of Progress': Management Rhetoric and Affirmative Action," *Gender, Work and Organization*, 17(6): 658-678.
天野馨南子・松浦民恵（2008）「両立支援のコストとベネフィットに関する考察――育児休業の取得を中心に」佐藤博樹編『ワーク・ライフ・バランス――仕事と子育ての両立支援』ぎょうせい: 131-143.
男女共同参画会議 少子化と男女共同参画に関する専門調査会（2006）「両立支

援・仕事と生活の調和（ワーク・ライフ・バランス）推進が企業等に与える影響に関する報告書」．

藤野敦子・川田菜穂子（2009）「労働者の生活時間配分データを用いた男性の家事，育児時間の規定要因」『季刊家計経済研究』84：80-88.

福田節也（2007）「ライフコースにおける家事・育児遂行時間の変化とその要因」『季刊家計経済研究』76：26-36.

Fuwa, Makiko and Philip N. Cohen (2007) "Housework and Social Policy," *Social Science Research*, 36(2): 512-530.

Gornick, Janet C. and Marcia K. Meyers (2003) *Families That Work: Policies for Reconciling Parenthood and Employment*, New York: Russell Sage Foundation.

Hook, Jennifer (2010) "Gender Inequality in the Welfare State: Sex Segregation in Housework1965-2003," *American Journal of Sociology*, 115(5): 1480-1523.

岩井紀子・稲葉昭英（2000）「家事をする夫・しない夫」盛山和夫編『日本の階層システム4：ジェンダー・市場・家族』東京大学出版会：193-215.

川口章（2011）「均等法とワーク・ライフ・バランス――両立支援は均等化に寄与しているか」『日本労働研究雑誌』615：25-37.

黒田祥子（2010）「日本人の労働時間――時短政策導入前とその20年後の比較を中心に」RIETI Policy Discussion Paper Series 10-P-002.

小林利行・諸藤絵美・渡辺洋子（2011）「日本人の生活時間・2010～減少を続ける睡眠時間，増える男性の家事～」『放送研究と調査』2011年4月号：2-21.

正木祐司・前田信彦（2003）「オランダにおける働き方の多様化とパートタイム労働」『大原社会問題研究所雑誌』535：1-13.

永井暁子（2001）「父親の家事・育児遂行の要因と子どもの家事参加への影響」『季刊家計経済研究』49：44-53.

内閣府（2005）『平成17年度少子化白書』．

内閣府（2015）『平成27年版男女共同参画白書』．

中野あい（2006）「既婚女性の配偶者の家事・育児参加要因について」『経済政策ジャーナル』3(2)：49-52.

西岡八郎（2004）「男性の家庭役割とジェンダー・システム――夫の家事・育児行動を規定する要因」目黒依子・西岡八郎編『少子化のジェンダー分析』勁草書房，174-196.

OECD (2014) *Balancing Paid Work, Unpaid Work and Leisure* (http://www.oecd.org/gender/data/balancingpaidworkunpaidworkandleisure.htm).

Pettit, Becky and Jennifer Hook (2004) "The Structure of Women'S Employment in Comparative Perspective," *Social Forces*, 84(2): 779-801.

労働政策研究・研修機構（2006）『労働政策研究報告書 No.52 育児期における在

宅勤務の意義——休業・休暇の削減やフルタイム勤務可能化等の効果と課題』.
労働政策研究・研修機構（2007）『仕事と生活——体系的両立支援の構築に向けて』労働政策研究・研修機構.
労働政策研究・研修機構（2015）『データブック国際労働比較2015』労働政策研究・研修機構.
坂爪洋美（2002）「ファミリー・フレンドリー施策と組織のパフォーマンス」『日本労働研究雑誌』503: 29-42.
佐藤博樹（2008）『ワーク・ライフ・バランス——仕事と子育ての両立支援』ぎょうせい.
佐藤博樹・武石恵美子（2004）「男性の育児休業——社員のニーズ，会社のメリット」中公新書.
総務省統計局（2013）『平成23年社会生活基本調査 調査票Aに基づく結果 国民の生活時間・生活行動に関する結果（解説編） 時系列統計表』.
鈴木富美子（2012）「仕事時間が短くなれば，夫の家事・育児時間は増えるのか——パネルデータからみた夫婦における仕事と家庭の影響関係」『家計経済研究』96: 35-46.
矢島洋子（2011）「柔軟な働き方を可能とする短時間勤務制度の導入と運用」佐藤博樹・武石恵美子編著『ワーク・ライフ・バランスと働き方改革』勁草書房: 140-178.
Wooldridge, Jeffrey M.（2003）*Introductory Econometrics: A Modern Approach*, 2nd edition, Mason: South-Western.

第 5 章

出生意欲は低下するのか

村上あかね

1. 依然として深刻な少子化

1.1 少子化という「問題」

　本章では，有配偶男女の出生意欲に焦点をあてる．出生意欲はどのような要因によって決まるかを，JLPSデータを用いて検証し，出生意欲の変化について考察する．

　出生に注目するのは，日本社会の少子高齢化が深刻なためである．少子高齢化は，社会保障制度への影響，経済への影響（労働人口の減少による生産活動の停滞，消費の低迷），政治への影響，助け合いの弱まりなど地域社会への影響がある（松田 2013）．したがって，少子化について考えることには政策的な意義がある．

　興味深いことに「家族の多様化」といわれ，恋愛が自由化し，家事の機械化・外部化が進んだ現在において，むしろ「結婚」は特別な意味をもつようになっている．国立社会保障・人口問題研究所の「出生動向調査（独身者調査）」によれば，結婚することの利点として男女とも「自分の子どもや家族をもてる」という理由を挙げる割合が増加傾向にあり，第14回調査（2010）ではトップだった．つまり，結婚と子どもの結びつきが強くなっている．そのような中で，「子どもが欲しい」という希望をもつ人は多いが，希望するだけの子どもをもてていない現状がある（「出生動向調査（夫婦調査）」）．子どもが欲しい人

が子どもをもてるようになることは,社会システムの維持という以上に個人の幸福にとって重要ではないだろうか.ところが,さまざまな政策が実施されているにもかかわらず(内閣府『少子化社会対策白書』などを参照),第2節で後述するように少子化に歯止めがかかっていないのが日本の現状である.

本章において出生行動ではなく出生意欲に注目するのは,次に示す2つの理由による.第1に,JLPS データは未婚者を多く含むため,イベントヒストリー分析などの多変量解析に耐えうるだけの出産がまだ十分に生起していないためである.第2に,出生意欲は現実の出生行動に強い影響を及ぼしている要因だからである(山口 2009a; Régnier-Loilier and Vignoli 2011).JLPS は男性も含むパネルデータであり,本稿の目的に適している[1].なお,分析の主な対象を有配偶者とするのは,有配偶者の出生行動の変化は少子化をもたらす要因の1つだからである.阿藤ら(2011)による国際比較研究は充実した家族政策には少子化を緩和する効果があると指摘しているが,日本では企業が福祉の主な担い手であったことを踏まえて,本章でも職場環境の影響を検証する.

1.2 少子化の現状

少子化とは,「出生率が人口の置換水準以下に下がっている状態」をいう(大淵 2004: 1).出生率のもっとも一般的な指標である合計出生率(合計特殊出生率)は「ある一時点における女子の年齢別出生率の合計値である.年齢別出生率は,それぞれの年齢の女子から生まれた出生数を,同じ年齢の女子人口で割った比率」であり,「ある1人の女性が一生の間に産む平均的な子ども数」である(和田 2005: 1).

日本の少子化の原因は,未婚化・晩婚化と夫婦出生力の低下の2つといわれる.前者は結婚行動の変化であり,後者は夫婦の出生行動の変化といえる.未婚化・晩婚化のうち,未婚化とは結婚しない人が増えることである.生涯未婚率(50歳の時点で未婚である者)は,1990年代後半から上昇を続け,2010年の「国勢調査」では,男性が 20.1,女性が 10.0 である(国立社会保障・人口問題研究所 2013).日本では,子どもをもつことは結婚(特に法律婚)と強く結びついているため,結婚する人が少なければ少子化となる.晩婚化の指標である平均初婚年齢も上昇傾向にある.厚生労働省「人口動態統計」によれば,1972年

は夫が27.4歳，妻は24.7歳であったが，2012年ではそれぞれ32.9歳と30.7歳となった．結婚（法律婚）が遅くなれば，子どもをもつタイミングも遅くなる．

夫婦出生率の低下について，国立社会保障・人口問題研究所の「出生動向調査（夫婦調査）」によれば，夫婦の完結出生児数は1960年代から2人台と安定して推移していたが，2010年の調査で2人を下回った．子どもをもたない夫婦の割合も，1977年の3.0％から2010年には6.4％に増加した．

図表5-1は，1925～2011年における日本の出生数および合計特殊出生率の推移である（厚生省「人口動態統計」より）．戦後，日本には2度のベビーブームがあった．第1次ベビーブームは1947～49年，第2次ベビーブームは1971～74年である．1966年（ひのえうまの年）に一時的に出生数・率が低下しているのは，「この年に生まれた女性は気が強い」という迷信のためとされている．合計特殊出生率が1966年の1.58を下回った1989年（1.57）ごろから少子化が「問題」として認識されるようになった．2005年の1.26以降，合計特殊出生率は1.32，1.34，1.37，1.37，1.39，1.39と微増している．出生数もそれにつれて増加している（2005年1,062,530人，2006年1,092,674人，2007年1,089,818人，2008年1,091,156人，2009年1,070,035人，2010年1,071,304人）．だが，2010年から2011年にかけて出生率は1.39のままで推移しているものの出生数は1,050,806人と2万人近く減少している．出産期の女性の数が少なくなったためであり，今後，本格的に人口減となる見通しである．

少子化は日本だけの経験ではない．世界全域で合計特殊出生率が低下しているが，特に先進地域では2を下回るようになり（国立社会保障・人口問題研究所 2013），その対処が求められている．ただし，先進国の中でも合計特殊出生率が比較的高い「緩少子化国」とそうではない「超少子化国」に分類される．アメリカ，フランス，ノルウェー，スウェーデン，イギリス，オーストラリアなど出生率が2に近い国々と比較すると日本の出生率は低く，「超少子化国」である（国立社会保障・人口問題研究所 2013）．これは，第1子出産から第2子出産までの間隔がどれだけ短いかという「キャッチアップ」の度合いによるものであり，家族政策，労働市場・保育市場，家族観・ジェンダー観の違いが背景にあるという（阿藤 2011: 7-12）．

少子化の背後にどのような要因があるのか，先行研究については第2節で言

図表 5-1 日本の出生数および合計特殊出生率の推移

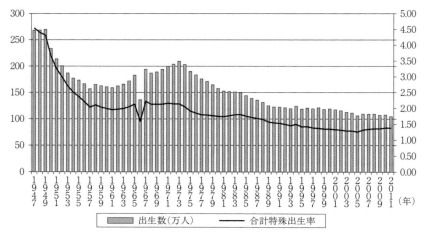

資料:国立社会保障・人口問題研究所 (2013)「人口統計資料集 (2013)」より

及する.第3節では分析に用いるデータおよび変数を提示し,分析手法および分析結果について述べる.第4節はまとめである.

2. なぜ少子化になったのか

ここでは出生行動と出生意欲に強いつながりがあることを踏まえて,まず出生全般に関する理論的な流れを追ったうえで,出生意欲について実証した先行研究について主に日本のものをまとめる.

現在の欧米諸国の少子化の背景をまとめた阿藤(2011: 5-6)は,①豊かな社会の到来に伴う消費主義の広がり,②伝統的家族観の弱体化と自己実現を重視する価値観の広がり,③ピル(経口避妊薬)を中心とする近代的避妊手段の普及・中絶の合法化,④女性の社会経済的地位の高まりによる仕事と子育ての両立のむずかしさなどがあり,さらに日本独自の要因として⑤若者の不安定就労の問題と⑥パラサイトシングルの問題があると指摘する.

これらの要因を大きくまとめると,①・②は価値観や意識の問題,④〜⑥は経済的要因といえよう[2].

これらの要因のうち，阿藤は①の消費主義は日本についてもほぼあてはまるとする．これに対し，家族史を踏まえつつ現代ドイツの少子化を考察したベック＝ゲルンスハイム（1984 = 1992: 19）は，「なぜもっと出生率が徹底的に下がらないのか，物質主義の兆候などではない」と消費主義の影響を否定している．そして，むしろ市場経済が浸透し，合理化が徹底した現代社会において子どもをもつことは「自分の人生に意味と内容とよりどころを与える可能性を約束する存在ともなる」（1989 = 1995: 178）という見方を示す．ヴァン・デ・カー（Van de Kaa 2002: 43-51）も脱物質主義的価値観をもつことと子どもをもつことは必ずしも矛盾しないとする．

　価値観の変化（②）について，阿藤は若者の個人主義化がどの程度おこっているのかははっきりしない，と判断を保留する．ベック＝ゲルンスハイムは，「少しは自分のための人生を」と女性が考えるようになったこと（個人化）が，子ども数が減少した大きな要因であると指摘している．クルバージュとトッド（Courbage and Todd 2007 = 2008: 45）は，現在，一部の国でみられる人口の増加は一時的なものであり，識字率の向上，教育水準の上昇と宗教的実践の低下により多くの国で人口が抑制されると述べる．人口学的には，第1の人口転換（長期にわたる死亡率の低下），第2の人口転換（死亡率が出生率を上回り，出生率が置換水準以下にとどまる）として知られる．ヴァン・デ・カー（2002: 43-51）は，現在生じている第2の人口転換を社会変動，特に文化領域の変動，つまり価値意識や規範が個人の自由や選択を重視するように変化したことと関連づけて説明している．

　広い意味での経済的要因について，日本の少子化の原因は仕事と子育ての両立のむずかしさにあるといわれる．ベッカー（Becker 1991: 135-154）は，女性の就業が子どもの数を減らすとする．ベッカーは，収入が増えれば早く結婚して多くの子どもをもつようになるとするマルサスの考えを，西洋諸国の経験と矛盾していると批判した．そして，産業化が進むと子どもの量よりも質を重視して子どもの人的資本に投資するようになるために子どもの数が減るとした．また，女性の人的資本にも投資をするようになり，女性の時間のコストが高くなったことも子ども数の減少につながると論じた．つまり，既婚女性の稼得能力が向上したり，労働参加が増えると出生は減少する．具体的には，妻の賃金

率や妻の時間の価値を表す指標と子ども数は負の相関を示すが，夫の賃金率や収入とは正の相関を示すと述べる．

これに対し，エスピン＝アンデルセン（Esping-Andersen 2009 ＝ 2011: 5, 10, 33-34, 82-83）は，「男性稼ぎ主家族は，家族の福祉の追求にとって最も効率的な取り決め」であるとするベッカー理論を批判する．そして，女性の役割の革命が未完であり，ジェンダー平等が実現されていないことが少子化の原因とみなす．つまり，ケアの主な担い手を家族にあるとする，家族主義的な社会政策こそが家族形成への敵となっており，時間のゆとりにつながるような政策が必要であると主張する．エスピン＝アンデルセンがこのように主張する背景には，男性が一家の稼ぎ主として家族を支え，女性が専業主婦でいることが難しくなった社会の変化がある．

ベック＝ゲルンスハイムも，「金銭的援助（という旧来の対処法）は，若い母親たちの新しい葛藤の解決にはならない」（Beck 1984 ＝ 1992: 215）と家族政策への財政投入に懐疑的であったが，のちには財政支出に加えて「意識的に父親の子育て参加を促すような＜新しい父親像＞の政策をとるべき」と今日のワークライフバランスにつながる主張を述べる（Beck 1989 ＝ 1995: 148-251）．ベッカー（1993）自身も子どもを育てている母親をサポートするようなプログラムは子育てのコストを減らすと述べているし，阿藤（2011）も家族政策が重要であると指摘する．

さて，ここで出生意欲に関する日本の実証分析をみよう．多くの研究で共通して指摘されている要因は年齢や子ども数である．年齢が高いほど（福田 2011；山口 2009a；岩間 2004, 2008 ほか），子ども数が多いほど出生意欲は低い（福田 2011）．

価値観の影響であるが，伝統的結婚観をもつことは男女とも第1子の出生意欲を高める一方で，個人主義的価値観をもつことは第2子に関する女性の出生意欲を低める（岩間 2004）．藤野（2002）では，予定子ども数に対し，個人主義的志向は影響がなかったが，専業主婦志向はプラスの効果をもち，脱伝統的家族志向はマイナスの効果をもっていた．そのほか，肯定的な子育てイメージを持つことは男女とも出生意欲を高める（岩間 2011）こと，母親の育児不安が強いと追加出生意欲が低いこと（松田 2007）も興味深い．

経済状況について，男性（夫）の収入が高いことは男性の第1子の出生意欲を高める（岩間 2004）が，別の分析（岩間 2008）では年収の影響は複雑なようだ．ただし，これは男性の場合であり，女性の意欲には世帯収入はほとんど影響がない．山口（2009a: 54）では，子ども数が2人のときは夫の収入が多ければ妻の出産意欲は減少し，子ども数がそれ以下の場合は影響しないとする．

女性の働き方について，山口（2009a）は無職にくらべてパート・臨時で働く女性の意欲は低いことを示している．岩間（2004）では，無職であることは妻の第2子出生意欲を低める．ただし，妻が働いているかどうかは夫の出生意欲に影響しない．興味深いのは，岩間（2008）では，第2子に関して妻のフルタイム就業が男性の出生意欲を高めるのに対して，女性の場合は低めることである．福田（2011）は，パートで働く女性の出生意欲は無職やフルタイムに比べて低いのは雇用が不安定なためと解釈している．

総じて家族のサポートやワークライフバランスの効果は弱い．出生意欲とは少し異なるが，予定子ども数に対する夫の家事参加志向・夫の帰宅時間を分析した藤野（2002）では，いずれの変数とも有意ではなかった．藤野（2006）では，妻が専業主婦，非正規就業の場合，夫が中心的な家事を分担すれば追加予定子ども数は高まるが，正規就業についてはその効果はみられなかった．夫の家事分担と育児の分担の効果はなかったが，「楽しいことや悩みについて」話をしたり，心の支えとなったりすることが妻の出生意欲を高めるという（山口 2009a: 55, 2009b: 120）．西岡・星（2011）は，夫の家事参加は妻の出生意欲を高めるが，逆はそうではないことをパネルデータの双方向因果モデルから明らかにした．ここでは，夫の労働時間は有意ではなかった．先行研究をみると，全体に夫のサポートの影響は弱い．夫の長時間労働が常態化し，家事育児の参加が少ないためと考えられる．親との同別居も出生意欲には影響がなかった（福田 2011）．企業福祉に関しては，妻の勤め先の企業規模が1000人以上と大きいほうが出生意欲にマイナスの効果を及ぼすが，育休制度があることはプラスの効果をもつ（山口 2009a）．

3. 分析

この節では，仮説，データおよび分析対象，変数，分析結果について述べる．

3.1 仮説

先行研究を踏まえて，以下の仮説を設定する．先行研究では，価値観や意識の問題，経済的要因が少子化の原因とされているが，本章ではデータの制約もあり，経済的要因に焦点をあてる．出生意欲に影響するのは女性の時間の価値なのか，雇用の安定性の問題なのか．それとも家計の問題なのか．さらに，家族（夫・親）や勤務先によるサポート（ワークライフバランス）の効果も検討する．

仮説1 （人口学的変数について）年齢が高いと出生意欲は低い．子どもが多いと出生意欲は低い．

仮説2 （世帯の社会経済的特性について）
① 夫の収入 夫の収入が高ければ，家計が安定するため出生意欲が高い．妻の収入が多ければ，妻の時間の価値が高くなるため，出生意欲は低い．
② 学歴について 学歴が高ければ子どもにも高い教育を受けさせたいと考えるが，日本では教育費用が高く，家計の負担となることから，親の学歴が高いと子どもの数を減らすと考えられる．したがって，出生意欲は低い．
③ 妻の時間の価値と雇用の安定性 妻が働くことは妻の時間の価値を高めるため，出生意欲は低い．ただし，働いているかどうかよりも雇用の安定性も重要であると考えられる．非正規雇用のほうが雇用の安定性が低いため，出生意欲は低い．

仮説3 （サポートについて）親からのサポートがあると出生意欲は高い．夫のサポート（家事・育児参加）も検討すべき要因であるが，夫の家事・育児参加は少なく，むしろむしろ親が担ってきた側面があるため，親

の役割に注目する．なお，以下の仮説4で検証する夫の労働時間の効果は夫によるサポートということもできる．

仮説4　（ワークライフバランスについて）職場において，ワークライフバランスの充実度が高いと，出生意欲は高い．
① 夫や妻の労働時間　労働時間が短ければ，ワークライフバランスが充実しているため，出生意欲は高い．
② 勤め先の形態　企業規模が大きかったり，官公庁であったりすると，一般に福利厚生，両立支援策やワークライフバランスが充実しているため，出生意欲は高い．
③ ワークライフバランス　残業が少なかったり，仕事や休みを調整しやすいなど柔軟な働き方が可能であれば，出生意欲は高い．逆に失業リスクが高いと，ワークライフバランスを実現する余裕がないため，出生意欲は低い．

3.2　データおよび分析対象

若年調査および壮年調査のデータを用いる．一部の分析を除き，原則として第3波から第5波の有配偶者を対象とする．第1波と第2波を除くのは，第1波ではすでに子どもがいる者のみに（追加）出生意欲を尋ねているからである．そして，第2波では出生意欲を尋ねる項目が含まれないからである．第3波以降は，子どもがいるかいないかにかかわらず全員に出生意欲を尋ねている．

未婚者や離死別者を除くのは，日本では婚外出生率は全出生数の2％程度ときわめて低いためである．なお，有配偶者のうち分析対象期間中に再婚したケースは除く．第5波から新たに対象となった追加サンプルも除く．

3.3　変数

被説明変数は出生意欲であり，説明変数は人口学的特性，世帯の社会経済的状況，サポートである．

出生意欲は，子どもが欲しいかどうか，いる場合はもう1人欲しいかどうかを尋ねる質問項目で測定される．選択肢は，「欲しくない」「男の子が欲しい」「女の子が欲しい」「男女問わず欲しい」「わからない」の5択であるが，「1

欲しくない，2 わからない，3 欲しい」となるように変更した．男児選好・女児選好は区別せず，「男の子が欲しい」「女の子が欲しい」「男女問わず欲しい」をまとめて「欲しい」とした．

　説明変数は，仮説1については調査時の年齢を用いる．仮説2-①については，夫・妻それぞれの前年の年収を用いる．年収はカテゴリーで尋ねているが，それぞれのカテゴリーの中央値をとり連続量に変換した．仮説2-②について，学歴は「中学校」「高等学校」「専修学校（専門学校）」「短期大学・高等専門学校」「大学」「大学院」で尋ねているが，それぞれのカテゴリーの標準的な修業年限で連続量に変換した．仮説2-③については，無職を参照カテゴリーとして，「正規ダミー」「非正規ダミー」を作成した．雇用の安定性を考慮して，「経営者，役員」「正社員・正職員」を「正規」に，「パート・アルバイト・契約・臨時・嘱託」「派遣社員」「請負社員」「自営業主，自由業者」「家族従業者」「内職」は「非正規」としている．仕事をしていないケースや学生の場合は「無職」としている．

　仮説3について，サポートは親と同居しているかどうかで測定する．自分の親か配偶者の親であるかにかかわらず同居していれば1，どちらの親とも同居していなければ0をとる．

　仮説4については，分析対象を共働きに限定する．①の夫および妻の労働時間とは，残業を含む1日の労働時間である．外れ値は除いた．②の企業規模は従業員数をカテゴリーで尋ねており，それぞれのカテゴリーの中央値をとり連続量に変換したものなどを予備的な分析で用いたが，最終的な分析では官公庁ダミーを用いた．官公庁に勤めていれば1，それ以外であれば0とした．③のワークライフバランスのうち，「職場の特性」は，「あなたの現在の職場について，あてはまるもの」について，10以上の選択肢を提示し，あてはまるものを複数選ぶ方式である．予備的な分析の結果，「ほぼ毎日残業している」かどうかのダミー変数を分析に用いた．「仕事の特性」については，複数の選択肢を提示し，回答者の「現在の仕事の状況について，あてはまる程度」を選ぶ方式である．こちらは「自分の仕事のペースを自分で決めたり，変えたりすることができる」，「子育て・家事・勉強など自分の生活の必要にあわせて，時間を短くしたり休みを取るなど，仕事を調整しやすい職場である」「今後1年間に

失業(倒産を含む)をする可能性がある」を分析に用いた．いずれも 1 = あてはまらない〜 4 = かなりあてはまる，となるように値を変換している．

さらに，居住地の都市規模（1 = 町村，2 = その他の市，3 = 人口 20 万以上の市，4 = 16 大市），家族的背景（自分が生まれ育った定位家族におけるきょうだい数），家族関係（結婚満足度．1 = 不満である，2 = どちらかといえば不満である，3 = どちらともいえない，4 = どちらかといえば満足している，5 = 満足している）も分析に含めた．

3.4 分析結果

(1) データからみる出生意欲の現状

①誰の出生意欲が低いのか

図表 5-2 は，男女別にみた年齢と出生意欲との関連である（有配偶者のみ）．年齢層が高くなるほど「欲しい」と答える割合が減少し，「欲しくない」と答える割合が増加する．男性では 30 代前半までは「欲しい」と答える割合が 7 割であるが，30 代後半になると半数を下回る．女性では 30 代前半で 5 割強，

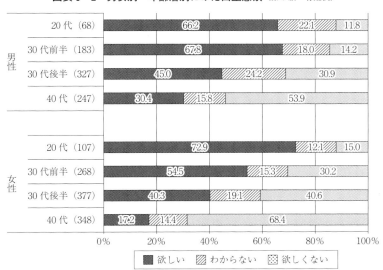

図表 5-2　男女別・年齢層別にみた出生意欲（第 3 波・有配偶）

第Ⅱ部　夫婦関係と出産・結婚満足度

図表5-3　男女別・子ども数別にみた出生意欲 (第3波・有配偶)

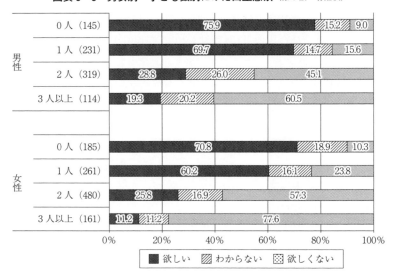

30代後半になると半数を下回る．

図表5-3は，男女別・子ども数別にみた出生意欲である．男性の場合，子どもが0人であると「欲しい」と答えるケースが7割を超え，1人であると約7割と多くを占める．これに対し，2人になると「欲しい」と答えるケースが3割を切り，かわって「欲しくない」が約半数となる．3人以上では「欲しくない」が6割となる．女性でもほぼ同様の結果であるが，子どもが2人，3人以上になると半数以上が「欲しくない」と答えている．ここから，子ども数は2人までというのが多くの男女の希望であることがうかがえる．

②出生意欲が高ければ子どもをもつのか

そして，出生意欲と出生行動について，出生意欲が高ければ子どもをもちやすいことを家計経済研究所の「消費生活に関するパネル調査」を分析した山口は示している (2009a: 46-47)．これは，ヨーロッパのパネル調査であるGGS (the Generations and Gender Survey) のデータのうち，フランスとイタリアを比較したRégnier-Loilier and Vignoli (2011: 369) でも確認されている．British Household Panel Survey（BHPS）でも，回答者の年齢層によってやや異なるが同様の結果が得られている（Berrington 2004: 16-17）．

そこで，JLPS データでも同様の分析を行った結果が図表 5-4 である．図表 5-4 では少なくとも第 3 波と第 5 波で回答が得られた有配偶者を分析対象とした．そのため，後述する多変量解析よりもケース数が少なくなっている．第 3 波時点での出生意欲別に第 3 波〜第 5 波にかけて，つまり 2 年以内に子どもが増えた者の割合を示した．

第 3 波の時点で「（子どもが）欲しい」との意思を明確に示していた場合，男女とも 3 割が子どもをもうけている．「わからない」では 1 割，「（子どもが）欲しくない」と明確に答えていた場合，2 年後に子ども数が増えていたケースは 5% に満たない．「現実の出生行動において，出生意欲が重要な意味をもっていることが JLPS データからも確認できた．

③出生意欲は低下するのか

では，出生意欲は変動するのだろうか．図表 5-5 でも第 3 波と第 5 波で回答が得られた有配偶者を分析対象として，2 時点の変化を集計した．

図表 5-5 をみると，全体として意見は安定的であるが，変化の方向をみる

図表 5-4　出生意欲（第 3 波）別にみた 2 年以内に子どもが増えた人の割合（第 5 波）

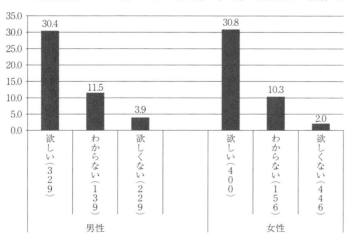

第Ⅱ部　夫婦関係と出産・結婚満足度

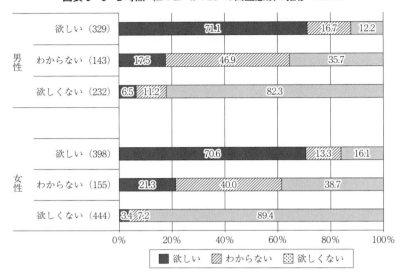

図表5-5　2時点（第3波・第5波）の出生意欲の推移（有配偶）

と子どもをもつことに積極的な意見から消極的な方向に変わる傾向がみいだせる．とくに第3波で「わからない」と答えていたケースでは，「欲しい」への変化よりも「欲しくない」方向への変化が目立つ．

　第3波で「欲しい」と答えた男性の7割が第5波でも「欲しい」と答えている．「欲しくない」と変わったケースは1割強である．「わからない」と答えていた男性のおよそ5割は「わからない」のままであるが，「欲しい」は17.5％，「欲しくない」は35.7％である．第3波で「欲しくない」と答えていた場合，2年後もおよそ8割が「欲しくない」と答えている．女性もほぼ同様の結果である．第3波で「欲しい」と答えた女性の7割が第5波でも「欲しい」と答えている．「欲しくない」に変わったケースは男性よりもやや多い．「わからない」と答えていた女性のおよそ4割は「わからない」のままであるが，「欲しい」は21.3％，「欲しくない」は38.7％である．「欲しくない」と答えていた場合，2年後もおよそ9割が「欲しくない」と答えている．

　本章では，調査時点間で比較しているが，調査の回数を重ねることはすなわち年齢を重ねることであり，年齢とともに出生意欲は低下するといえよう．モ

ーガンとラーキン（2010）も National Longitudinal Survey of Youth（NLSY79）のデータから，希望子ども数は男性も女性も年齢とともに減少することを確認している．バーリントン（2004）は，British Household Panel Survey（BHPS）を用いて 1992 年（第 2 波）と 1998 年（第 8 波）の予定子ども数を比較し，女性回答者の態度は，予定子ども数を増やすよりも減らす方向に変わったようだと述べている．

これらの結果を踏まえ，多変量解析によって出生意欲に影響する要因を析出する．

(2) 出生意欲は何によって決まるのか

この節では，第 3 波から第 5 波のデータを用いて，出生意欲を被説明変数とした多変量解析を行う．それに先立ち，本章で用いる分析手法について説明する．

①分析手法

パネルデータの分析手法は複数あるが，ここでは計量経済学で主に用いられている手法を適用する．複数年のデータをまとめた（プーリングした）データに対して，通常の回帰分析，固定効果モデル，変量効果モデル（ランダム効果モデル）をそれぞれ適用して，どのモデルが望ましいかを適合度検定によって判断するものである．

アリソン（2009: 1-22）は，非実験データにおいて因果関係を推測する際に，観察しなかった変数（言い換えれば，観察されない個人の異質性）をいかにコントロールするかという問題を扱えるのが固定効果モデルだとする．固定効果モデルでは観察された変数と観察されない変数との間に相関があることを許容する．これに対し，変量効果モデルでは観察された変数と観察されない変数とは相関していないと仮定する．そのため，変量効果モデルは観察されない異質性を本当にはコントロールしていない，とアリソンは述べる．ただし，固定効果モデルでは時間によって変化しない変数（性別や人種など）の推定値は得られないし，個人内の情報のみを用いるため個人内・個人間の情報を用いる変量効果モデルよりも標準誤差が大きくなりうる．

3つのモデルのうちどのモデルがよいかを選ぶとはいえ，山口（2009a: 129-131）は，「ランダム効果モデルと固定効果モデルの結果を比較することは重要であり，ランダム効果モデルで有意な結果がみられ，固定効果モデルで効果が全くみられない場合は（観察されない個人の異質性による）選択バイアスの結果とみなせる」と複数のモデルを比較する意義を示す．

説明変数と被説明変数のそれぞれについて個人の平均値からの差分をとったデータに対して回帰分析を行うものが固定効果モデルである．変量効果モデルも，いくつかの操作によって数式を変換し，分析を行う．数式など詳細は，ウールドリッジ（2003: 461-462, 469-470）を参照されたい．これらの手法はデータが2時点分あれば分析対象となる．たとえば，第3波で未婚であっても第4・5波で結婚しており，調査への協力が得られれば，第4・5波の回答が分析に含まれることとなる．

②推計結果

図表5-6に推計結果を示した（いずれも有配偶者の男女である）．結論から述べると，男女とも固定効果モデルが採択された[3]．

個々の変数をみると，最小2乗法モデルでは男女とも有意な変数が多かったが，パネルデータ分析（固定効果モデル・変量効果モデル）では有意な変数が少ない．採択された固定効果モデルの結果をみると，年齢および子ども数が有意な負の効果を示している．年齢が高いと，子ども数が多いと出生意欲は低い．これは既存の研究成果と一致する．年齢を重ねれば体力や健康，将来への備えに対する不安もあり，出生意欲が低くなると解釈できる．子ども数が多くなると意欲が低いのは理想子ども数に近くなったからであろう．

仮説2に関して．男性においてのみ，本人の年収，つまり夫の年収が有意な正の効果をもっていた．本人の年収が高いと出生意欲は高くなる．経済基盤の安定化，それも夫による経済基盤の安定化は家計のゆとりをもたらし，子どもをもちやすくさせるのであろう．

妻の収入の効果は有意ではなかった．妻の従業上の地位が（無職に比べて）「非正規」であることは，10％水準であるものの男性回答者において有意な負の効果をもっていた．「非正規」であることは出生意欲を減じる．「無職」に比

図表 5-6　出生意欲の規定要因に関する多変量解析の結果（有配偶・男女別）

	男性			女性		
	回帰分析	固定効果	変量効果	回帰分析	固定効果	変量効果
年齢	-0.044 ***	-0.030 *	-0.044 ***	-0.054 ***	-0.042 ***	-0.053 ***
子ども数	-0.331 ***	-0.501 ***	-0.364 ***	-0.335 ***	-0.441 ***	-0.354 ***
夫年収	0.000	0.000 *	0.000	0.000 **	0.000	0.000
妻年収	0.000	0.000	0.000	0.000	0.000	0.000
本人教育年数	0.026 **	—	0.025 *	0.032 ***	—	0.030 *
妻従業上地位　正規, 経営者・役員ダミー	-0.078	-0.088	-0.060	0.054	-0.010	0.030
妻従業上地位　非正規, 自由業者などダミー（参照カテゴリー：無職）	-0.170 ***	-0.092 †	-0.119 **	-0.106 **	-0.013	-0.049
親同居ダミー	-0.004	-0.042	-0.020	0.069 †	-0.010	0.048
都市度	0.009	-0.075	-0.007	0.052 ***	-0.002	0.031
きょうだい数（定位家族）	0.008	—	0.000	0.046 **	—	0.049 *
結婚満足度	0.063 ***	-0.009	0.022	0.050 ***	0.005	0.028 †
定数	3.702 ***	4.210 ***	3.911 ***	3.707 ***	4.120 ***	3.791 ***
観察数	2092	2092	2092	2905	2905	2905
（ケース数）		905	905		1186	1186
修正済み決定係数	0.276			0.323		
within		0.092	0.084		0.075	0.069
between		0.291	0.331		0.347	0.377
overall		0.239	0.276		0.293	0.323
corr (u,I,Xb)		-0.153	0.000		-0.040	0.000
sigma_u		0.696	0.580		0.695	0.607
sigma_e		0.471	0.471		0.441	0.441
rho		0.686	0.603		0.713	0.655

注：*** $p<0.001$, ** $p<0.01$, * $p<0.05$, † $p<0.10$

べて時間的なゆとりがなくなるため出生意欲が低いのだろうか．ただし，「正規」ダミーは有意な効果をもたなかった．

仮説3に関して，親によるサポート（同居）は，福田（2011）と同様に有意な効果がみられなかった．サポートには手段的サポート（家事・育児の手伝いや金銭の援助）と情緒的なサポート（相談に乗るなど）があるが，いずれのサポートも同居していなくても提供できるため，有意ではなかったと考えられる．また，親と同居するべきという規範も弱くなっている．同居の場合，むしろ親の世話が必要になり，子育てのサポートが受けられないこともありうる．

仮説1は予想通りの結果となり，仮説2は①が（男性回答者においてのみ）予想通りとなった．仮説2-②，③，仮説3は予想とは異なる結果となった．

つぎの分析では，分析対象を有配偶者で共働きである男女に限定した．今後は，共働きの夫婦も増えることが予想され，本人だけではなくパートナーの労働時間の効果をみるためである．職場のワークライフバランスの影響も検討する．

図表5-7には推計結果を示した．結論から述べると，男性は変量効果モデルが採択された．男性については，個人内の変化よりも個人間の違いのほうが意味をもつ分析結果といえる．女性は10％水準で固定効果モデルが採択された（5％水準とすると，女性も変量効果モデルを採択することとなる）[4]．

男性の結果をみると，年齢，子ども数が有意な負の効果をもっていた．妻の労働時間は有意な正の効果をもっており，予想とは異なる．西岡・星（2011）の解釈にならうと，子どもが欲しいと労働時間を長く感じたり，多く見積もるということだろうか．仕事の特性については，「子育て・家事・勉強など自分の生活の必要にあわせて，時間を短くしたり休みを取るなど，仕事を調整しやすい職場である」度合が高いと出生意欲が高いが，「今後1年間に失業（倒産を含む）をする可能性がある」度合いが高いと出生意欲が低い．いずれも10％水準ではあるが，ワークライフバランスが一定の効果をもっているといえよう．失業可能性の高さも有意であったが，これは企業の経営環境が厳しくワークライフバランスに手が回らないために出生意欲が低くなるだけではなく，家計不安のために出生意欲が低くなるのかもしれない．

女性の結果については，固定効果モデルでは，年齢と子ども数が有意な負の

第5章 出生意欲は低下するのか

図表 5-7 出生意欲の規定要因に関する多変量解析の結果（有配偶・共働き・男女別）

	男性			女性		
	回帰分析	固定効果	変量効果	回帰分析	固定効果	変量効果
年齢	−0.039 ***	−0.049 *	−0.039 ***	−0.062 ***	−0.041 *	−0.058 ***
子ども数	−0.343 ***	−0.421 ***	−0.356 ***	−0.303 ***	−0.181 *	−0.280 ***
夫年収	0.000	0.000	0.000	0.000	0.000	0.000
妻年収	0.000	0.000	0.000	0.000	0.000	0.000
本人教育年数	0.030 *	—	0.026 +	0.037 **	—	0.041 *
親同居ダミー	−0.013	0.031	−0.042	0.131 **	−0.087	0.064
夫・1日当たりの労働時間（残業含む）	−0.014	−0.007	−0.009	0.014	−0.002	0.007
妻・1日当たりの労働時間（残業含む）	0.032 *	−0.002	0.023 *	0.046 ***	−0.002	0.029 *
官公庁ダミー	−0.049	0.322 *	0.093	0.044	0.026	0.031
職場特性:「ほぼ毎日残業している」ダミー	0.070	0.057	0.062	−0.039	0.063	0.031
仕事特性:「自分のペースで変えたりできる」	−0.015	0.056 †	0.021	0.031	0.022	0.025
仕事特性:「必要に応じて調整しやすい」	0.065 *	0.009	0.041 †	0.001	−0.006	−0.002
仕事特性:「失業する可能性がある」	−0.049 †	−0.057	−0.044 †	−0.047 †	−0.002	−0.023
都市度	0.010	−0.030	0.012	0.073 ***	0.004	0.063 *
きょうだい数（定位家族）	0.031	—	0.017	0.061 **	—	0.068 *
結婚満足度	0.007	−0.052	−0.018	0.023	−0.017	0.009
定数	3.404	4.832 ***	3.591 ***	3.406 ***	3.772 ***	3.355 ***
観察数	1197	1197	1197	1493	1493	1493
（ケース数）		607	607		734	734
修正済み決定係数	0.293			0.354		
within		0.071	0.054		0.028	0.021
between		0.300	0.341		0.338	0.389
overall		0.268	0.299		0.313	0.358
corr (u,I,Xb)		−0.104	0.000		0.276	0.000
sigma_u		0.719	0.600		0.739	0.614
sigma_e		0.449	0.449		0.409	0.409
rho		0.720	0.641		0.766	0.693

注：*** $p<0.001$, ** $p<0.01$, * $p<0.05$, † $p<0.10$

効果をもっているのみであった．なお，変量効果モデルを採択するならば，妻の労働時間，都市度，きょうだい数が有意な正の効果をもっていた．都市規模が大きいほうが出生意欲が高い．一般に，都市規模が小さいほうが雇用の場も少なく，賃金水準も低い．そのうえ，周囲に高等教育機関が少ないことから教育費負担が出生意欲を低くしていると考えられる．きょうだい数は，自分の育った家族においてきょうだいが多いとそれを模倣するためと考えられる．夫の労働時間や官公庁ダミーは有意ではなかった．ワークライフバランスのうち，職場の特性（「残業が多い職場である」）は，男女とも有意ではなかった．職場の特性はかならずしも自分の働き方にはあてはまらないのかもしれない．教育年数は男女とも10％水準ではあるが有意であり，学歴が高いほうが，出生意欲が高い．

仮説4-①，仮説4-②も予想とは異なる結果に，仮説4-③は男性についておおむね予想通りの結果となった．

4. 出生意欲が低下するまえに

分析の結果，出生意欲が高ければ2年以内に子どもをもつ傾向が高いことから，出生意欲は出生行動を予測する有力な指標であることが確認された．比較的短期間での分析であるため，より長期的にみる必要はあるが，出生意欲は次第に低下する傾向がある．どのような要因が出生意欲に影響するかを分析したところ，年齢や子ども数といった人口学的要因のほか，収入・雇用の安定性という広い意味での経済的要因が影響することが明らかになった．

年齢を重ねると出生意欲が低下すると解釈できるため，少子化対策をするのならば出産の先送りを食い止める必要がある．「緩少子化国」のように，第2子を産むまでのタイミングを短くするためには，子ども1人あたりの育休を長くしようとする政策はかえって逆効果になるのではないか．

経済的要因という観点からは，男性回答者においては本人の収入や失業不安，妻の働き方が注目すべき要因である．男性の収入で一家を支えていることが多く（男性稼ぎ主モデル），かつそれが望ましいとされる日本では，収入の安定性や雇用の安定性は家族形成においてきわめて重要である．それにくわえて，妻

の働き方が不安定であることも夫の出生意欲を低める方向に作用していた．非正規雇用は「柔軟な働き方」といわれるが，一般に給与も低く，出産やその後の生活に備えて貯蓄をすることも難しいためだろう．女性非正社員は職場での権利が守られにくい（小林 2011）．エスピン＝アンデルセン（2009＝2011：91）も「ヨーロッパ共同体世帯パネル調査」（ECHP）の分析から，「安定した雇用契約を結んでいる女性が出産する傾向は，有期雇用契約の女性の2倍だった」と述べている．非雇用よりも時間の制約が厳しく，収入が多い正規職の出生意欲は必ずしも低くない．ここから，夫の収入が重要という意味においてはベッカー理論は依然としてあてはまるが，女性の時間の価値という点ではあてはまらないことを示唆する．共働きの男性では，職場でのワークライフバランスの充実（ここでは調整しやすさ）が出生意欲を高めることがうかがえ，働き方がより柔軟なものにする工夫をすることで少子化が改善されることが期待される．ただし，その効果がどれだけ大きいかは疑問であるし，世界的にみても長い労働時間はこのままでいいというわけではないだろう．

　本章の分析によって，出生行動に対して依然として家族と企業は重要な役割を果たすことがうかがえたが，両者に依存することはリスクが大きい．今後の課題としては，自治体による支援の効果（田中・中嶋 2012）など政策も考慮して分析することである．それにより，家族の状況や職場の状況に左右されない普遍的な政策の意義を明らかにできよう．さらに，より長期間のデータを使いながら，実際の出生行動について，例えば希望する数の子どもをもてた人ともてなかった人の違いについて明らかにすること（Morgan and Rackin 2010；Régnier-Loilier and Vignoli, 2011；Berrington2004）も，パネルデータの分析によって可能になる重要な課題である．

注
1）クルバージェ ＆ トッド（2007＝2008：35）も，出生調節に対する父親の態度は，（性的な面だけではなく経済的な面でも）重要な効果を及ぼさないはずはないと述べる．しかし，男性が分析対象となることは少なかった．日本における男性の出生意欲の分析には，岩間（2008），福田（2011）などがある．
2）近代的避妊手段の普及（③）についてはほとんどの論者が否定的である．その理由を，阿藤（2011：6）は，日本では1940年代に中絶が合法化されていた

ためとする．ベッカー（1991: 141-144）は，1950年代にアメリカと日本で出生率の低下が始まったが，日本ではピルは認可されていなく，アメリカでもピルは60年代になるまで普及しなかったためとする．ほかの論者も，むしろ子どもの需要が減ったために近代的避妊法が受け入れられたとの見方をとる．

3) まず，固定効果モデルか最小2乗法モデルかを検定するF検定の結果は，男性の検定統計量が4.67，女性が5.82で，いずれも0.1％水準で「全個体の特有効果は同じである」という帰無仮説が棄却されたので，固定効果モデルが採択される．つぎに，変量効果モデルか最小2乗法モデルかを検定するBreusch and Pagan Lagrangian multiplier検定の結果，検定統計量は男性が655.61，女性が1102.43で，いずれも0.1％水準で棄却されたので，変量効果モデルが採択される．そして，固定効果モデルと変量効果モデルを比較するHausman検定では，男性が20.16，女性が20.14でいずれも5％水準で棄却されたため，固定効果モデルが採択された．

4) まず，固定効果モデルか最小2乗法モデルかを検定するF検定の結果は男性が4.550，女性が5.630で，いずれも0.1％水準で帰無仮説が棄却され，固定効果モデルが採択される．つぎに，変量効果モデルか最小2乗法モデルかを検定するBreusch and Pagan Lagrangian multiplier検定の結果，検定統計量は男性が347.47，女性が484.02で，いずれも0.1％水準で棄却されたので，変量効果モデルが採択された．そして，固定効果モデルと変量効果モデルを比較するHausman検定では，統計量は男性が20.69，女性が23.24であった．

文献

Allison, Paul, D. (2009) *Fixed Effects Regression Models*, CA: Sage Publications.

阿藤誠（2011）「超少子化の背景と政策対応」，阿藤誠・西岡八郎・津谷典子・福田亘孝編『少子化時代の家族変容——パートナーシップと出生行動』東京大学出版会: 1-18.

Becker, Gary, S. (1993) *A Treatise on the Family* (Enl. Ed), MA: Harvard University Press.

Beck-Gernsheim, Elisabeth (1984) *Vom Geburtenrückgang zur Neuen MÜtterlichkeit?: Über Private und Politische Interressen am Kind*, Frankfurt am Main: Fischer Taschenbuch-Verlag. =（1992）香川檀訳，『出生率はなぜ下がったか——ドイツの場合』勁草書房．

Beck-Gernsheim, Elisabeth (1989) *Die Kinderfrage : Frauen zwischen Kinderwunsch und Unabhängigkeit*, München: C. H. Beck'sche Verlagsbuchhandlung. =（1995）木村育世訳，『子どもをもつという選択』勁草書房．

Berrington, Ann (2004) "Perpetual Postponers? Women's Men's and Couples Fertility Intentions and Subsequent Fertility Behaviour", S^3RI *Applications Working Paper A04/09* (www://ons.gov.uk).

Courbage, Youssef and Emmanuel Todd (2007) *Le Rendez-vous des Civilisations*, Paris: Éditions du Seuil et la République de Idées. =(2008) 石崎晴己訳, 『文明の接近』藤原書店.
Esping-Andersen, Gøsta (2009) The Incomplete Revolution: Adapting to Womens's New Roles , Cambridge: Polity Press. =(2011) 大沢真理監訳『平等と効率の福祉革命――新しい女性の役割』岩波書店.
藤野敦子 (2002)「家計における出生行動と妻の就業行動――夫の家事育児参加と妻の価値観の影響」『人口学研究』31: 19-36.
藤野(柿並)敦子 (2006)「夫の家計内生産活動が夫婦の追加予定子ども数へ及ぼす影響――ミクロデータによる検証」『人口学研究』38: 21-41.
福田亘孝 (2011)「夫婦の労働時間と子ども数――日独仏3カ国比較分析」阿藤誠・西岡八郎・津谷典子・福田亘孝編『少子化時代の家族変容――パートナーシップと出生行動』東京大学出版会: 131-159.
岩間暁子 (2004)「既婚男女の出生意欲に見られるジェンダー構造」目黒依子編『少子化のジェンダー分析』勁草書房: 124-149.
岩間暁子 (2008)「子どもを持つことをどう考えるのか」岩間暁子『女性の就業と家族のゆくえ――格差社会のなかの変容』東京大学出版会: 169-187.
小林美希 (2011)『ルポ職場流産――雇用崩壊後の妊娠・出産・育児』岩波書店.
小林美希 (2013)『ルポ産ませない社会』河出書房新社.
国立社会保障・人口問題研究所 (2011)「第14回出生動向調査 結婚と出産に関する全国調査 夫婦調査の結果概要」(http://www.ipss.go.jp/ps-doukou/j/doukou14/doukou14.asp 2014年7月13日最終閲覧).
国立社会保障・人口問題研究所 (2011)「第14回出生動向調査 結婚と出産に関する全国調査 独身者調査の結果概要」(http://www.ipss.go.jp/ps-doukou/j/doukou14/doukou14.asp 2014年7月13日最終閲覧).
国立社会保障・人口問題研究所 (2013)「人口統計資料集 2013」(http://www.ipss.go.jp/syoushika/tohkei/Popular/Popular2013.asp?chap=0 2014年7月13日最終閲覧)
厚生労働省 (2013)「人口動態統計」(http://www.e-stat.go.jp/SG1/estat/NewList.do?tid=000001028897 2014年7月13日最終閲覧).
厚生労働省 (2013)「平成24年度雇用均等調査の概況」(http://www.mhlw.go.jp/toukei/list/dl/71-24e.pdf 2014年7月13日最終閲覧)
厚生労働省 (2013)「21世紀出生児縦断調査及び21世紀成年者縦断調査特別報告書10年分のデータより」(http://www.mhlw.go.jp/toukei/list/162-1.html 2014年7月13日最終閲覧)
松田茂樹 (2007)「育児不安が出産意欲に与える影響」『人口学研究』40: 51-63.
松田茂樹 (2013)『少子化論』勁草書房.
Morgan, S. Philip and Heather Rackin (2010) "The Correspondence between

Fertility Intentions and Behavior in the United States," *Population and Development Review*, 36(1): 91-118.

西岡八郎・星敦士 (2011)「夫の家事参加と妻の出生意欲」阿藤誠・西岡八郎・津谷典子・福田亘孝編『少子化時代の家族変容——パートナーシップと出生行動』東京大学出版会: 183-204.

大淵寛 (2004)「日本の少子化・世界の少子化」大淵寛・高橋重郷編『少子化の人口学』原書房: 1-14.

Régnier-Loilier, Amaud and Daniele Vignoli (2011) "Fertility Intentions and Obstacles to their Realization in France and Italy", *Population*, 66(2): 361-390.

田中隆一・中嶋亮 (2012)「子育て支援政策は出生行動にどのような影響を与えるか」井堀利宏・金子能宏・野口晴子編『新たなリスクと社会保障——生涯を通じた支援策の構築』東京大学出版会: 35-51.

Van de Kaa, Dirk J. (2002) ＝福田亘孝訳「先進諸国における『第二の人口転換』」『人口問題研究』58(1): 22-56.

和田光平 (2005)「21世紀日本の少子化と人口動向」大淵寛・兼清弘之編『少子化の社会経済学』原書房: 1-23.

Wooldridge, Jeffery (2003) *Introductory Econometrics: A Modern Approach (2nd)*, Cincinnati: South-Western Pub.

山口一男 (2009a)「少子化の決定要因と対策について——夫の役割，職場の役割，政府の役割，社会の役割」山口一男『ワークライフバランス——実証と政策提言』日本経済新聞社: 38-73.

山口一男 (2009b)「夫婦関係満足度とワークライフバランス」山口一男『ワークライフバランス——実証と政策提言』日本経済新聞社: 111-143.

第 6 章

結婚をめぐる若者の意識
――家族形成初期のジェンダー差に着目して

鈴木富美子・佐藤　香

1. 若者と結婚

1.1 「結婚」研究が見逃してきた課題
　晩婚化・非婚化と，それにともなう少子化が社会的な関心を集めている．誰もが結婚する（できる）時代ではなくなったという認識を背景にして，家族社会学や人口学の分野では結婚や家族形成をテーマとする研究が蓄積されてきた．これらの研究は，一言でいうならば，どのような人が，どのような経路で，いつ，結婚するのか，を明らかにしてきたといえるだろう．

　その一方で，家庭内暴力（DV：Domestic Violence）や養育放棄（ネグレクト）など，形成された家族にも深刻な問題が指摘されるようになっている．また，離婚率の急激な上昇はみられてはいないが，離婚がそれほど珍しいことでなくなったのも事実である．これは，家族社会学が以前から着目してきた「結婚の質」と関連している．結婚の質が高ければ，そもそも家庭内暴力のような問題は発生しないし，離婚にもいたらないはずである．けれども，社会調査データによって結婚の質を計測することは，それほど容易ではない．そのため従来の研究は，結婚の質の指標としておもに夫婦関係満足度あるいは結婚満足度をもちいてきた．

　ある個人にとっては，「どのような結婚するのか」と「どのようにして満足度の高い結婚をするのか」は，ほとんど同義の問題である．けれども，「誰が

結婚するのか」と「誰が満足度の高い結婚をしているのか」を問う研究は，実は，これまでほとんど重なり合うことがなかった．

　研究関心が異なるのだからしかたがないという意見もあるだろう．だが，こうした研究上の分断が，とくに若年者の結婚についての現実を包括的に理解することを妨げてきたことは否定できない．たとえば，一定のキャリアを積んでそれなりの収入を得られるようになった男性が結婚するときには，「この収入ならば妻子を養える（＝満足度の高い結婚生活を送ることができる）」という判断が働いているはずである．あるいは，専門職に就いた女性が「仕事が忙しいので家庭との両立は難しい（＝満足度の高い結婚生活を送ることができない）」と考えて結婚を先延ばしにすることも十分にありえる．結婚するかしないかと，結婚生活が満足のいくものであるか否かの研究が分断されているために，これまでの研究は両者が結びついているメカニズムについて，ほとんど明らかにしてこなかったといえるのではないだろうか．

　ここで指摘した研究上の分断が生じた理由としては，研究関心の違いというよりも，データの制約によるもののほうが大きいかもしれない．これまで，未婚から結婚に移行するプロセスと，その結婚生活の質がわかるようなパネルデータはきわめて限られていた．最近、構築されつつあるパネルデータをもちいることで，結婚の移行と質の結びつきを検討することが可能になる．

1.2 結婚関係満足度に関する先行研究

　誰が結婚するのかという結婚への移行過程についての先行研究については，第Ⅰ部での各章で，すでにレビューがなされているので，ここではふれない．

　結婚の質については，上記で述べたように夫婦関係満足度が中心的な指標となってきた．けれども，こうした夫婦の相互作用が結婚の質に関して重要になったのは，それほど古いことではない．山田（2005）によれば，1975年頃までの日本の夫婦は，性別役割分業にもとづいて，夫は外での仕事，妻は家庭での家事・育児，という役割を果たしていれば，互いに満足できたという．けれども，その後，相互のコミュニケーションが重要になり，親密性がなければ満足できなくなったという．

　コミュニケーションや親密性が結婚の質において重要な問題であることをふ

まえて，筒井（2008）では結婚の質の指標として，1）配偶者満足度，2）配偶者間メンタル・サポート，3）ディストレス，の3つをもちいている．山口（2007）は，妻の夫婦関係満足度は，夫の経済状態だけでなく，平日の会話や食事，家事・育児の分担，休日の趣味や娯楽の共有によって高められるとする．

筒井・永井（2016）では，結婚満足度に関する研究のレビューをおこない，以下のように整理している．第1に，性別や仕事・就業状態，所得，子どもの有無などによって，結婚満足度を規定する要因が異なる．第2に，動態的には，結婚継続にともなって結婚満足度は変化する．

動態的研究において，とくに考慮すべきことは，ハネムーン効果（とその消失）である．「新しい生活の始まりである新婚期には満足度は非常に高く，結婚生活の経過とともに急激に低下する」（筒井・永井 2016）．けれども，さらに結婚が継続されると，再度，満足度が上昇する傾向がみられるという．このU字効果については，実際に再上昇するという解釈と，実際には上昇していないみかけの効果だとする2つの見解がある．

新婚期が終わると子どもの誕生や養育によって夫婦の対立が増加して満足度が低下するが，子どもが離家すると夫婦間の対立が減り，夫婦だけの時間が増え満足度が上昇する，というのがU字効果である（岩井 2002; 稲葉 2004; 筒井 2008）．これに対して，永井（2012）などは，対立が多く不満足な夫婦は結婚を解消（離婚）して調査対象から脱落していくので，見かけ上は再上昇したように見えるが，実際にはU字効果は存在しないとしている．

筒井・永井はNFRJのデータをもちいて，結婚満足度[1]について，性別・家事満足度・夫婦それぞれの就業状態・健康状態・収入などを規定要因とする分析をおこなっている．その結果，従来の研究と同様に，女性よりも男性の結婚満足度が高く，また男性にとって配偶者の家事に対する満足度は結婚満足度を大きく上昇させることなどが明らかにされている．

また，総合的効果として結婚満足度のU字効果が確認されている[2]．再上昇する要因としては，配偶者の情緒的サポートや家事の満足度など投入された変数による説明が可能だとする．一方，初期段階からの落ち込みは投入された要因では説明されておらず，「観測できなかった要因，たとえばハネムーン効果（の消失），関係から得られる（ポジティブな）刺激への馴化（habituation）によ

るものと考えられる」(筒井・永井 2016) としている.

以上をふまえ,本章では結婚の初期段階に焦点をあてて,結婚満足度の変化について明らかにする.

1.3　検討課題とデータ

すでに述べたように,本章では,(1)結婚へ移行する人としない人の違い,(2)結婚へ移行した人の結婚満足度,の2つの課題を検討する.1.2でみたように,結婚満足度は一般に男性よりも女性のほうが低い傾向にある.その理由として結婚後の生活における夫婦間の会話や家事分担,食事や外出をともにするなどの相互作用が考えられている.この点をふまえ、本章では,結婚後だけでなく,結婚前の状況から,結婚をめぐる意識のジェンダー差に着目する.それによって,結婚満足度の男性と女性の違い,およびハネムーン効果の消失について検討することにしたい.

分析には高卒パネル調査(JLPS-H)のデータをもちいる.このパネル調査は,2004年春に高校を卒業した7563名の調査を基本調査としている[3].現在,2015年に実施した第12波まで調査を終えており,この時点で対象者の年齢は29～30歳に達している.

第2節で結婚および子どもの有無について概観した後,第3節では30歳までに結婚した人としなかった人の違いをみる.第4節では結婚満足度について分析をおこなう.

2.　家族形成をめぐる状況と意識の推移——第5波～第12波のデータから

最初に高卒パネル調査対象の家族形成の状況を確認しておく.使用するのは,JLPS-Hのうち,第5波(2008年11月　対象者22～23歳)から第12波(2015年11月　対象者29～30歳)のデータである.男女とも調査時点によって回答者とその人数は異なるが,全体的な変化の状況を把握するのは差し支えないと判断し,この8時点の横断データから配偶者のいる割合と子どものいる割合をみる.

2.1 配偶者のいる割合と子どものいる割合の推移

配偶者のいる割合（有配偶率）は，第7波時点（2010年　対象者24～25歳）では，男性11%，女性18%であったが，その後，順調に増加し，第12波時点で男性37%，女性では49%とほぼ半数となった．とくに第10波（2013年　対象者27～28歳）から第11波（2014年　対象者28～29歳）の1年間については，男性で23%→35%，女性で33%→43%と10ポイント前後増加した（図表6-1）．

子どものいる割合についても第7波→第12波の変化をみると，男性6%→23%，女性13%→35%と増加，特に女性の場合，結婚より一足遅れて第11波→第12波における増加がめだつ（27%→35%）．

高卒パネルでは，人生におけるライフイベント（離家，結婚，出産など）に対して対象者がどのような姿勢をとっているのかをみるため，「あなたは何歳ごろになったときに，次のことをしていたいと思いますか」と尋ねている．第7波のデータから，「すでにそうした」人を除き，ライフイベントの希望年齢をみると，結婚については，男女ともに「26～29歳」が最も多く，男性で47%，

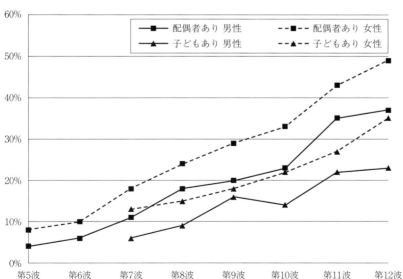

図表6-1　男女別・有配偶率と有子率の推移（第5波～第12波）

女性では76％を占めた．また「最初の子どもをもつ」についても，男性では最も多かったのは「30～34歳」の52％であったが，「26～29歳」も33％を占め，女性では「26～29歳」が最も多かった（67％）．

このようにみてくると，30歳を目前に控え，希望年齢でのライフイベントの実現に向けて——特に結婚について——男女ともに拍車がかかったといえるだろう．

2.2 結婚意欲の推移

では，未婚者は結婚についてどのように考えているだろうか．ここでは結婚に対する考え方を，「ぜひ結婚したい」「できれば結婚したい」「結婚しなくてもよい」「結婚したくない」「結婚について考えていない」の5段階で尋ね，そのうち「ぜひ結婚したい」「できれば結婚したい」を結婚意欲があるとみなし，第5波から第12波までの8年間の推移を男女別にみた（図表6-2）．

図表6-2　男女別・結婚意欲の推移

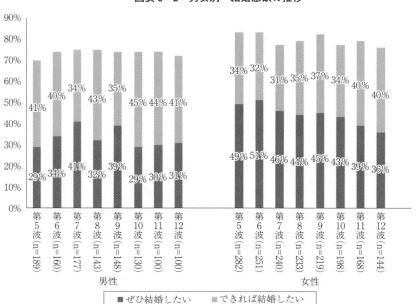

女性では，年々，「ぜひ結婚したい」の割合が低くなりつつあるが，「ぜひ結婚したい」「できれば結婚したい」をあわせた「結婚意欲あり」の割合は一貫して8割前後，男性も7割を占める．また，先にみたように対象者の多くが20代で結婚することを望んでいるが，そうかといって皆が結婚するわけではない．次節では，30歳までに結婚した人としなかった人では，20代の過ごし方や意識のあり方などに違いがあったのかどうかをみていく．

3. 30歳時（第12波）までの結婚した人としなかった人の違い

　第8波（2011）における対象者の状況を客観的側面と主観的側面から捉え，第12波の有配偶率との関連を確認する．これによって結婚した人としなかった人との違いを明らかにし，またそのジェンダー差もみることにしたい．分析対象は第8波時点（2011年　25～26歳）で未婚であり，第12波（2015年29～30歳）で回答している255名（男性82名，女性173名）である．

3.1　客観的状況からの検討

　最初に，学歴，就業形態[4]，職種[5]，労働時間，収入，当面の仕事継続意向[6]，恋人の有無[7]など，主として第8波時点での客観的状況と第12波の有配偶率との関連を探った．その結果，男性では就業形態，当面の仕事継続意向，恋人の有無について，女性では就業形態，職種，収入，恋人の有無で有意な関連がみられた（図表6-3）．

　就業形態については男女ともに「非正規・無職など」よりも「正規」で有配偶率が高い．これに加え，女性では「販売・サービス」よりも「専門・技術・事務」のほうが，また収入が高いほうが，有配偶率が高くなっている．有意ではないものの，収入については男性も女性と同様な傾向がみられる．このほか，男性では，「仕事継続意向」があるほうが有配偶率は高く，また当然のことながら，男女ともに恋人がいる人で有配偶率が高くなっている．

　このようにみてくると，男女ともに20代半ばで雇用状況が安定しているほうが，その後，結婚しやすい．正規職のほうが非正規や無職に比べ，結婚相手と出会う可能性があるということなのかもしれない．また男性の場合には，就

図表6-3　第8波時点の状況別・第12波の有配偶率

	男性	女性		男性	女性
最後に通った学校			収入		**
高校・専門学校など	22%	32%	12万円未満	14%	15%
短大・大学・大学院	27%	38%	12～18万円未満	21%	44%
就業形態	†	**	18万円以上	33%	36%
正規	32%	45%	当面の仕事継続意向	†	
非正規・無職など	11%	20%	当面継続	33%	34%
職種		†	やめたい・わからない	14%	37%
専門・技術・事務	23%	40%	恋人の有無	**	**
販売・サービスなど	31%	26%	いる	52%	55%
労働時間			いない	13%	15%
39時間以下	25%	31%			
40～49時間以下	30%	35%			
50時間以上	27%	40%			

注：**：$p<0.01$，*：$p<0.05$，†：$p<0.10$

業形態や収入などの現在の状況のみならず，「仕事継続意向」が有配偶率と関連しており，現在の仕事だけでなく，その先の見通しも含めた経済状況が結婚にとって重要であることを示している．

3.2　意識面からの検討との関連

第8波における意識の中から，独身でいる理由，家族形成に関する価値観，日常生活における悩みの有無，主観的意識など着目し，第12波の有配偶率との関連をみていく．

(1) 独身でいる理由

「独身でいる理由」10項目[8]に着目し，その理由をあげた人を「選択」，あげなかった人を「非選択」とし，第12波の有配偶率との関連をみた（図表6-4）．男女ともに有意な関連がみられたのは，「適当な相手にめぐりあわない」と「異性とうまく付き合えない」の2項目である．いずれの項目も，その理由をあげなかった場合（「非選択」）では男女ともに5割前後の有配偶率を示すのに対し，理由をあげた場合（「選択」）には1割前後に留まる．特に男性で「異性とうまくつきあえない」を理由としてあげ，かつ，第12波で結婚していた人は皆無である．この2項目に加え，男性では「結婚後の経済状況に不安があ

る」，女性では「今は趣味や娯楽を楽しみたい」「異性（交際相手）とつきあう時間がない」で差がみられる[9]．

「独身でいる理由」はその内容によって2つに大別できる．1つは結婚というライフイベントの生起に必要な「結婚相手」に関連する理由，もう1つは「結婚後の生活」に関連する理由である．「適当な相手にめぐりあえない」や「異性とうまく付き合えない」などの「結婚相手」に関連する理由については，男女共通にみられたのに対し，「結婚後の生活」に関連する理由では，男性は経済面，女性は「趣味や娯楽を楽しみたい」など，想定する生活の側面が男女で異なる．

結婚後の生活に対し，男性は経済面で責任を負うことを想定しているのに対し，女性では趣味や娯楽に時間を割けなくなるなど，生活内容の変化を想定している．結婚後に想定される生活イメージそのものが男女で異なるといえるだろう．

(2) 家族形成に関する価値観（あなたにとって重要なこと）

次に家族形成をめぐる価値観に着目する．「結婚して幸せな家庭生活をおくること」と「子どもをもつこと」の2項目について，「とても重要」「少し重要」「重要ではない」の3段階で尋ね，「とても重要」と「少し重要．重要でない」の2カテゴリーにして，第12波の有配偶率との関連をみた（図表6-4）．

女性の場合には，2項目とも第12波の有配偶率との間に有意な関連がみられ，第8波時点で「結婚して幸せな家庭生活をおくること」を「とても重要」としていた人の44%が第12波で結婚しているのに対し，「少し重要・重要でない」場合には19%に留まる．また「子どもをもつこと」についても第12波の有配偶率との間に同様な関連がみられ，「とても重要」としていた人の44%が第12波で結婚しているのに対し，そうでない場合には27%に過ぎない．男性の場合には有意ではないが，「結婚して幸せな家庭生活」「子どもをもつ」のいずれの価値についても，「とても重要」と回答した人のほうが第12波における有配偶率は高い．

このようにみてくると，結婚することや子どもをもつことを重要視しているほうがそうでない人よりも，その後，結婚や出産に至る割合は高く，とくに女

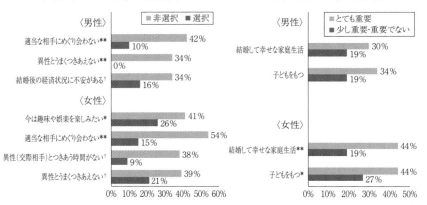

図表6-4　第8波時点の意識と第12波の有配偶率

注：**：p<0.01，*：p<0.05，†：p<0.10

性にその傾向がみられる．女性が家族形成をするかどうかは，男性以上に家族形成に向けての気持ちや意志が重要であることが読み取れる．

(3) 日常生活における悩み

ここでは日常生活における悩みの内容と有無に着目する．日常生活において困ったり悩んだりすることがあるかどうかについて，図表6-5で示した8項目[10]について「よくある」「少しある」「ない」の3段階で尋ねている．「よくある」を「悩みあり」，「少しある」と「ない」を合わせて「悩みなし」とし，第12波の有配偶率との関連をみた（図表6-5）．

男性では8項目のうち，「人間関係（家族）」と「人間関係（職場）」を除く6項目について，悩みの有無と第12波の有配偶率の間に有意な関連がみられた（図表6-5）．「悩みなし」の場合には第12波の有配偶率が4割近くを占めるのに対し，「悩みあり」の場合には1割前後に留まる．

一方，女性の場合には，有意な差がみられるのは「時間のゆとり」のみである．その関連の仕方をみると，「悩みなし」の場合には第12波の有配偶率が3割程度なのに対し，「悩みあり」の場合にはほぼ5割を占め，関連の仕方が男性とは逆である．この他，「収入（暮らし向き）」や「健康」についても，「悩み

第6章 結婚をめぐる若者の意識

図表6-5 第8波時点の悩みの有無別・第12波の有配偶率

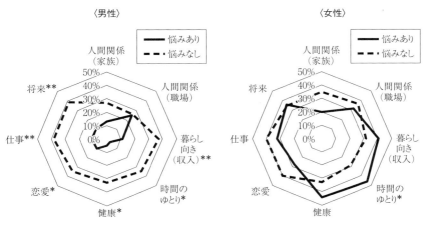

注：**：p<0.01，*：p<0.05，†：p<0.10

あり」のほう第12波の有配偶率が高い傾向がみられる．

このようにみてくると，女性の場合には悩みがあることもまた結婚に結びつく．女性にとって結婚は，そうした悩みを解決し乗り越えるための1つの手立て・手段となっている．それに対して男性の場合には，悩みがないことが結婚と密接に関連する．男性にとって結婚とは，いろいろな「障害」を乗り越えたうえで達成されるべきものであり，クリアするものである．そういう意味では，人生における1つのゴールでもあり，人生の通過点の1つという認識なのかもしれない．

(4) 主観的意識

意識面の締め括りとして，階層帰属意識，生活満足度，仕事満足度といった主観的意識に着目する[11]．これらの意識と第12波の有配偶率との関連をみた．分析の結果，第8波の主観的意識と第12波の有配偶率の関連は男女で大きく異なった（図表6-6）．男性の場合には，これら3つの意識のありようが第12波の有配偶率と関連する．自分を階層的に「上～中の中」だとみなし，生活や仕事に「満足」と回答した人の3～4割が第12波で結婚しているのに対し，そうでない場合の有配偶率は1割程度に留まる．

159

一方,女性の場合には,生活や仕事に「満足」しているほうが第12波の有配偶率が10ポイントほど高い傾向があるものの,男性ほどの差ではなく,生活や仕事に満足していなくても,3割程度の人は第12波で結婚している.

さらに,生活満足度と仕事満足度を組み合わせて「両方満足」「生活のみ満足」「仕事のみ満足」「両方不満」の4類型を作成し,第12波の有配偶率との関連をみた.なお,男性の場合は対象者が少ないため,4類型のうち,「生活のみ満足」「仕事のみ満足」「両方不満」を合わせて「それ以外」とし,「両方満足」と「それ以外」の間の違いをみた.

男性の場合には,生活と仕事の「両方満足」では有配偶率が4割近くを示したのに対し,「それ以外」では1割程度に過ぎず,有配偶率に大きな差がある.これに対し女性の場合には,「両方満足」「両方不満」「生活のみ満足」の3類型については,いずれも4割前後の有配偶率となり,明確な差はみられない.ただし,「仕事のみ満足」の場合には,第12波での有配偶者はおらず,結婚しにくい状況がみられる.

これは,さきにみた悩みの状況と類似している.男性の場合には,自分の階

図表6-6　第8波時点の主観的意識と第12波の有配偶率

生活満足度と仕事満足度の類型別
第12波の有配偶率

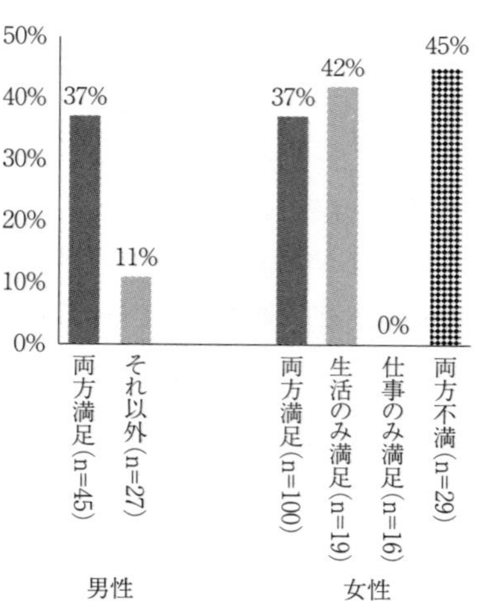

	男性	女性
階層的地位	**	
上〜中の中	40%	39%
中の下・下	12%	34%
生活満足度	*	
満足	33%	38%
不満	11%	29%
仕事満足度	†	
満足	34%	44%
不満	11%	32%

注:**:$p<0.01$,*:$p<0.05$,†:$p<0.10$

男性
- 両方満足 (n=45): 37%
- それ以外 (n=27): 11%

女性
- 両方満足 (n=100): 37%
- 生活のみ満足 (n=19): 42%
- 仕事のみ満足 (n=16): 0%
- 両方不満 (n=29): 45%

層的位置づけであれ，生活や仕事に対する意識であれ，自分の中である程度の状況（レベル）まで達したと認識したときに結婚へ踏み切る．それに対し，女性の場合には，こうした主観的状況が結婚とあまり関連しない．男性は主観的状況のよい人が結婚しやすいが，女性は主観的状況がよかろうが悪かろうが，どちらの場合も結婚へ押し出す要因となりうる．ただし，「仕事」にのみ満足している場合の有配偶率が低かったことをみると，女性にとって，「仕事」と「結婚」はいまだに二者択一の関係にあると考えることができる．

以上，第8波（2011）における対象者の状況を客観的側面と主観的側面から捉え，第12波の有配偶率との関連を確認してきた．これまでの分析結果から，既に結婚に至るまでの段階において，結婚についての考え方・見方・捉え方が男女で大きく異なることが明らかになった．

そこで次節では，結婚へ移行した後の状況について，特に結婚満足度に焦点をあてて男女差の違いを確認していく．

4．結婚へ移行した後の状況——結婚満足度を中心に

高卒パネルでは，対象者の有配偶率の上昇を踏まえ，第9波（2012年　26〜27歳）から配偶者に関する情報を収集している．そこで，第10波から質問項目に加えた結婚満足度を手がかりに初期家族形成期の状況をみていく．結婚満足度は，「あなたは，ご自身の現在の結婚生活について，どのくらい満足していますか．あてはまる番号1つに○をつけてください」と尋ね，「満足」「やや満足」「やや不満」「不満」の4件法で回答を求めた．分析対象は第12波における有配偶者202名（男性56名，女性146名）である．

4.1　横断データからみた結婚満足度（第12波からみた結婚生活）

（1）全体的な状況

結婚した年齢をみると（図表6-7），男女でそれほど差がみられない．20代前半（24歳まで）に結婚した人の割合をみると，男女ともに4分の1程度に留まり，20代後半での結婚が80％近くを占める．

一方，夫婦間の年齢差は男女で大きく異なる．結婚したときの本人年齢から

第Ⅱ部　夫婦関係と出産・結婚満足度

配偶者年齢を引いて「配偶者との年齢差」とし，同年齢の前後1歳を含めて「ほぼ同年齢」とすると，男性の場合には，「ほぼ同年齢」が最も多く全体の61％，次いで「年下（2～4歳）」25％，「年上（2～4歳）」9％と続く．年上と年下を含め，相手と5歳以上の年が開いている男性はわずか5％に過ぎない．

これに対して，女性の場合には，最も多かったのは「年上（2～4歳）」45％，次いで「ほぼ同年齢」22％，「年上（5～9歳）」19％，「年下（2～4歳）」7％となり，男性と比べて配偶者の年齢が幅広い．相手が5歳以上年上の場合も全体の4分の1を占める．

30歳までの比較的早い年代における結婚では，男性は自分と年齢の近い相手との結婚が主流となるのに対し，女性では年上を中心に，同年齢や若干年下なども含め，相手の年齢が幅広く，配偶者選択の幅が広い様子がみてとれる．

満足度についても男女で差がみられる．男性では「満足」が最も多く62％，

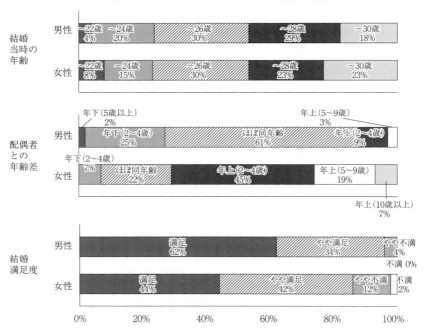

図表6-7　男女別・第12波における結婚の状況

次いで「やや満足」の34％が続く．「やや不満」はほんの数％しかおらず，「不満」は皆無である．「満足」と「やや満足」を合わせると，ほぼ全員が結婚に満足しているといっても過言ではない．

これに対し，女性の場合には，「満足」が44％，「やや満足」が42％と両者が拮抗する．また，「やや不満」と「不満」をあわせて14％を占める．女性の場合にも「満足」と「やや満足」を合わせると8割を超えるものの，その満足の内容は男性とは異なることがわかる．

このように，男性の結婚満足度は高く，散らばりも少ないことから，これ以降の分析は対象を女性に絞る．結婚満足度の高低と関連する要因を探り，結婚満足度が男性で高く，女性で低い理由を探る手がかりとする．

(2) 結婚満足度が高いのは誰か──女性を対象として
①客観的状況からの検討

ここでは結婚満足度と関連する要因について，対象者本人および配偶者の状況，結婚や家族の状況などの客観的状況からみていく．これらの要因と結婚満足度の関連についてクロス表分析をおこなった．要因を行に，結婚満足度を列においた[12]．分析の結果，本人の就業の有無とライフステージで有意な関連がみられた（図表6-8）．

ライフステージについてみると，「やや不満・不満」の割合は「子どもなし」では9％だったのに対し，「末子2歳以下」では14％，「末子3歳以上」では30％となるなど，ライフステージの上昇につれて不満の割合が高くなる．結婚年数についても，結婚年数が短いほうが「満足」の割合が多く，長いと「やや不満・不満」が多くなる傾向がみられたが，その関連は有意ではない．この点を踏まえると，子どもの存在は夫婦関係に大きな影響を及ぼすことがわかる．

一方，就業の有無についてみると，「満足」の割合は「無職」では63％を占めるのに対し，「正規」36％，「非正規など」31％と就業している場合には4割に満たない．とくに「非正規など」では，「正規」や「無職」に比べて「やや不満・不満」の割合が最も多く，全体の4分の1を占める．有意ではないものの，労働時間が短いほうが，また収入が少ないほうが不満の割合が高い．正規よりも，非正規で働く女性が結婚生活においても満足が得られない状況にある

図表6-8 本人・配偶者の状況と結婚満足度

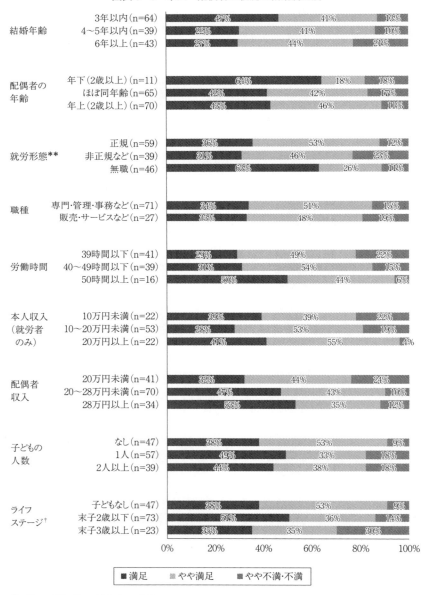

注: **: $p<0.01$, *: $p<0.05$, †: $p<0.10$

第6章 結婚をめぐる若者の意識

のかもしれない.

②周囲との関係からの検討

次に結婚生活をとりまく結婚満足度と関連する要因を，夫，自分の親，義理の親との関係やサポートの有無から検討する[13]．ここでは義理の父親と義理の母親に絞り[14]，結婚満足度との関連をみた（図表6-9）．

義理の父親との関係性が「良い」場合には「満足」の割合が64％と半数を超すのに対し，「どちらかといえば良い」と34％，「悪い」と25％となり，関係の良好さが低下するほど，「満足」の割合が少なく，「やや不満・不満」の割合が増加する．義理の母親の場合も同様の関係がみられ，関係性が「良い」場合には「満足」が65％と半数を超し，「やや不満・不満」はわずか6％なのに対し，関係性が「悪い」場合には「満足」は21％で，「やや不満・不満」がその倍の43％にも達する．義理の父親，義理の母親ともに，関係性が「悪い」ほうが結婚満足度において「不満」の割合が多いことがわかる．

子どもに対するサポート項目については，「あなた以外で，子どもの世話を

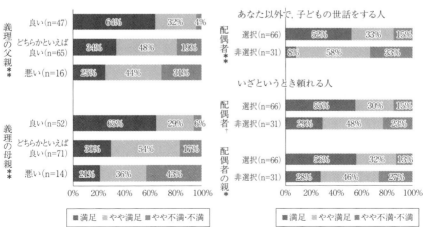

図表6-9　周囲との関係や子どもに対するサポートの有無と結婚満足度

注：**：$p<0.01$，*：$p<0.05$，†：$p<0.10$

する人の有無」と「いざとなったときに頼れる人の有無」の2つをとりあげた．この2つの項目について，配偶者，あなた（自分）の親，配偶者の親からのサポートの有無と結婚満足度との関連をみた．

「あなた以外で，子どもの世話をする人」について，配偶者のサポートがある場合（「選択」）には「満足」と「やや満足」を含め，満足している割合が8割を超えるのに対し，ない場合（「非選択」）には7割に満たず「やや不満，不満」が3割を超えた[15]．また「いざとなったときに頼れる人の有無」については，配偶者および配偶者の親で有意な関連がみられた．関連の仕方をみると，どちらの場合にもサポートがある場合には「満足」の割合が過半数を占めたのに対し，サポートがない場合には3割に満たない．なお，有意にはならなかったが，あなた（自分）の親からのサポートについても配偶者や配偶者の親と同様，サポートがあるほうがない場合よりも「満足」の割合が高い傾向がみられた．

このようにみてくると，女性の場合，結婚満足度は夫と2人の間で完結するものではなく，夫はもちろんであるが，自分自身の親や，さらには義理の親との関係良好性やサポートの有無も結婚満足度と関連する．その意味で，女性にとっての結婚は社会関係そのものであるといえるだろう．

4.2 パネルデータからみた結婚満足度

これまで確認してきたのは，結婚満足度に関する第12波の調査結果である．結婚に「満足している人」と「満足していない人」といういわば「異なる個人」を比較し，両者の違いはどこにあるのかをみてきた．即ち，個人間の違いに焦点をあてた分析である．

一方，高卒パネルでは，第10波～第12波の3時点において結婚満足度を尋ねてきた．これにより，「同一個人」における結婚満足度のアップダウンに対し，どのような個人内の変化が関連しているのかをみること，即ち，同一個人内における変化に焦点をあてた分析が可能となる[16]．

(1) 結婚満足度における個人内変化の状況

結婚満足度は「満足」～「不満」までの4段階で尋ねている．同一個人内で

おこる満足度の変化の様子をみるべく，行に t 時点，列に t + 1 時点の満足度をとり，隣接する 2 時点間の変化の様子をみた（図表 6 - 10）．図表で網をかけている部分は変化しなかった部分を示す．

まず男性についてみると，最も多かったのが「満足→満足」（変化なし）で全体の 47.8％，次いで「やや満足→満足」（上昇）19.7％，「やや満足→やや満足」（変化なし）15.5％，「満足→やや満足」（下降）12.7％である．全体的にみると，「変化なし」が 66.1％,「上昇」21.1％,「下降」12.7％となっている．変化の様子をみると，そのほとんどが隣のカテゴリーへの変化であり，2 つ隣への変化ほとんどみられない．しかもその移動も「満足」⇔「やや満足」といういわば「満足内での変化」がほとんどである．

一方，女性では，最も多かったのは男性と同様，「満足→満足」（変化なし）で全体の 37.9％であるが，次は「やや満足→やや満足」（変化なし）20.6％となり，「満足→やや満足」（下降）の 11.5％と「やや満足→満足」（上昇）の 10.3％がほぼ同じ割合で続く．全体的にみると，「変化なし」が 62.3％,「上昇」15.6％,「下降」21.6％となり，男性に比べて「上昇」が少なく，「下降」が多くなっている．変化の様子については男性と同様，ほとんどが隣のカテゴリーへの移動であり，2 つ隣への変化はほとんどみられない．ただし，女性の場合には，「やや満足」⇔「やや不満」の間の変化も 12％程度を占めており，満足と不満の境界を超える変化となっている．これは，ほとんどが満足内での変化だった

図表 6 - 10 2 時点間における結婚満足度の変化：第 10 波〜第 12 波のデータから

◆男性	満足	やや満足	やや不満	不満	合計
満足	47.8%	12.7%	0.0%	0.0%	60.6%
やや満足	19.7%	15.5%	0.0%	0.0%	35.2%
やや不満	1.4%	0.0%	2.8%	0.0%	4.2%
不満	0.0%	0.0%	0.0%	0.0%	0.0%
合計	69.0%	28.2%	2.8%	0.0%	100.0%

◆女性	満足	やや満足	やや不満	不満	合計
満足	37.9%	11.5%	0.5%	0.0%	49.9%
やや満足	10.3%	20.6%	7.6%	1.0%	39.5%
やや不満	0.5%	4.3%	3.8%	1.0%	9.6%
不満	0.0%	0.5%	0.5%	0.0%	1.0%
合計	48.7%	41.0%	12.4%	2.0%	100.0%

注：クロス表の行は t 時点，列は t + 1 時点の結婚満足度を示す．網掛けは「変化なし」のセルを示す．

男性と異なる点である．

(2) 結婚満足度の変化の要因

こうした変化の状況（「下降」「変化なし」「上昇」）は結婚年数によって異なるのだろうか（図表6-11）．男性の場合，結婚年数によって変化の様子に多少の違いはあるものの，結婚年数が「3年以内」と「6年以上」でそれほど大きな違いはない．これに対して女性では，結婚年数が最も長い「6年以上」のときに「下降」が3分の1を占める．これは「3年以内」「4～5年以内」と比べて「下降」の割合が最も多い．結婚年数が長くなるにつれて，夫婦間における満足度の乖離が大きくなると予想される．

どのような変化が女性たちの満足度の下降と関連しているのかを確かめるため，とくに子どもの要因に着目した．子どもの有無だけでなく，子どもが新たに生まれたかどうか，またその子どもは1人目かどうかなどを加味し，子ども

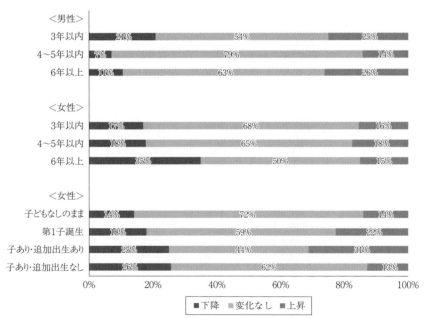

図表6-11　結婚満足度の変化：結婚年数と子どもの状況との関連

第6章　結婚をめぐる若者の意識

数の変化の4類型——「子どもなしのまま」「第1子誕生」「子あり・追加出生あり」「子あり・追加出生なし」——を作成し，結婚満足度の変化との関連をみた．

　分析の結果，4類型の中で，結婚満足度が変化した人が最も多かったのは「子あり・追加出生あり」で，「下降」「上昇」含めて56%を占めた．次いで「第1子誕生」の40%，「子あり・追加出生なし」の39%と続き，最も変化が少なかったのが「子どもなしのまま」28%である．

　ただし，その変化は必ずしもマイナス方向とばかりは限らない．「第1子誕生」では「下降」18%に対し，「上昇」はそれ以上に多く22%を占める．この傾向は「子あり・追加出生あり」でさらに顕著となり，「下降」(25%)の割合も「上昇」(31%)の割合も4類型中で最多となった．

　このようにみてくると，子どもの存在，とくに子どもの誕生は夫婦関係に変化をもたらす．しかもその変化は最初の子どもの誕生のときよりも2人目の子どもの誕生以降のほうが顕著である傾向がみられる．子どもの存在により，女性たちの間で満足度の格差が広がっている様子がうかがえる．

5. 結婚の意味するもの——ジェンダーによる違い

　以上，高卒パネルデータを用いて，1) 結婚へ移行した人としなかった人の違い，2) 結婚へ移行した後の結婚満足度などについて，分析を行ってきた．そこから明らかになったのは，結婚の意味するものが男性と女性で異なるという点である．以下，(1) 結婚に至るまでの段階と (2) 結婚後の生活の2つの段階に分けて，結婚をめぐるジェンダー差について考察する．

5.1　結婚に至るまでの段階におけるジェンダー差

　男性にとって結婚とは，客観的・主観的状況が整ってからするものであった．結婚後の生活について，経済的な責任を負うことが想定されているため，就業状況や収入といった現在の仕事の状況だけでなく，仕事を続けていく見通しも含めた経済的な不安の有無が結婚への移行と関連する．しかもクリアすべき課題は経済面だけではない．日常生活の多方面にわたる悩みの有無が有配偶率と

関連していたことをみても，さまざまな課題を乗り越えて達成すべきものとして「結婚」を捉えている．そういう意味では，男性にとって結婚とは，1つの「ゴール」であり，人生における「通過点」ともいえる．

これに対し女性の場合には，人生において「結婚して幸せな家庭を築くこと」や「子どもをもつこと」を重要視するかなど，家族形成に関する価値観や気持ち（志向性）が結婚への移行と大きくかかわる．また，自身の階層的位置づけが高くても低くても，生活や仕事に満足していようがいまいが，結婚するかどうかにそれほど大きな違いがあるわけではない．いろいろな状況で結婚に移行しうるし，ときには仕事や生活の「不満」から抜け出す手立てともなる．さらに結婚後に想定される生活イメージも男女で異なる．女性のほうが男性よりも「結婚前の生活」と「結婚後の生活」を違うものとして想定しており，「結婚と仕事」を二者択一的に捉える傾向が今でもみられる．女性にとっての結婚は，まさに「スタート」である．

このように，結婚生活の既に始まりの地点から，男性と女性では「結婚」についての考え方・見方・捉え方が大きく異なっている．

5.2 結婚後の生活で生じるジェンダー差

こうして出発点から男女で異なる結婚は，その後の生活の中における結婚満足度についても大きな違いをもたらす．まず男性は結婚を1つの「ゴール」であり，人生の「通過点」として捉えているゆえに，結婚でその後の生活がそれほど左右されない．総じて結婚満足度は高く，結婚年数によってもそれほど変化しない．

これに対し，女性にとっての結婚は「スタート」である．子どもの誕生は満足度の変化と関連するが，その変化は満足度を下げる方向だけでなく，満足度を上げる方向にも変化する．その傾向は第1子の出生よりも2人目以降の出生のほうが顕著となる．さらに4類型中，結婚満足度の「上昇」が最も少なく，「下降」が最も多かったのが「子あり・追加出生なし」であったことを踏まえると，子どものいる生活を通じて女性の結婚満足度が変化し，結婚満足度が上がる妻と下がる妻に分かれていく．ハネムーン効果の消失は，子どもの誕生をきっかけに，とくに女性に生じやすいといえるだろう．

その際に忘れてはならないのが，妻の就業の問題である．本章では，「正規」や「無職」に比べ，「非正規」で働く女性の結婚満足度が低い傾向がみられた．一見，パートタイムは仕事と家庭の両立にかなう働き方とされがちだが，実は，多くの家庭責任を妻一人で背負わざるを得ない状況にある．パート（非正規）で働きながら子育てをしている女性たちが大変な状況におかれていることが推察される．

5.3 パネルデータからみた結婚満足度

本章では，1時点の横断データ（第12波）に加え，3時点のパネルデータ（第10波～第12波）を用いて，結婚満足度の規定要因や変化の状況を確認してきた．

1時点のデータでみると，結婚満足度はライフステージと関連しており，末子の年齢が高いほど，結婚に満足している女性の割合は少なくなった．しかしそれは皆が同じように満足度が低くなることを意味するわけではなく，パネルデータから明らかになったのは，子どもの誕生を契機とし，子どものいる生活で発生してくる諸々の状況の中で，満足度が高い妻と低い妻に分かれていくという点である．しかも女性の場合には，結婚は夫と二人だけの関係性の中で成り立つものではなく，自分の親，夫の親まで含めた新たな社会関係の中で営まれるものである．特に子ども（孫）が関わってくればなおさらであろう．

このように，家族形成に対する若者の意識や実態を丁寧に追っていくと，結婚に至るまでの過程においても，その後の生活においても，結婚の意味するものは男女で大きく異なることがわかる．女性たちにとっての結婚は，仕事，子ども，そしてそれを取り巻く人間関係など，まさに重層的な社会関係と負担の中で営まれていることを踏まえると，結婚年数の経過やライフステージの進展に伴い，女性内における満足度の格差が拡大していくだけでなく，総じて結婚に満足している男性（夫）との間で，結婚満足度が乖離していく状況も危惧される．

結婚をめぐる男女間の食い違いは何も結婚から始まるだけではなく，結婚に至るまでのプロセスと地続きになっているとすれば，ワーク・ライフ・バランスを結婚後の子育てをめぐる状況についてのみ語るだけでは不十分である．未

婚・既婚を問わずにワーク・ライフ・バランスを実現していくことが，幸せな結婚生活につながる確実な方法といえるだろう．

注
1) NFRJ98 では「結婚生活全体について」，NFRJ03 と NFRJ08 では「夫婦関係全体について」の満足度を結婚満足度としている．
2) NFRJ はパネル調査ではないので，ここでの分析によってU字効果が認められたとしても，これがみかけ上の効果である可能性は残されている．
3) 高卒パネル調査（JLPS-H）についての詳細は，第3巻序章を参照していただきたい．
4)「就業形態」を「経営者・役員」「正社員・正職員」「パート・アルバイト・契約・臨時・嘱託」「派遣社員」「請負」「自営業者・自由業者」「家族従業者」「内職」「その他」の9項目で尋ね，「経営者・役員」と「正社員・正職員」を「正規」，その他を「非正規」とし，さらに「仕事をしていない」（無職）を「非正規」と合わせ，2カテゴリーに分けた．
5) 職種を10段階で尋ね，「専門・技術的職業」「管理的職業」「事務的職業」を「専門・技術・事務」に，「販売的職業」「技能工・生産工程に関わる職業」「運輸・通信的職業」「保安的職業」「農・林・水産に関わる職業」「サービス的職業」「その他」を「販売・サービスなど」として，2カテゴリーに分けた．
6)「現在の会社で当面（5年程度）仕事や事業を続けたいと思いますか」を4段階で尋ね，「当面継続」（「当面続けるつもりである」）と「やめたい・わからない」（「やめることを考えている」「すぐにやめるつもりである」「わからない」）の2カテゴリーに分けた．
7)「恋人の有無」を「現在いる」「過去にいた」「いない」の3段階で尋ね，「過去にいた」と「いない」をあわせて「いない」として，2カテゴリーに分けた．
8)「独身でいる理由」として，「結婚するにはまだ若すぎる」「結婚する必要性をまだ感じない」「今は仕事や学業に打ち込みたい」「今は趣味や娯楽を楽しみたい」「適当な相手にまだめぐり会わない」「独身の自由や気楽さを失いたくない」「家の居心地がいい」「異性（交際相手）とつきあう時間がない」「異性とうまくつきあえない」「結婚後の経済状況に不安がある」の10項目について検討した．
9) 東京大学社会科学研究所パネル調査（JLPS-Y および JLPS-M）を用いて，2007年から2015年の8年間の結婚タイミングに2007年の意識がどのように影響しているのかを検討，その結果，男女ともに家族形成に関する意識がその後の結婚と関連するなど，本章と同様な結果が明らかにされている（石田ほか2016）．
10) 調査ではこの8項目のほかに「友だちとの人間関係」についても尋ねている

が，この項目について「よくある」と回答した人が男女ともに6％程度と少なかったため，分析から外した．
11) 階層帰属意識は「上」「中の上」「中の中」「中の下」「下」「わからない」の5段階で尋ねたものを，「上～中の中」と「中の下・下」の2カテゴリーに分けた．また生活満足度と仕事満足度については「満足」～「不満」の4段階で尋ねたものを，「満足」と「不満」の2カテゴリーに統合した．
12) 結婚満足度は「やや不満」と「不満」を統合し，「満足」「やや満足」「やや不満・不満」の3カテゴリーにした．
13) 調査では，実の父，実の母親，義理の父，義理の母親との関係を，「良い」「どちらかといえば良い」「どちらかといえば悪い」「悪い」「そういう人はいない」の5段階で尋ねている．今回は，「そういう人はいない」を除き，「どちらかといえば悪い」と「悪い」を統合して「良い」「どちらかといえば良い」「悪い」の3カテゴリーとした．
14) 実の父親と実の母親について，「悪い」と回答した割合は，それぞれ10人（6％），3人（2％）と非常に少なく，ほとんどが「良い」「どちらかといえば良い」であった．
15) 1％水準で有意である．
16) ここでは，3時点のデータからパーソンイヤーデータを作成し，個人内における結婚満足度の変化の状況とその要因をみていく．なお，男性は数が少ないが，参考までに一部分析で用いる．対象者は256名（男性71名，女性185名）である．

文献

稲葉昭英（2004）「夫婦関係の発達的変化」渡辺秀樹・稲葉昭英・嶋﨑尚子編『現代家族の構造と変容――全国家族調査〔NFRJ98〕による計量分析』東京大学出版会：261-276.

石田浩・有田伸・藤原翔・小川和孝（2016）「『働き方とライフスタイルの変化に関する全国調査（JLPS）2015』から見る非認知的スキル，仕事の負担，結婚に影響する意識，資産の不平等（後編）」『中央調査報』No. 708.

永井暁子（2012）「結婚歴による生活満足度の差異」『社会学研究』東北社会学研究会，90：39-53.

筒井淳也（2008）『親密性の社会学』世界思想社.

筒井淳也・永井暁子（2016）「夫婦の情緒関係 結婚満足度の分析から」稲葉昭英・保田時男・田淵六郎・田中重人編『日本の家族1999-2009 全国家族調査〔NFRJ〕による計量社会学』東京大学出版会：23-45.

山田昌弘（2005）『迷走する家族――戦後家族モデルの形成と解体』有斐閣.

山口一男（2007）「夫婦関係満足度とワーク・ライフ・バランス」『季刊家計経済研究』73：50-60.

終 章

格差の連鎖・蓄積と家族形成

石田　浩

1. はじめに[1]

　現代日本の若者が直面する経済・社会状況は，刻々と変化している．バブル崩壊後の景気後退や「リーマン・ショック」の影響をまともに受けたのが若者層である．企業は早期退職者の募集とともに新卒採用を極度に絞り込むことで対応してきた．就活をして卒業と同時に正規の安定した仕事に就くというパターンが当たり前であったのが，学卒後に無業や非正規雇用となる割合が 1990 年代以降に上昇した．欧米で問題となっていた学校から職業へのスムーズな移行の困難さが日本でも指摘されたのもこの頃である（堀 2016；苅谷他 1997；小杉 2003；小杉編 2002, 2005；小杉・堀編 2006；太郎丸編 2006；粒来 1997）．

　しかし，近年の人手不足の影響で若者の雇用状況は再び変貌している．不況期の新卒採用打ち切りや「内定きり」といった現象とは打って変わり，求職者が優位な「売り手市場」に姿を変えている．企業の申し合わせによる「就職活動ルール」により，大企業では特定の時期に新卒者を効率よく選抜し採用してきたが（福井 2016；中村 2011），その「就活ルール」自体の存続が議論され，ルールを無視した早期選抜やインターンシップなどによる学生の囲い込みも問題視されている．若者の雇用は，いつの時代にも景気の波や企業側の意向で翻弄されてきたと言える．

　新卒採用と長期雇用に基づく「日本的雇用慣行」では，就業経験のない若者

を正規社員として採用し，職場での訓練を通して一人前の社員として育て，福利厚生と長期的な雇用の保障を提供する．このような待遇と引き換えに，若年者の賃金は中高年者と比較して低く設定され，長時間の労働・転勤などの働き方が要求される（玄田 2001, 2018）．人手不足を背景に，若年の長時間労働や過労死の問題はマスコミでも大きく取り上げられてきた（山本・黒田 2014）．すでに雇用されている正規社員の雇用と賃金を保障するためには，不況時に備えた柔軟性を確保するための非正規社員の雇用が必要となり，若年層がその受け皿となる傾向がある．非正規社員は，賃金・雇用保障・福利厚生に関して不利な立場に置かれていることはこれまでの多くの研究の指摘するところである（阿倍・山本編 2018; 神林 2017; 川口 2018; 島貫 2018）．若年層の間での雇用機会の格差が進展している可能性がある．

　経済だけでなく，社会面での変化も若者の生き方に影を落としている．最も大きな社会的変化は，少子高齢化という人口変動であろう．高齢人口の相対的な上昇とともに生産年齢人口を支える若年・壮年者の役割が大きくなっていることは疑いないが，とりわけ少子化は若年・壮年の未婚化・晩婚化を抜きにしては語れない（白波瀬 2005）．若者の結婚に向けた活動は，若者個人の行動と意識だけでなく，親の世帯との関連で議論されてきた．

　成人してからも長く親元を離れない若者は，親世代に寄生する「パラサイト・シングル」と呼ばれ，親へ依存した状態が長期化する傾向が指摘されてきた（宮本他 1997; 山田 1999）．親世代の側からみても，子どもを抱え込む経済的な豊かさがあり，成人した子どもの世話を焼き続ける余力があった．しかし 2000 年代に入ってからは，若年層の就職困難と関連して，親に甘えて自立しない若年像から，親元に同居せざるを得ない若者像へと変化してきた（玄田・曲沼 2004; 岩上編 2010; 宮本 2002）．また高齢の親と未婚の成人子が同居することで何とか生活を切り盛りする世帯の存在も明らかになっている（白波瀬 2007, 2010）．

　就業・離家・結婚に関わる若者の生き方の変容は，景気の動向，雇用慣行の変遷，人口変動などの構造面での変動により影響を受けているだけでない．若年層自身の意識，意向，価値，希望が変化していることも関連している．経済的な安定を主眼にした働き方をするのか，自分のやりがい・やりたいことを優

先して働くのか．親との同居を続け親の保護の下に生活をするのか，それとも親から経済的にも自立をした生活を選択するのか．結婚相手を求める婚活活動を積極的に行うのか，それとも1人の生活を謳歌するのか．異なる価値観が異なる生き方へと繋がっている可能性がある．同時に制約条件や行動の結果として，意識や価値観に変化が起こっていることも考えられる．私たちの研究では，若者の就業・結婚をめぐる社会的な条件や行動・選択の軌跡と，若者自身の意識の変容の流れの双方を明らかにすることを目指している．

2. ライフコースの枠組

東京大学社会科学研究所では，若年者の行動と意識の変遷を辿るために，若年者を対象としたパネル（追跡）調査を2007年から毎年実施している．パネル調査を継続することで，若年者の多様な側面での生活の変貌を包括的・総合的に捉えることを目指している．図表終-1は，本研究プロジェクトが考えている若年者の「ライフコースの流れ」である．この図表は，すでに「格差の連鎖と若者シリーズ」の第1巻『教育とキャリア』の総論「ライフコースから考える若者の格差」（石田2017a）で提起されたものである．

ライフコースとは，個人が加齢と共に経験していく社会的に定義されたイベントの配列を指す（Giele and Elder 1998 = 2003）．「社会的に定義された」というのは，あるイベントが発生する時期が社会的に同意あるいは定められていることを意味する．例えば日本社会では，結婚が可能な最低年齢が法的に定められており，「結婚適齢期」という結婚イベントが発生するのが相応しいと考えられている年齢についての社会的な規範が存在する．もちろん法律や規範は時代と共に変化するので，対象者が生きる時代の規範が反映される．

図表終-1は，若年者のライフコースの流れを，左から右に時間が流れる形で表している．一番左に位置するのが，個人が生まれ落ちた家庭の環境にあたる社会的背景である．両親の学歴や職業，出身家庭の経済的豊かさなど，個人が生まれた時に所与として与えられ，個人の責任の範囲を超えた要因を「社会的背景」と呼んでいる．いわば初発の条件設定である．

図表終-1にあるように，本研究では若年のライフコースの流れの中で5つ

終　章　格差の連鎖・蓄積と家族形成

図表終-1　若年者のライフコースの流れ

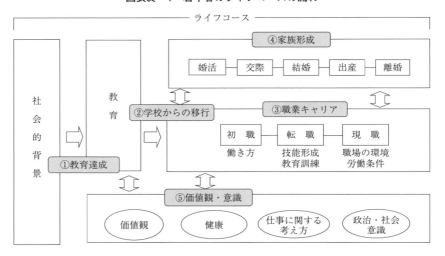

の達成・移行の過程に着目する．第1は「①教育達成」である．個人が最初に獲得する業績としての学歴の達成過程を分析する．出身家庭の経済力，文化的資源など様々な背景要因が学歴格差を生み出すのかを検証する．第2は「②学校から職場への移行」である．学校を修了した学生がどのような就職活動をして仕事に就いていくのかを，学校（職業指導室）の役割，留年のインパクトなどを含めて考察する．初職の企業規模や初職が希望の仕事だったかなどのアウトカムの違いを分析する．

　第3は「③職業キャリア」に着目する．初職にはじまり現職に至るキャリアの移動，初職の雇用形態による格差，企業内訓練や自己啓発，貧困や社会的孤立の連鎖などのトピックを考察する．第4は「④家族形成」に関連した変化に注目する．出会い，交際，結婚，出産，その後の家族関係などの家族の形成に関わる事象を扱う．第5は「⑤価値観・意識」についての変容過程を分析する．離家に関する意識，学校時代の希望の働き方とその実現度，仕事と家庭のバランス，性別役割分業についての考え方などが，ライフコースの流れの中でどのように変容していくのかを実態の変化と関連づけながら分析していく．

　すでに「格差の連鎖と若者シリーズ」の第1巻『教育とキャリア』では，①

教育達成，②学校からの移行，③職業キャリアの3つの移行・変化の軸に焦点を当てた分析を行っている．第3巻『ライフデザインと希望』では，⑤価値観・意識を中心的なテーマとして取り上げ，生活満足度，仕事で成功することなどの価値観，将来の働き方とキャリア・デザイン，希望に関する意識の変容を分析した．本書第2巻『出会いと結婚』では，④家族形成に関連した分析が中心となった．交際から結婚へ至る道のりとともに，夫婦関係や出産意欲など家族を形成したあとの家族関係を扱っている．家族の形成は，当然のことながら，学歴や職業キャリアの変遷，価値観や意識の変化と関連しており，家族形成以外の他の4つの移行・変化の軸と完全に独立したものではあり得ない．本書でも随所に学歴や職業キャリアが家族形成に与える影響と結婚に関する意識と行動の関連についての考察などが明示的に組み込まれている．

3. 若年者の家族形成

本書（第2巻）は，第1部「結婚意欲・交際そして結婚」と第2部「夫婦関係と出産・結婚満足度」に分かれ，それぞれ3つの章から構成されている．ここでは各章の内容を整理し，若年者の家族の生成について改めて考えていく．

3.1 結婚意識と結婚の「壁」

第1章「結婚を阻む『壁』の在り処—結婚意識と配偶者選択」（三輪哲）は，今後結婚しようと考えている程度を示す結婚意向，結婚したい気持ちの強さを表す結婚意欲，そして配偶者選択の基準の3つに関する変化を調べることで，主観的な結婚の「壁」の存在を分析している．結婚意向という点からみると，第1波で20歳から40歳までの未婚者の8割以上は，交際相手の有無などにかかわらず将来結婚したいと考えており，意識の上では「皆婚社会」といってもおかしくはない．交際相手がいる人はいない人に比べ結婚意向は10ポイントほど平均的に高いが，特に男性でその差が大きい．交際と結婚の結びつきにより敏感なのは男性の方であることがわかる．

次に結婚意欲についてみると，第1波調査時点で「ぜひ結婚したい」か「できれば結婚したい」と思っている未婚者は4分の3ほどで，結婚意欲は押しな

べて高いと言える．男女共に30歳代前半までは結婚意欲は上昇していく．しかし，35歳頃の分岐点を過ぎると未婚者の分極化がはじまる．結婚意欲が弱まり結婚に背を向ける未婚者が少しずつ増加すると同時に，依然として結婚意欲が衰えない未婚者がいる．30歳代の後半になると新たな出会いは若い時に比べると減少しており，交際相手をなくした場合には結婚への道が閉ざされてしまうのではないかという懸念も強くなる．

結婚意向と意欲についての男女のミスマッチがあることがこの章では指摘されている．結婚についての年齢規範のためか，女性は比較的若い年齢で結婚についての意識が高まり，男性は女性のほぼ5年遅れで意識が高まるが，ピークを過ぎて意識の低下がみられるのは男女ほぼ同時期である．日本では夫の方が妻よりも年齢が高い傾向があるため，結婚意識が高い30歳代前半の女性の相手となるべき30歳代後半の男性の結婚意識が同じように高くないというミスマッチが起こっているという．

結婚相手の選択基準の男女差をみると，男性は「容姿・外見」「年齢」がトップにランクされるのに対して，女性は「年収」を重視する割合が最も高く，「容姿・外見」「年齢」が続く．この選択基準は，年齢が上昇しても変化はわずかなものである．日本の未婚者の結婚に対する意欲，結婚に関わる規範，選択基準などの潜在的な構造については，大きな変化が見られず強固であることが分析から明らかになった．このことは結婚に関わる主観的な意識が頑健であり，結婚への「壁」として立ちはだかっている可能性がある．

3.2 交際を経た結婚への長い道のり

第2章「結婚への道のり―出会いから交際そして結婚」（茂木暁・石田浩）は，交際相手と出会うまでの過程と交際相手を見つけてから結婚へと至る過程を区別し，恋愛結婚が主となった日本社会における結婚への道のりの全過程を明らかにしている．

「交際への移行」の分析では，「友人・知人・職場の同僚や上司に紹介を依頼する」「学校の部活・サークル活動に参加」など交際してみたい異性と出会うために行った活動（婚活）の割合を検証する．男性では30歳頃までは6割弱が婚活を行うが，30歳代に入ると5割ほどになり，35歳以上では45％くらい

の比率となる．女性の場合には 34 歳までのほぼ 6 割が婚活に従事するが，35歳以上となるとその割合は一気に 4 割以下に落ち込む．交際相手をみつけるか否かの要因を調べると，男女共に「ぜひ結婚したい」という強い結婚意欲がある場合には，交際相手をみつける確率が 2 倍以上になる傾向にあったが，学歴や初職などの社会・経済的地位は影響がなかった．

交際相手をみつけた後に，その交際相手と結婚に到達するか否かを分析すると，交際の場合と同様に男女ともに「ぜひ結婚したい」という強い結婚の意欲があることが，結婚への移行を明確に促進することが明らかになった．男性では，結婚の意欲が高く高学歴で正規社員の場合には，結婚をさらに加速させる．女性の場合には，結婚意欲の高い正規社員で結婚の確率を高めている．

カップルの学歴の組み合わせを分析すると，「中学もしくは高校」の低学歴同士と「大学もしくは大学院」の高学歴同士の結びつきが強いことがわかった．つまり低学歴と高学歴の双方でホモガミー（同類婚）の傾向がある．しかし，「大学以上」のホモガミー傾向は，交際を解消したカップルで最も低く，交際継続カップルが次に高く，既婚カップルで最も高いことが明らかになった．さらに既婚カップルでは，交際カップルにはみられなかった結びつき——男性が「大学以上」で女性が「短大・高専」——という女性からみたハイパガミー（上昇婚）の傾向が確認された．

これらの分析から明らかになったのは，「交際への移行」と「結婚への移行」は異なる過程として区別されなければならず，交際時と結婚時で 2 段階の選抜の過程があり，後者の時点でより厳しい選抜が行われている可能性のある点である．結婚までゴールインしたカップルは，交際カップルに比べて，高学歴ホモガミーとハイパガミー傾向がより顕著であり，「適切な」学歴レベルの組み合わせを求めた結果と考えることができる．交際相手をみつけることは結婚への重要なステップであるが，結婚へと必ず結びつくわけではなく，さらなる選別の過程を経ることになるのである．

3.3　性別役割分業についての意識は変化するのか

第 3 章「性別役割意識の変容——若年層の保守化と結婚意欲をめぐって」（橋本摂子）では，家庭内での性別役割分業（男性の仕事は収入を得ること，女性の

終　章　格差の連鎖・蓄積と家族形成

仕事は家庭と家族の面倒をみることだ）についての意識が変わるのか，また変わるとすればどのような要因により変化が生じるのかを分析している．

　従来の多くの研究では，性別役割分業意識は女性の就業行動を規定する規範的な機能を持つと考えられ，若年期に形成された意識がその後の就業のあり方を決め，成人期において維持されていくという前提が存在した．しかし，同一個人を追跡するパネル調査の手法により，個人の性別役割意識を 6 年間という比較的長期にわたり計測したところ，かなりの程度変化することが明らかになった．2007 年と 2013 年の回答を比較すると，性別役割分業意識を「肯定」「どちらともいえない」「否定」の 3 つに分けた場合には約半数（45%）で変化があった．特に「どちらともいえない」層は，「肯定」か「否定」へと意識を明確にする傾向が半数以上でみられた．全体の変化の傾向は，男女ともに「分業否定」が少なくなる保守化傾向が読み取れた．

　それではどのような人の意識が変化するのだろうか．男女共に観察期間中に結婚を経験した者は意識変化が最も大きく，既婚継続者は最も小さい．つまり，性別役割分業意識は結婚により大きく変化しやすく，結婚後には比較的安定しやすいことが確認された．女性の場合には，結婚前の意識が結婚後の就業形態と関連しておらず，結婚後に無職層では性別役割意識を肯定するようになるのに対し，結婚後正規職層では逆に否定するようになる傾向が確認された．結婚前意識が就業行動を規定するというよりも，結婚後の就業状況に応じて意識が変化すると理解するのが妥当であろう．観察期間中に未婚継続であった層を対象とした分析においても，女性は就業行動の変化と意識の変容に関連はみられない．これに対して結婚意欲の上昇と「幸せな家庭生活を重視する」傾向の上昇は，性別役割分業意識の受容を大きく促進することが確認できる．あたかも結婚後の状況を予期するように意識が変容していく．

　この章の結論として，女性の性別役割分業に関する意識は，規範としてその後の行動を規定するという「規範機能」をもつというよりも，結婚や就業状況という現状を肯定して変化する「追認機能」をもつものであると推察できる．性別役割分業意識を，若い時に形成され，その後は固定的で変化に乏しいものと前提することはもはやできない．特に結婚を契機として性別役割意識は，大きく変容する．現代日本の若年女性は，性別役割意識と「幸せな家庭生活を重

終　章　格差の連鎖・蓄積と家族形成

視する」志向性が共鳴していることから，家庭での性別役割分業を受容することが，幸福な結婚生活への予期的な順応として考えられている可能性がある．

3.4　既婚男性の働き方と家事参加

第4章「既婚男性の働き方と就業環境—家事分担を規定するか」（不破麻紀子）は，パネル調査の特色を活かして，現代日本の既婚男性の就業環境・働き方の変化が，家事への参加の度合いの変化と関連しているのかを分析している．

日本の男性の家事参加率の低さは，国際比較の数値でも際立っているが，本章でも夫の家事負担率（夫婦合計の家事頻度に対する夫の家事頻度の比率）は15％ほどに留まり，2007年から2013年にかけてほぼ一定である．この期間内の個人の変化をみてみると，この間一貫して実質的な家事を全く行わなかった男性は36％で最大グループであり，一貫して家事に積極的に関わった男性は21％である．合計した6割弱が期間中に変化なしの比率である．期間中に変化があった人々の中で，6年間のうち1回だけ家事に積極的に関わったグループが最大であり，恒常的な夫の家事参加の低さが目に付く．年齢別にみても，すべての年齢層で男性の家事負担率は低い状況がみられ，変化の兆しもない．

夫婦が正規雇用である世帯では，夫の家事負担率は26％と他の世帯類型よりも高く調査期間中一定であるが，妻が正規で働いていても家事負担が夫に比べ大きいことがわかる．夫が正規，妻が非正規雇用の世帯と夫が正規，妻が無職の世帯では，夫の家事負担率はそれぞれ13％，10％ほどで変化はない．妻が非正規雇用の世帯は，妻が無職の世帯と妻の負担率はほとんど違わない．このように夫婦の間で家事の分業が依然として進んでおり，家事労働が妻により担われている現状が明らかになった．

それでは夫の働き方は家事参加に影響を与えているのだろうか．仕事のやり方やペースの裁量度が上昇すること，ワークライフ・バランス（WLB）がとれる環境整備ができることは，夫の家事負担率を有意には押し上げていない．唯一「午後7時までに帰宅できる」ようになることが，夫の家事負担率を有意に上昇させている．帰宅時間が早まれば，家事に投入できる時間は増加する．他方で，妻の働き方の効果も確認された．妻の労働時間が増加すると夫の家事負担率が上昇する傾向にある．さらに妻の相対収入の増加も夫の家事参加を高め

る．妻の就業上の地位が向上することで，世帯内の妻の交渉力を高めている可能性がある．

　これまで企業が実施するWLBの取り組みの多くは，女性社員をターゲットとして家庭での負担軽減のための環境を整えることに注力してきた．これらの施策は女性社員が仕事を継続することには役立ったが，女性が家事・育児を担うという構造は固定化されたままであった．男性社員が家事や育児のニーズに合わせて出勤・帰宅時間を柔軟にすることができるような施策が導入されれば，既婚男性の家事参加は高まる可能性がある．本章の分析は，このような男性社員のWLBを考慮した就業環境の整備の重要性を示唆している．

3.5　出生意欲は何によって決まるのか

　第5章「出生意欲は低下するのか」（村上あかね）では，結婚している男女の出生意欲は変化するのか，どのような要因により変化するのか，出生意欲はその後の出生行動と関連するのか，についてパネル調査を用いた分析を行っている．

　少子化が現代日本社会の喫緊の課題であることは衆目の一致するところである．子どもを持つか持たないかは，子どもをほしいか否かという出生意欲と密接な関係にある．本章では出生意欲を分析の対象として，どのような要因が出生意欲の高さと関連しているのかを探った．人口学的要因として，年齢が高いこと，子ども数が多いことは，男女共に出生意欲が低くなる傾向にある．女性はきょうだい数が多いことは，出生意欲の高さと関連している．経済的要因としては，男性の場合には年収が上昇することは出生意欲の上昇と関連しているが，女性の場合には同様の傾向は確認されない．男性の場合には，妻が非正規職についていると妻が無職よりも出生意欲が低下する傾向にある．親との同居は，男女共に出生意欲に有意な影響を与えていない．

　さらに共働きの男女に限って職場の特性の与える影響について分析すると，男性の場合「子育て・家事・勉強など自分の生活の必要にあわせて仕事を調整しやすい職場」である場合には，出生意欲が高い傾向にある．逆に「今後1年間に失業する可能性がある」場合には，出生意欲が低い傾向にある．女性の場合には，職場特性は出生意欲に有意な影響を与えていない．

それでは出生意欲の高いカップルは，その後実際に子どもをもうけているのだろうか．分析では，第3波時点での出生意欲別に，2年以内に子どもが生まれた者の割合を検証した．「子どもがほしい」という意思を明確に持っていた者の3割が子どもをもうけているが，「わからない」という回答では1割が，「子どもがほしくない」という回答では4%しか子どもをもうけていない．出生意欲は現実の出生行動を明確に規定していると言える．

　分析により明らかになったのは，男性の場合には収入や職場の働きやすさという仕事要因が出生意欲と関連しているのに対して，女性の場合には仕事ではなく，年齢，子ども数，きょうだい数という人口学的要因が出生意欲と関連していることである．男性では働き方をより柔軟にすることが子どもの増加につながる可能性があるが，女性ではそれが子どもを持つことに直接的につながるかは疑問が残る．

3.6　結婚をめぐる意識の男女差

　第6章「結婚をめぐる若者の意識—家族形成初期のジェンダー差に着目して」（鈴木富美子・佐藤香）は，結婚前後の若者の意識に着目し，結婚を経験する前の結婚に対する考え方と結婚後の生活意識や結婚満足度に関して男女の間で大きな違いのあることを明らかにしている．

　この章は，2004年3月に高校を卒業した生徒をほぼ毎年継続して追跡している息の長い「高卒パネル調査」を用いている（詳しくは，石田編 2006；佐藤 2017を参照）．対象者が30歳に達する第12波までのデータを利用し，30歳時までに結婚した人としなかった人の未婚時代の意識の違いを検討している．男性では，独身でいる理由として「適当な相手にめぐり会わない」「異性とうまくつきあえない」「結婚後の経済状況に不安がある」を選択している場合には30歳時で結婚している比率が有意に低い．女性では，男性同様に「適当な相手にめぐり会わない」「異性とうまくつきあえない」の選択は結婚率を低下させるが，「今は趣味や娯楽を楽しみたい」を独身理由として挙げていることも結婚率を低下させている．さらに女性の場合，「結婚して幸せな家庭生活」を築き「子どもをもつ」ことが「とても重要」と考えていると30歳時の結婚率が高い．つまり男性にとっては，正規職，現職継続意向，収入の高さという社会・経済

終　章　格差の連鎖・蓄積と家族形成

的な地位が結婚への移行と深く関連している．他方女性にとっては，幸せな家庭を築くこと，子どもをもつことといった家族形成にかかわる価値観が結婚への移行を後押ししている．

　結婚後の意識について検討すると，男性にとっては結婚とは人生の「通過点」として認識され，結婚により生活が大きく変わるわけではなく，結婚満足度は概ね高く，結婚年数によりほとんど変化がみられない．これに対して女性は，結婚と仕事のバランスや子育てなど，新たな生活の「スタート」であり，子どもの出生により結婚満足度は変化する．子どものいる生活により発生する新たな状況を受けて，結婚満足度が上がる妻と下がる妻に二分化していく傾向がみられる．

　このように結婚をめぐる男女の意識には，大きな違いがありそうである．結婚に至るまでの未婚時代の結婚についての考え方や価値観，結婚を経験してからのその後の生活の中で感じていく結婚の意味は，男女で異なっている．特に子どもの出生を経て結婚生活を続ける中で，それをポジティブに感じている女性とネガティブに感じている女性に分化していく傾向は，分化が明確でない男性と対照的である．

4. 格差の連鎖・蓄積と家族形成

　本書では，ライフコースの枠組から若年者の家族形成の過程に焦点を当てて分析してきた．最後に家族形成の過程とこのシリーズのテーマである格差の連鎖・蓄積の関連について触れておきたい．

　「格差の連鎖・蓄積」という概念は，ライフコースという時間軸の中でその初期における有利さ・不利さが，その後の時点における格差に継続して影響を及ぼすことを指している（Merton 1968; DiPrete and Eirich 2006）．すでにこの「格差の連鎖と若者シリーズ」の第１巻でも述べたように，初発の格差がその後の時点での格差に影響を与えるパターンは３つある（石田 2017b）．

　第１のパターンは，「格差が連鎖・継続」するものである．ライフコースの出発点である生れ落ちた家庭の環境によって決定される有利さ・不利さが，その後のライフコースのどの時点においても維持され，継続していくものである．

初発の格差は，広がることもなければ縮まることもなく，維持再生産されていく．第2のパターンは，「格差が蓄積・拡大」するものである．初期の段階で有利であった層が，ライフコースの流れの中で，さらに有利な立場を強化し，逆に初期の段階で不利であった層は，その後もますます不利な立場に陥っていく状態を指す．初発にあった格差は，ライフコースを経る中でさらに拡大し，有利なグループと不利なグループの間には，埋めることのできない格差が存在してしまう．これとは全く逆の第3のパターンが，「格差が縮小・挽回」するものである．初期の段階に存在した有利な層と不利な層の間のギャップが，時間の経過と共に徐々に縮小していくパターンである．ライフコースの段階を経るにつれて，不利なグループが有利なグループを追いかけつつ，最後には追いついていく．

　第1巻では，この格差の連鎖・蓄積の3つのパターンを，ライフコースにおける教育達成，職業達成の過程に当てはめて検証した．傾向スコアマッチングという方法を用いたが，詳しくは第1巻序章（石田 2017b）を参照してほしい．そこでの知見を今一度紹介すると以下のようになる．まず高等教育進学という教育達成に関しては，様々な出身家庭の要因が影響を与えていた．父母学歴が高く，父職がホワイトカラー職で，暮らし向きが豊かで資産や本の数が多く，家庭の雰囲気があたたかで，親に離婚経験がなく，きょうだいが少ない家庭の出身者は進学しやすい傾向にあった．高等教育へ進学しやすい（傾向スコアが高い）人々は，出身階層地位ランクの高く社会的背景が有利なグループに属しており，進学しにくい（傾向スコアが低い）人々は，出身階層地位ランクの低く社会的背景が不利なグループに属するといえる．

　次に職業達成についてみる．図表終-2は，出身階層地位ランク別に初職の職業威信スコアの平均値を示したものである．男女共に（出身階層地位ランクの高い）社会的背景が有利なグループほど，初職の職業達成が高いことがわかる．女性の場合には差は男性ほど顕著ではないが，統計的に有意な違いである．

　出身階層地位ランク別に高等教育と初職の職業的地位の関連をみたのが，図表終-3である．4つの出身階層グループ別に高等教育を受けたグループと受けなかったグループの違いをみると，男性ではどのグループでも違いは5ポイント前後であり，高等教育を受けることのメリットはほぼ一定である．女性の

終　章　格差の連鎖・蓄積と家族形成

図表終-2　出身階層地位ランク別の初職の職業的地位（男女別）

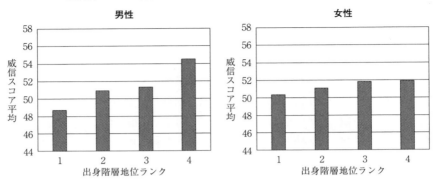

図表終-3　出身階層地位ランク別の高等教育と初職の職業的地位の関連（男女別）

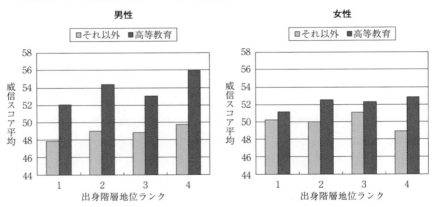

場合には，出身階層地位ランク1と3のグループで若干低く，2と4のグループでやや高いが，どのグループでも威信スコアは高等教育を受けた場合の方が受けなかった場合よりも高い．

　一度高等教育を修了すると，高等教育による職業的地位の上昇効果は，出身家庭が有利なグループにも不利なグループにもみられた．つまり教育効果が初発に有利なグループと不利なグループの間で異ならないことは，この2つのグループ間の格差が維持され継続されることになる．もし教育効果が出身家庭の有利なグループの方で大きければ，格差は拡大するはずである．逆に教育効果

が出身家庭の不利なグループの方で大きければ，格差は縮小するはずである．教育効果が初発に有利なグループと不利なグループであまり変わらないことにより，「格差が連鎖・継続」するパターンがみられた．

次に職業達成ではなく，家族形成を最終的なアウトカム（結果）として同様な分析を行ってみよう．第9波までに35歳に到達した対象者について，35歳までに初婚経験のある比率を算出した．上記の出身階層地位ランク別に初婚経験比率が異なるのかをみたのが，図表終-4である．男性では，出身階層の有利さ・不利さによって初婚確率はほとんど変わらない．違いは統計的に有意ではない．女性では，出身階層地位ランクが低い場合には初婚確率が相対的に高く，出身階層地位ランクが高い場合には相対的に低い．この関連は，統計的に有意である．このことは不利な家庭の出身者の方が結婚しやすいことを示唆している．

図表終-5は，出身階層地位ランク別に高等教育と初婚比率の関連をみたものである．男性では，4つの出身階層グループ内で高等教育の有無による差異はみられない．有利な家庭出身の男性（ランク3と4）の間では高等教育を受けている方が初婚比率はわずかだが高いが，その違いは有意ではなく，全体として教育による違いは明らかではない．女性では，高等教育を受けていない方が受けている場合よりも初婚確率は高い傾向はすべての出身階層地位ランクでみられる．しかし，教育による差が統計的に有意なのは，最も不利な家庭出身者（ランク1）間のみであり，全体としては教育による差は大きなものではない．このように，学歴による初婚リスクの違いは男女ともに顕著ではなく，もともと初婚リスクは出身家庭の有利さと強く関連しているわけではなかった．

職業的地位のような社会・経済的地位をアウトカムとした場合には，有利な家庭の出身者がより高い地位を獲得するという明確な正の関連が見られ，高等教育による地位上昇効果も出身家庭の有利さとは独立して確認された．これに対して初婚確率といった家族形成をアウトカムとした場合には，出身家庭の有利さと単純な関係にあるわけではないことがわかる．このことは，出身家庭の状況が，離家や結婚といった家族関連イベントの発生に対して，それを促すプッシュ（push）要因となるとともに，それを引き留めるプル（pull）要因ともなることによる．出身家庭が豊かであり，若者にとり居心地の良い場であるほ

終　章　格差の連鎖・蓄積と家族形成

図表終 – 4　出身階層地位ランク別の初婚比率（男女別）

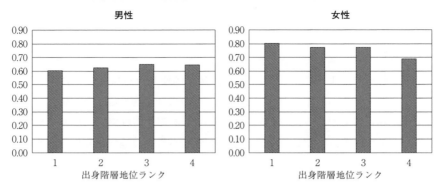

図表終 – 5　出身階層地位ランク別の高等教育と初婚の関連（男女別）

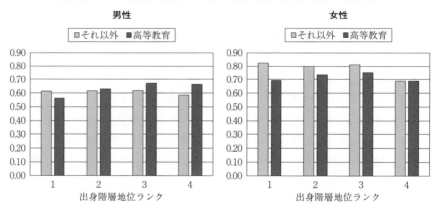

ど，そこから自立し新たな家族を形成しようという意欲が低下するとしても不思議ではない（宮本他 1997；山田 1999）．これは出身家庭の有利さがプル要因として，若者の自立を押し留めるように作用していることを示唆している．

　他方，出身家庭が社会・経済的に不利な状況にある時には，できるだけ早く親元を離れ，独り立ちしようという気持ちを若者がもつことも十分考えられる．初婚時期の分析を行った白波瀬・石田（2018）によれば，女性の間では 15 歳の時点で父親が家庭に不在の場合には，年齢にかかわらず一貫して結婚しやすい傾向があるという．この場合には，恵まれない出身家庭がプッシュ要因とし

て若年者の家族形成を促している可能性がある．

　出身家庭の不利な状況が，逆にプル要因として若年者の巣立ちを引き留める場合も考えられる．特に両親が高齢で若年者の給与が家族の生活を支えているような場合には，若年が家をでて新しい家庭を築くことは出身家庭の経済的存続を危うくすることに繋がることもある（白波瀬2007, 2010）．白波瀬・石田（2018）の研究では，男性の間では，15歳の時点で父親が家庭に不在の場合には，若い時から一貫して結婚しにくい傾向があるという．

　このように生まれ落ちた家庭の環境の有利さ・不利さが，理由とメカニズムは異なるが，離家や結婚というイベントを促進したり抑制したりする両方の可能性がある．初期の格差・不平等と家族形成の関連は，社会・経済的地位達成との関連と比較すると，より複雑なメカニズムを内包している．

5. おわりに

　本書は，「格差の連鎖と若者」シリーズの第2巻として企画されたものである．このシリーズでは，若年者のライフコースの流れを総合的・多角的・学際的に捉え，5つの移行・変化の過程として検証することを目指した．第1は，出身家庭の資源と学歴格差の関連．第2は，学校から職業への移行の過程．第3は，職業キャリアの変遷．第4は，出会い，交際，結婚，出産といった家族の形成．そして第5は，価値観・意識についての変容過程である．

　本書では，これら5つの移行過程の中でも，家族形成に関連した課題を取り上げてきた．今までの研究ではあまり光が当てられてこなかった結婚に先立つ交際についての詳細な分析，性別役割分業についての意識と実際の家事分担の実態についての検討，少子化と直接的に関連する出生意欲の規定要因についての分析，である．最後の章では，結婚満足度や結婚の意味についての男女の考え方の違いに焦点を当てた．

　本書は，家族形成に着目したといえども，家族に関わる課題が学歴，労働市場や価値観と密接に関連していることを明らかにしている．例えば，結婚相手の選択には，学歴や収入などの要因と切り離しては考えることはできない．家事分担，結婚満足度は，一見すると家庭内の問題のようにみえるが，実は夫の

働き方や帰宅時間，妻の雇用形態や労働時間など家庭外の職業キャリアの問題と深く関わっていることが明らかになっている．

このような視点から「格差の連鎖と若者」シリーズの他の巻についても読んでいただけると，本書の内容といかに関連しており，若年者のライフコースの流れを総合的に捉えるというシリーズの目的がより明確になるのではないかと秘かに考えている．

注
1）本研究は，日本学術振興会の科学研究費補助金基盤研究（S）（18103003, 22223005），特別推進研究研究（25000001, 18H05204），厚生労働科学研究費補助金政策科学推進事業（H16‐政策‐018）の研究助成を受けた．東京大学社会科学研究所（東大社研）パネル調査の実施にあたっては，社会科学研究所研究資金，株式会社アウトソーシングからの奨学寄付金を受けた．パネル調査データの使用にあたっては東大社研パネル調査運営委員会の許可を受けた．

文献
阿倍正浩・山本勲編（2018）『多様化する日本人の働き方』慶應義塾大学出版会．
DiPrete, Thomas A. and Gregory M. Eirich（2006）"Cumulative Advantages as a Mechanism for Inequality," *Annual Review of Sociology* 32: 271-297.
福井康貴（2016）『歴史の中の大卒労働市場』勁草書房．
玄田有史（2001）『仕事のなかの曖昧な不安』中央公論新社．
玄田有史（2018）『雇用は契約』筑摩書房．
玄田有史・曲沼美恵（2004）『ニート‐フリーターでもなく失業者でもなく』幻冬舎．
Giele, Janet Z. and Glen H. Elder, Jr.（1998）"Life Course Research," *Methods of Life Course Research*, New York: Sage Publishing＝（2003）正岡寛司他訳『ライフコース研究の方法』明石書店．
堀有喜衣（2016）『高校就職指導の社会学――「日本型」移行を再考する』勁草書房．
石田浩編（2006）『高校生の進路選択と意識変容』東京大学社会科学研究所．
石田浩（2017a）「ライフコースから考える若者の格差」石田浩編『教育とキャリア』勁草書房：3-34．
石田浩（2017b）「格差の連鎖・蓄積と若者」石田浩編『教育とキャリア』勁草書房：35-62．
岩上真珠編（2010）『〈若者と親〉の社会学』青弓社．
神林龍（2017）『正規の世界・非正規の世界――現代日本労働経済学の基本問題』

慶應義塾大学出版会.
苅谷剛彦・粒来香・長須正明・稲田雅也（1997）「進路未決定の構造」『東京大学大学院教育学研究科紀要』第37巻：45-76.
川口大司（2018）「雇用形態間賃金差の実証研究」『日本労働研究雑誌』701：4-16.
小杉礼子（2003）『フリーターという生き方』勁草書房.
小杉礼子編（2002）『自由の代償／フリーター』日本労働研究機構.
小杉礼子編（2005）『フリーターとニート』勁草書房.
小杉礼子・堀有喜衣編（2006）『キャリア教育と就業支援』勁草書房.
Merton, Robert K.（1968）"The Matthew Effect in Science," *Science* 159(3810)：56-63.
宮本みち子・岩上真珠・山田昌弘（1997）『未婚化社会の親子関係』有斐閣.
宮本みち子（2002）『若者が《社会的弱者》に転落する』洋泉社.
中村高康（2011）『大衆化とメリトクラシー――教育選抜をめぐる試験と推薦のパラドクス』東京大学出版会.
佐藤香（2017）「パネル調査がみてきた若者たちの自立への歩み」佐藤香編『ライフデザインと希望』勁草書房：3-27.
島貫智行（2018）「正社員と非正社員の賃金格差――人事管理論からの検討」『日本労働研究雑誌』701：52-66.
白波瀬佐和子（2005）『少子高齢社会のみえない格差』東京大学出版会.
白波瀬佐和子（2007）『日本の不平等を考える――少子高齢社会の国際比較』東京大学出版会.
白波瀬佐和子（2010）『生き方の不平等――お互いさまの社会に向けて』岩波書店.
白波瀬佐和子・石田浩（2018）「少子高齢社会における社会階層とライフコース：出身階層のライフイベントへの効果に着目して」『理論と方法』33：19-35.
太郎丸博編（2006）『フリーターとニートの社会学』世界思想社.
粒来香（1997）「高卒無業者の研究」『教育社会学研究』61: 185-209.
山田昌弘（1999）『パラサイト・シングルの時代』筑摩書房.
山本勲・黒田祥子（2014）『労働時間の経済分析――超高齢社会の働き方を展望する』日本経済新聞社出版会.

付　録

分析に使用した調査票の設問一覧

> 注：各章で分析に使用した調査票の設問を，wave 1 の問 1 から順に並べています．同じ問に含まれていて分析に使用しなかった設問の選択肢は，削除しています．（たとえば問の中に A・B・C の設問があり，A だけを分析に使用した場合，B・C の選択肢を削除．）また，分岐項目の指示なども，不要なものについては削除しています．第 6 章では高卒パネル調査を，その他の章では若年・壮年パネル調査を用いています．

★第 1 章

〈wave 1〉

○性別・年齢（wave 1 問 1 (1) (2)）

問 1　あなたの性別とお生まれの年月をお教えください．
（1）性別

1. 男性	2. 女性

（2）お生まれの年月

西暦昭和	年	月

○今後の結婚意向とその年齢（wave 1 問 10）

問 10　以下の出来事について，あなたは経験したことがありますか．あてはまる番号 1 つに○をつけてください．

	すでに経験した	経験していない	付問．（経験していない方へ）今後，何歳までに経験したいですか．
C. 結婚する	1	2	→ 1. したい：（　　）歳までに　2. したくない

付　録　分析に使用した調査票の設問一覧

◯婚姻状況（wave 1 問 50，wave 2 〜 wave 7 問 44 ほか）

問 50　あなたは現在結婚していますか．（◯は１つ）

```
1. 未婚
2. 既婚（配偶者あり）
3. 死別
4. 離別
```

◯結婚意欲（wave 1 問 56，wave 2 〜 wave 7 問 52 ほか）

問 56　結婚について，あなたはどのように考えていますか．（◯は１つ）

```
1. ぜひ結婚したい         4. 結婚したくない
2. できれば結婚したい     5. 結婚について考えていない
3. 結婚してもしなくてもよい
```

◯交際相手有無（wave 1 問 58，wave 2 〜 wave 7 問 55 ほか）

問 58　現在，交際している人はいますか．（◯は１つ）

```
1. 婚約者がいる
2. 特定の交際相手がいる
3. 現在はいない
```

〈wave 3〉

◯配偶者選択基準：容姿・外見，学歴，年収，年齢（wave 3 問 48，wave 7 問 53）

問 48　あなたは，結婚相手について以下の点を重視しますか．年収・年齢を重視する場合は，具体的な数字もお書きください．

	重視しない・気にしない	重視する				
B. 容姿・外見	1	2				
C. 学歴	1	2				
D. 年収	1	2	→	〈重視する方のみお答えください〉		
				万円以上	万円以下	
E. 年齢	1	2	→	歳以上	歳以下	

★第 2 章

〈wave 1〉

◯性別・年齢（wave 1 問 1 (1) (2)）

問 1　あなたの性別とお生まれの年月をお教えください．
（1）性別

```
1. 男性    2. 女性
```

付　録　分析に使用した調査票の設問一覧

(2) お生まれの年月

西暦		
昭和	年	月

○本人の通学状況（wave 1 〜 wave 6 問 2）

問 2　あなたが以下のことをするのは，何時頃ですか．ふだんの平日についてお答えください．（○はA〜Dのそれぞれにつき1つ）

A. 起床する	1. だいたい	午前 午後	時	分ころ	2. 特に決まっていない	
B. 家を出かける	1. だいたい	午前 午後	時	分ころ	2. 特に決まっていない	3. 主に家にいる
C. 家に帰ってくる	1. だいたい	午前 午後	時	分ころ	2. 特に決まっていない	3. 主に家にいる
D. 就寝する	1. だいたい	午前 午後	時	分ころ	2. 特に決まっていない	

○現職・初職（wave 1 問 4）

問 4　あなたの現在および最初に就いたお仕事についてうかがいます（現在働いていない方は，直近の（最後に就いた）お仕事についてうかがいます）．

〈現在（直近）のお仕事〉と〈学校を卒業後，最初に就いたお仕事〉が同じ場合は，Aにのみ回答してください．	A. 現在（直近）のお仕事	B. 学校を卒業後最初に就いたお仕事
(1) 働き方　もっとも近いものを1つ選んでください．（○は1つ）		
1. 経営者，役員	1	1
2. 正社員・正職員	2	2
3. パート・アルバイト（学生アルバイトを含む）・契約・臨時・嘱託	3	3
	4	4
4. 派遣社員	5	5
5. 請負社員	6	6
6. 自営業主，自由業者	7	7
7. 家族従業者	8	8
8. 内職	9	9
9. その他		

※学生アルバイトの方はA．現在（直近）のお仕事にのみお答え下さい
※[9. その他] 具体的に

付　録　分析に使用した調査票の設問一覧

〈現在（直近）のお仕事〉と〈学校を卒業後，最初に就いたお仕事〉が同じ場合は，Aにのみ回答してください．		A. 現在（直近）のお仕事	B. 学校を卒業後最初に就いたお仕事
(2) お仕事の内容　もっとも近いものを1つ選んでください．（○は1つ）			
1. 専門職・技術職	(医師，看護師，弁護士，教師，技術者，デザイナーなど専門的知識・技術を要するもの)	1	1
2. 管理職	(企業・官公庁における課長職以上，議員，経営者など)	2	2
3. 事務職	(企業・官公庁における一般事務，経理，内勤の営業など)	3	3
4. 販売職	(小売・卸売店主，店員，不動産売買，保険外交，外回りのセールスなど)	4	4
5. サービス職	(理・美容師，料理人，ウェイトレス，ホームヘルパーなど)	5	5
6. 生産現場職・技能職	(製品製造・組立，自動車整備，建設作業員，大工，電気工事，農水産物加工など)	6	6
7. 運輸・保安職	(トラック・タクシー運転手，船員，郵便配達，通信士，警察官，消防官，自衛官，警備員など)	7	7
8. その他		8	8

(2)-2　お仕事の内容を具体的にお教えください．

記入例　「○○（勤め先）で××の仕事（資格）」のようにご記入ください． 農家で米づくり　小学校で教員　スーパーでレジ 食品販売会社で電話営業　化粧品会社で外回り営業 工場でプラスチック製おもちゃの製造 建築現場で屋内電気配線　福祉施設で介護の仕事（介護福祉士） ソフトウェア開発会社でシステムエンジニア（ソフトウェア開発技術者）	記入欄	記入欄

○今までに経験した出来事（wave 1 問11）

問11　あなたは今までに以下のような出来事を経験したことがありますか，あてはまる番号すべてに○をつけてください．（○はいくつでも）

1. 親が失業した／親が事業で失敗した	9. 自分が再婚した
2. 親が離婚した	10. 自分が学校でいじめを受けた
3. 親が再婚した	11. 自分が大きな事故や災害にあった
4. 自分が事業で失敗した	12. 自分が暴行・強盗・恐喝などの犯罪被害にあった
5. 自分が失業した	13. 自分が手術や長期療養を要する病気・ケガをした
6. 自分が転職した	14. 自分が家族の看病・介護をした
7. 自分が同棲した	15. その他大きな出来事
8. 自分が離婚した	［具体的に　　　　　　　　　　　　　　　］

付　録　分析に使用した調査票の設問一覧

○ 15 歳時の家の暮らし向き（wave 1 問 16）

問 16　あなたが 15 歳だった頃（中学卒業時），あなたのお宅の暮らしむきは，この中のどれにあたるでしょうか．当時のふつうの暮らしむきとくらべてお答えください．（○は 1 つ）

1	2	3	4	5	6
豊か	やや豊か	ふつう	やや貧しい	貧しい	わからない

○ 15 歳時に家にあったもの（wave 1 問 18）

問 18　あなたが 15 歳だった頃（中学卒業時），お宅には次にあげるもののうち，どれがありましたか．（○はいくつでも）

1. 持ち家	7. ピアノ	20. 別荘

○ 15 歳時に家にあった本の数（wave 1 問 19）

問 19　あなたが 15 歳だった頃（中学卒業時），あなたのお宅には本がどのくらいありましたか．雑誌，新聞，教科書，漫画，コミックは含めないでお答えください．（○は 1 つ）

0. 0 冊（家に本は無かった）	5. 101 冊～ 200 冊
1. 10 冊以下	6. 201 冊～ 500 冊
2. 11 冊～ 25 冊	7. 501 冊以上
3. 26 冊～ 50 冊	8. わからない
4. 51 冊～ 100 冊	

○ 15 歳時の父親のタイプ（wave 1 問 20）

問 20　あなたが 15 歳だった頃（中学卒業時），あなたの父親はつぎのどのタイプでしたか．（○は 1 つ）

1. 家事も子育ても母親まかせ	5. そのとき父はいなかった
2. 家事は母親まかせ，子育てには協力的	6. その他
3. 家事には協力的，子育ては母親まかせ	具体的に
4. 家事も子育ても協力的	

○ 15 歳時の家庭の雰囲気（wave 1 問 21）

問 21　あなたが 15 歳だった頃（中学卒業時），あなたの育った家庭の雰囲気はいかがでしたか．（○は 1 つ）

1. 暖かい雰囲気だった	3. どちらかというと暖かい雰囲気ではなかった
2. どちらかというと暖かい雰囲気だった	4. 暖かい雰囲気ではなかった

付　録　分析に使用した調査票の設問一覧

○ 15歳時の父職・母職（wave 1 問 22）

問22　あなたが15歳だった頃（中学卒業時），ご両親はどのようなお仕事をなさっていましたか．

	A. 父親	B. 母親
(1) 働き方　もっとも近いものを1つ選んでください．（○は1つ）		
1. 経営者，役員	1	1
2. 正社員・正職員	2	2
3. パートなど（契約・臨時・嘱託・請負等含む）	3	3
4. 自営業主，自由業者	4	4
5. 家族従業者	5	5
6. 内職	6	6
7. 無職（専業主婦・主夫を含む）	7　父の(2)〜(4)は回答不要	7　母の(2)〜(4)は回答不要
8. 学生	8	8
9. 当時父・母はいなかった	9　[10.その他]具体的に	9
10. その他	10	10
(2) お仕事の内容　もっとも近いものを1つ選んでください．（○は1つ）		
1. 専門職・技術職　（医師，看護師，弁護士，教師，技術者，デザイナーなど専門的知識・技術を要するもの）	1	1
2. 管理職　（企業・官公庁における課長職以上，議員，経営者など）	2	2
3. 事務職　（企業・官公庁における一般事務，経理，内勤の営業など）	3	3
4. 販売職　（小売・卸売店主，店員，不動産売買，保険外交，外勤のセールスなど）	4	4
5. サービス職　（理・美容師，料理人，ウェイトレス，ホームヘルパーなど）	5	5
6. 生産現場職・技能職　（製品製造・組立，自動車整備，建設作業員，大工，電気工事，農水産物加工など）	6	6
7. 運輸・保安職　（トラック運転手，船員，郵便配達，通信士，警察官，消防官，自衛官，警備員など）	7	7
8. その他	8	8
9. わからない	9	9
(2)-2　お仕事の内容を具体的にお教えください．	記入欄	記入欄
記入例　「○○（勤め先）で××の仕事（資格）」のようにご記入ください 農家で米づくり　　小学校で教員　　銀行で受付 化粧品会社で外回り営業　工場でプラスチック製おもちゃの製造 国鉄で電車の運転　　建築現場で屋内電気配線 市役所で経理事務　　ラーメン屋で調理		

付　録　分析に使用した調査票の設問一覧

	A. 父親	B. 母親
(3) 役職　もっとも近いものを1つ選んでください．（○は1つ）		
1. 役職なし	1	1
2. 監督，職長，班長，組長	2	2
3. 係長，係長相当職	3	3
4. 課長，課長相当職	4	4
5. 部長，部長相当職	5	5
6. 社長，重役，役員，理事	6	6
7. わからない	7	7

○本人・父親・母親・配偶者学歴（wave 1 問23）

問23　次のうち，あなたが最後に通った（または現在通学中の）学校はどれですか．あてはまるもの1つに○をつけてください．配偶者やご両親についても，わかる範囲で同様にお答えください．

	あなた	配偶者	父親	母親
1. 中学校	1	1	1	1
2. 高等学校	2	2	2	2
3. 専修学校（専門学校）	3	3	3	3
4. 短期大学・高等専門学校（5年制）	4	4	4	4
5. 大学	5	5	5	5
6. 大学院	6	6	6	6
7. わからない	7	7	7	7
8. 配偶者はいない		8		

(注)
旧制の学校は次のように読み替えてください．
〈1. 中学校〉とするもの
尋常小学校（国民学校含む）
高等小学校
〈2. 高等学校〉とするもの
旧制中学校，高等女学校
実業学校，商業学校，師範学校
〈5. 大学〉とするもの
旧制大学，旧制高等学校
旧制専門学校，高等師範学校
〈6. 大学院〉とするもの
旧制大学院

○配偶状態（wave 1 問50，wave 2 問52）

問50　あなたは現在結婚していますか．（○は1つ）

| 1. 未婚 |
| 2. 既婚（配偶者あり） |
| 3. 死別 |
| 4. 離別 |

○本人の結婚年齢（wave 1 問51，wave 3 問52(1)ほか）

問51　結婚なさったのは，あなたが何歳のときでしたか．複数回経験がおありの方は，一番最近の結婚についてお答えください．（お歳がわからないときは，何年かでお答えください）

満　　　歳　　または　　西暦／昭和・平成　　　　　年

付　録　分析に使用した調査票の設問一覧

○結婚意向（wave 1 問 56）

問56　結婚について，あなたはどのように考えていますか．（○は1つ）

1. ぜひ結婚したい	4. 結婚したくない
2. できれば結婚したい	5. 結婚について考えていない
3. 結婚してもしなくてもよい	

○異性と出会うために今までに行ったこと（婚活）（wave 1 問 57(3)，wave 2 問 58 ほか）

問57　(3) 交際してみたい異性と出会うために，今までにやってみたことは何ですか．あてはまるものすべてに○をつけてください．（○はいくつでも）

1. 親・きょうだいに紹介を依頼	9. お見合いパーティーに参加
2. 親・きょうだい以外の親族に紹介を依頼	10. インターネット・携帯を通してさがす
3. 友人・知人・幼なじみに紹介を依頼	11. 街中や旅先で声をかける
4. 職場・アルバイト先の同僚・上司に紹介を依頼	12. 結婚相談所や結婚仲介サービスに登録
5. 学校の授業・部活・サークル活動などに参加	13. その他
6. 趣味・習い事に参加	［具体的に　　　　　　　　　　　　　　］
7. 合コンに参加	
8. お見合いに参加	14. 特にない

○交際相手の有無（wave 1 問 58，wave 2 問 59 ほか）

問58　現在，交際している人はいますか．（○は1つ）

1. 婚約者がいる
2. 特定の交際相手がいる
3. 現在はいない

○交際相手との交際期間（wave 1 問 59(1)，wave 2 問 60(1)ほか）

問59　婚約者または特定の交際相手の方とのおつきあいについてうかがいます．現在，交際している方がいない場合は，最後の交際相手の方についてお答えください．
(1) その方との交際期間はどれくらいですか．

交際期間　　　　　年　　　　　ヶ月くらい

〈wave 2〉

○配偶者との交際期間（wave 2 問 54(1)，wave 3 問 52(1)ほか）

問54　あなたが，今の配偶者と交際を始めてから結婚に至るまでのことについてうかがいます．
(1) 以下のそれぞれは，あなたが何歳の時のことですか．

今の配偶者と交際を始めたのは	あなたが（　　　）歳のとき
今の配偶者と結婚したのは	あなたが（　　　）歳のとき

付　録　分析に使用した調査票の設問一覧

★第3章

〈wave 1〉

○性別・年齢（wave 1 問 1 (1) (2)）

問1　あなたの性別とお生まれの年月をお教えください．
（1）性別

| 1. 男性 | 2. 女性 |

（2）お生まれの年月

| 西暦
昭和　　　　　年 | 月 |

○本人の現在の就業（wave 1 問 3，wave 3 問 2，wave 5 問 2，wave 7 問 2）

問3　あなたはふだん何か収入になる仕事（学生アルバイトを含む）をしていますか．（○は1つ）

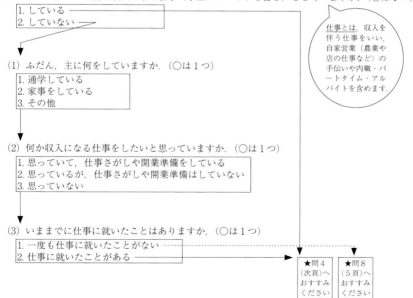

1. している
2. していない

（1）ふだん，主に何をしていますか．（○は1つ）
1. 通学している
2. 家事をしている
3. その他

（2）何か収入になる仕事をしたいと思っていますか．（○は1つ）
1. 思っていて，仕事さがしや開業準備をしている
2. 思っているが，仕事さがしや開業準備はしていない
3. 思っていない

（3）いままでに仕事に就いたことはありますか．（○は1つ）
1. 一度も仕事に就いたことがない
2. 仕事に就いたことがある

仕事とは，収入を伴う仕事をいい，自家営業（農業や店の仕事など）の手伝いや内職・パートタイム・アルバイトを含めます．

★問4（次頁）へおすすみください

★問8（5頁）へおすすみください

203

付　録　分析に使用した調査票の設問一覧

○就業（wave 1 問4(1)，wave 3 問3(1)，wave 5 問3(1)，wave 7 問3(1)）

問4　(1) あなたの現在および最初に就いたお仕事についてうかがいます（現在働いていない方は，直近の（最後に就いた）お仕事についてうかがいます）．

〈現在（直近）のお仕事〉と〈学校を卒業後，最初に就いたお仕事〉が同じ場合は，Aにのみ回答してください．

	A. 現在（直近）のお仕事	B. 学校を卒業後最初に就いたお仕事
(1) 働き方　もっとも近いものを1つ選んでください．（○は1つ）		
1. 経営者，役員	1	1
2. 正社員・正職員	2	2
3. パート・アルバイト（学生アルバイトを含む）・契約・臨時・嘱託	3	3
	4	4
4. 派遣社員	5	5
5. 請負社員	6	6
6. 自営業主，自由業者	7	7
7. 家族従業者	8	8
8. 内職		
9. その他	9	9

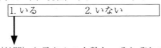
学生アルバイトの方はA．現在（直近）のお仕事にのみお答え下さい

[9. その他] 具体的に

○子どもの有無（wave 1 問14(3)，wave 3 問23E，wave 5 問18E，wave 7 問9）

問14　(3) 現在，あなたにはお子さんがいらっしゃいますか．すでに独立している方も含めてください．

1. いる　　2. いない

〈付問〉お子さんの人数と，それぞれの生年・性別等をお教えください（6人目以降は余白にご記入ください）．

お子さんの人数は　合計　　　人

	生年	性別	住まい	在学中	仕事の有無
1人目	西暦・昭和・平成　　年生まれ	男・女	同居・別居	はい・いいえ	あり・なし
2人目	西暦・昭和・平成　　年生まれ	男・女	同居・別居	はい・いいえ	あり・なし
3人目	西暦・昭和・平成　　年生まれ	男・女	同居・別居	はい・いいえ	あり・なし
4人目	西暦・昭和・平成　　年生まれ	男・女	同居・別居	はい・いいえ	あり・なし
5人目	西暦・昭和・平成　　年生まれ	男・女	同居・別居	はい・いいえ	あり・なし

○15歳時父親育児参加（wave 1 問20）

問20　あなたが15歳だった頃（中学卒業時），あなたの父親はつぎのどのタイプでしたか．（○は1つ）

1. 家事も子育ても母親まかせ
2. 家事は母親まかせ，子育てには協力的
3. 家事には協力的，子育ては母親まかせ
4. 家事も子育ても協力的
5. そのとき父はいなかった
6. その他
　具体的に

付　録　分析に使用した調査票の設問一覧

○ 15歳時母親就業（wave 1 問 22 B(1)）

問 22　あなたが 15 歳だった頃（中学卒業時），ご両親はどのようなお仕事をなさっていましたか．

(1) 働き方　もっとも近いものを1つ選んでください．（○は1つ）	B. 母親
1. 経営者，役員	1
2. 正社員・正職員	2
3. パートなど（契約・臨時・嘱託・請負等含む）	3
4. 自営業主，自由業者	4
5. 家族従業者	5
6. 内職	6
7. 無職（専業主婦・主夫を含む）	7
8. 学生	8
9. 当時父・母はいなかった	9
10. その他	10 [10. その他] 具体的に

○学歴（wave 1 問 23，問 24）

問 23　次のうち，あなたが最後に通った（または現在通学中の）学校はどれですか．あてはまるもの1つに○をつけてください．配偶者やご両親についても，わかる範囲で同様にお答えください．

	あなた	配偶者	父親	母親	（注）
1. 中学校	1	1	1	1	旧制の学校は次のように読み替えてください． 〈1. 中学校〉とするもの 尋常小学校（国民学校含む） 高等小学校 〈2. 高等学校〉とするもの 旧制中学校，高等女学校 実業学校，商業学校，師範学校 〈5. 大学〉とするもの 旧制大学，旧制高等学校 旧制専門学校，高等師範学校 〈6. 大学院〉とするもの 旧制大学院
2. 高等学校	2	2	2	2	
3. 専修学校（専門学校）	3	3	3	3	
4. 短期大学・高等専門学校（5年制）	4	4	4	4	
5. 大学	5	5	5	5	
6. 大学院	6	6	6	6	
7. わからない	7	7	7	7	
8. 配偶者はいない		8			

問 24　あなたは，上記の最後の学校を卒業しましたか．また，それはいつですか．

1. 卒業した →	卒業・中退したのはいつですか	西暦 昭和・平成	年	月
2. 中退した →				
3. 在学中				

付　録　分析に使用した調査票の設問一覧

○「仕事で成功すること」「結婚して幸せな家庭生活を送ること」が重要（wave 1 問 34A, wave 3 問 28A, wave 5 問 23A, wave 7 問 25A）

問 34　次の事がらは，あなたにとってどれほど重要ですか．あてはまる番号 1 つに○をつけてください．（○はそれぞれにつき 1 つ）

	とても重要	少し重要	重要ではない
A. 仕事で成功すること	1	2	3
B. 結婚して幸せな家庭生活を送ること	1	2	3

○家庭内性別役割意識（wave 1 問 39A, wave 3 問 32A, wave 5 問 28A, wave 7 問 30A）

問 39　（「男性の仕事は収入を得ること，女性の仕事は家庭と家族の面倒をみることだ」）
あなたは以下のような意見について，どう思いますか．もっとも近いと思う番号 1 つに○をつけてください．（○はそれぞれにつき 1 つ）

	そう思う	どちらかといえばそう思う	どちらともいえない	どちらかといえばそう思わない	そう思わない	わからない
A. 男性の仕事は収入を得ること，女性の仕事は家庭と家族の面倒をみることだ	1	2	3	4	5	6

○婚姻上の地位（wave 1 問 50, wave 3 問 42, wave 5 問 43, wave 7 問 44）

問 50　あなたは現在結婚していますか．

1. 未婚
2. 既婚（配偶者あり）
3. 死別
4. 離別

○配偶者の現在の就業（wave 1 問 55(1), wave 3 問 44(1), wave 5 問 44(1), wave 7 問 45(1)）

問 55　あなたの配偶者の現在のお仕事についてうかがいます（離死別の場合は，結婚していた当時の状況をお答えください）．以下の (1) から (5) まで，順にお答えください．
(1) 働き方　もっとも近いものを 1 つ選んでください．（○は 1 つ）

1. 経営者，役員	6. 内職
2. 正社員・正職員	7. 無職（専業主婦・主夫を含む）
3. パートなど（契約・臨時・嘱託・請負等含む）	8. 学生
4. 自営業主，自由業者	9. その他
5. 家族従業者	［具体的に　　　　　　　］

付　録　分析に使用した調査票の設問一覧

○結婚意欲（wave 1 問 56，wave 3 問 47，wave 5 問 50，wave 7 問 52）

問 56　結婚について，あなたはどのように考えていますか．（○は 1 つ）

1. ぜひ結婚したい	4. 結婚したくない
2. できれば結婚したい	5. 結婚について考えていない
3. 結婚してもしなくてもよい	

★第 4 章

〈wave 1〉

○性別・年齢（wave 1 問 1 (1) (2)）

問 1　あなたの性別とお生まれの年月をお教えください．
（1）性別

1. 男性	2. 女性

（2）お生まれの年月

西暦 昭和　　　　　年	月

○帰宅時間（wave 1 ～ wave 6 問 2）

問 2　あなたが以下のことをするのは，何時頃ですか．ふだんの平日についてお答えください．（○はA～Dのそれぞれにつき 1 つ）

C. 家に帰って くる	1. だいたい	午前 午後	時	分ころ	2. 特に決まって いない	3. 主に家にいる

付　録　分析に使用した調査票の設問一覧

○就業状況（wave 1 問 3，wave 3 問 2，wave 5 問 2）

問 3　あなたはふだん何か収入になる仕事（学生アルバイトを含む）をしていますか．（○は１つ）

1. している
2. していない

仕事とは，収入を伴う仕事をいい，自家営業（農業や店の仕事など）の手伝いや内職・パートタイム・アルバイトを含めます．

(1) ふだん，主に何をしていますか．（○は１つ）
1. 通学している
2. 家事をしている
3. その他

(2) 何か収入になる仕事をしたいと思っていますか．（○は１つ）
1. 思っていて，仕事さがしや開業準備をしている
2. 思っているが，仕事さがしや開業準備はしていない
3. 思っていない

(3) いままでに仕事に就いたことはありますか．（○は１つ）
1. 一度も仕事に就いたことがない
2. 仕事に就いたことがある

★問 4（次頁）へおすすみください
★問 8（5頁）へおすすみください

○現職働き方（wave 1 問 4(1)，wave 3 問 3(1)，wave 5 問 3(1)）

問 4　あなたの現在および最初に就いたお仕事についてうかがいます（現在働いていない方は，直近の（最後に就いた）お仕事についてうかがいます）．

〈現在（直近）のお仕事〉と〈学校を卒業後，最初に就いたお仕事〉が同じ場合は，Aにのみ回答してください．	A. 現在（直近）のお仕事	B. 学校を卒業後最初に就いたお仕事
(1) 働き方　もっとも近いものを１つ選んでください．（○は１つ）		
1. 経営者，役員	1	1
2. 正社員・正職員	2	2
3. パート・アルバイト（学生アルバイトを含む）・契約・臨時・嘱託	3	3
4. 派遣社員	4	4
5. 請負社員	5	5
6. 自営業主，自由業者	6	6
7. 家族従業者	7	7
8. 内職	8	8
9. その他	9	9

学生アルバイトの方はA．現在（直近）のお仕事にのみお答え下さい

[9. その他］具体的に

208

付　録　分析に使用した調査票の設問一覧

○現職企業規模（wave1 問4(6)，wave 3 問3(7)，wave 5 問3(7)）

問4　(6) 会社全体（支社等含む）の従業員数　家族従業者，パート・アルバイトも含めます．

| 1. 1人 | 3. 5～9人 | 5. 30～99人 | 7. 300～999人 | 9. 官公庁 |
| 2. 2～4人 | 4. 10～29人 | 6. 100～299人 | 8. 1000人以上 | 10. わからない |

○就業環境（wave 1 問7F，wave 3 問4(2)F，wave 5 問4(1)F，wave 1 問7A，wave 3 問4(2)A，wave 5 問4(1)A，wave 1 問7B，wave 3 問4(2)B，wave 5 問4(1)B）

問7　現在（または直近）のお仕事に関して，次にあげる A から G のそれぞれについて，あてはまる程度をお答えください．（○はそれぞれにつき1つ）

	かなり あてはまる	ある程度 あてはまる	あまりあて はまらない	あて はまらない
A. 自分の仕事のペースを，自分で決めたり変えたりすることができる	1	2	3	4
B. 職場の仕事のやり方を，自分で決めたり変えたりすることができる	1	2	3	4
F. 子育て・家事・勉強など自分の生活の必要にあわせて，時間を短くしたり休みを取るなど，仕事を調整しやすい職場である	1	2	3	4

○本人と配偶者の家事（wave 1 問8 EFGH，wave 3 問10FGHI，wave 5 問7 FGHI，wave 1 問54 ABCD，wave 3 問45ABCD，wave 5 問45 ABCD）

問8　あなたはどのくらいの頻度で以下のことをしていますか．（○はそれぞれにつき1つ）

	毎日	週に 5～6日	週に 3～4日	週に 1～2日	月に 1～3日	ほとんど しない
E. 食事の用意	1	2	3	4	5	6
F. 洗濯	1	2	3	4	5	6
G. 家の掃除	1	2	3	4	5	6
H. 日用品・食料品の買い物	1	2	3	4	5	6

○同居家族（wave 1 問13(2)，wave 3 問13(2)，wave 5 問10(2)）

問13　あなたのご家族についてうかがいます．
(2) つぎのなかから，同居されている方をすべて選び，○をつけてください．（○はいくつでも）

0. あなたご自身	5. 子どもの配偶者	10. 配偶者の母親	15. あなたの兄弟姉妹
1. 配偶者（夫または妻）	6. 孫	11. あなたの祖父	16. 配偶者の兄弟姉妹
2. 恋人	7. あなたの父親	12. あなたの祖母	17. その他
3. 息子	8. あなたの母親	13. 配偶者の祖父	具体的に
4. 娘	9. 配偶者の父親	14. 配偶者の祖母	

付　録　分析に使用した調査票の設問一覧

○子どもの人数（wave 1 問 14(3)・(3-1)，wave 3 問 13(2)，wave 5 問 10(2)）

問 14　(3)　現在，あなたにはお子さんがいらっしゃいますか．すでに独立している方も含めてください．

1. いる	2. いない

〈付問〉お子さんの人数と，それぞれの生年・性別等をお教えください（6 人目以降は余白にご記入ください）．

お子さんの人数は　合計　　　人

	生年	性別	住まい	在学中	仕事の有無
1 人目	西暦・昭和・平成　　年生まれ	男・女	同居・別居	はい・いいえ	あり・なし
2 人目	西暦・昭和・平成　　年生まれ	男・女	同居・別居	はい・いいえ	あり・なし
3 人目	西暦・昭和・平成　　年生まれ	男・女	同居・別居	はい・いいえ	あり・なし
4 人目	西暦・昭和・平成　　年生まれ	男・女	同居・別居	はい・いいえ	あり・なし
5 人目	西暦・昭和・平成　　年生まれ	男・女	同居・別居	はい・いいえ	あり・なし

○本人・配偶者学歴（wave 1 問 23）

問 23　次のうち，あなたが最後に通った（または現在通学中の）学校はどれですか．あてはまるもの1 つに○をつけてください．配偶者やご両親についても，わかる範囲で同様にお答えください．

	あなた	配偶者	（注）
1. 中学校	1	1	旧制の学校は次のように読み替えてください．
2. 高等学校	2	2	〈1. 中学校〉とするもの
3. 専修学校（専門学校）	3	3	尋常小学校（国民学校含む） 高等小学校
4. 短期大学・高等専門学校（5 年制）	4	4	〈2. 高等学校〉とするもの
5. 大学	5	5	旧制中学校，高等女学校
6. 大学院	6	6	実業学校，商業学校，師範学校
7. わからない	7	7	〈5. 大学〉とするもの
8. 配偶者はいない	×	8	旧制大学，旧制高等学校 旧制専門学校，高等師範学校 〈6. 大学院〉とするもの 旧制大学院

○性別分業意識（wave 1 問 39A，wave 3 問 32A，wave 5 問 28A）

問 39　あなたは以下のような意見について，どう思いますか．もっとも近いと思う番号 1 つに○をつけてください．（○はそれぞれにつき 1 つ）

	そう思う	どちらかといえばそう思う	どちらともいえない	どちらかといえばそう思わない	そう思わない	わからない
A. 男性の仕事は収入を得ること，女性の仕事は家庭と家族の面倒をみることだ	1	2	3	4	5	6

付　録　分析に使用した調査票の設問一覧

○本人・配偶者収入（wave 1 問 47，wave 3 問 36，wave 5 問 35）

問 47　過去 1 年間の収入についてうかがいます．あなた個人，配偶者，世帯全体の収入はそれぞれどれくらいでしょうか．臨時収入，副収入も含めてお答えください．

	あなた個人	配偶者
1. なし	1	1
2. 25 万円未満	2	2
3. 50 万円くらい（25 〜 75 万円未満）	3	3
4. 100 万円くらい（75 〜 150 万円未満）	4	4
5. 200 万円くらい（150 〜 250 万円未満）	5	5
6. 300 万円くらい（250 〜 350 万円未満）	6	6
7. 400 万円くらい（350 〜 450 万円未満）	7	7
8. 500 万円くらい（450 〜 600 万円未満）	8	8
9. 700 万円くらい（600 〜 850 万円未満）	9	9
10. 1,000 万円くらい（850 〜 1,250 万円未満）	10	10
11. 1,500 万円くらい（1,250 〜 1,750 万円未満）	11	11
12. 2,000 万円くらい（1,750 〜 2,250 万円未満）	12	12
13. 2,250 万円以上	13	13
14. わからない	14	14
15. 配偶者はいない	×	15

○配偶状態（wave1 問 50，wave2 問 52）

問 50　あなたは現在結婚していますか．（○は 1 つ）

1. 未婚
2. 既婚（配偶者あり）
3. 死別
4. 離別

○配偶者職働き方（wave 1 問 55(1)，wave 3 問 44(1)，wave 5 問 44(1)）

問 55　あなたの配偶者の現在のお仕事についてうかがいます（離死別の場合は，結婚していた当時の状況をお答えください）．以下の（1）から（5）まで，順にお答えください．

（1）働き方　もっとも近いものを 1 つ選んでください．（○は 1 つ）

1. 経営者，役員	6. 内職
2. 正社員・正職員	7. 無職（専業主婦・主夫を含む）
3. パートなど（契約・臨時・嘱託・請負等含む）	8. 学生
4. 自営業主，自由業者	9. その他
5. 家族従業者	［具体的に　　　　　　　　　　］

付　録　分析に使用した調査票の設問一覧

★第5章

〈wave 1〉

○性別・年齢（wave 1 問 1（1）（2））

問1　あなたの性別とお生まれの年月をお教えください．
　（1）性別

1. 男性	2. 女性

　（2）お生まれの年月

西暦 昭和　　　　　年	月

○きょうだい数（wave 1 問 14）

問14　同居していない方も含めて，ご家族のことをうかがいます．
　（1）あなたの兄弟姉妹は何人ですか．亡くなった兄弟姉妹も含めてください．

兄	姉	あなたご自身	弟	妹
人	人	人	人	人

○子ども数（wave 1 問 14，wave 3 問 13，wave 4 問 17，wave 5 問 10）

問14　（3）現在，あなたにはお子さんがいらっしゃいますか．すでに独立している方も含めてください．

↓

〈付問〉お子さんの人数と，それぞれの生年・性別等をお教えください（6人目以降は余白にご記入ください）．

お子さんの人数は　合計　　　人

	生年	性別	住まい	在学中	仕事の有無
1人目	西暦・昭和・平成　年生まれ	男・女	同居・別居	はい・いいえ	あり・なし
2人目	西暦・昭和・平成　年生まれ	男・女	同居・別居	はい・いいえ	あり・なし
3人目	西暦・昭和・平成　年生まれ	男・女	同居・別居	はい・いいえ	あり・なし
4人目	西暦・昭和・平成　年生まれ	男・女	同居・別居	はい・いいえ	あり・なし
5人目	西暦・昭和・平成　年生まれ	男・女	同居・別居	はい・いいえ	あり・なし

付　録　分析に使用した調査票の設問一覧

○本人・配偶者教育年数（wave 1 問 23）

問 23　次のうち，あなたが最後に通った（または現在通学中の）学校はどれですか．あてはまるもの1つに○をつけてください．配偶者やご両親についても，わかる範囲で同様にお答えください．

	あなた	配偶者	（注）
1. 中学校	1	1	旧制の学校は次のように読み替えてください：
2. 高等学校	2	2	〈1. 中学校〉とするもの
3. 専修学校（専門学校）	3	3	尋常小学校（国民学校含む）
4. 短期大学・高等専門学校（5年制）	4	4	高等小学校
5. 大学	5	5	〈2. 高等学校〉とするもの
6. 大学院	6	6	旧制中学校，高等女学校
7. わからない	7	7	実業学校，商業学校，師範学校
8. 配偶者はいない	×	8	〈5. 大学〉とするもの
			旧制大学，旧制高等学校
			旧制専門学校，高等師範学校
			〈6. 大学院〉とするもの
			旧制大学院

〈wave 3〉

○妻の従業上の地位（wave 3 問 3 問 44，wave 4 問 3 問 46，wave 5 問 3 問 44）

（妻が回答者本人の場合）
問 3　あなたの現在のお仕事についてうかがいます．
　　（1）働き方　もっとも近いものを1つ選んでください．（○は1つ）

1. 経営者，役員	4. 派遣社員	8. 内職
2. 正社員・正職員	5. 請負社員	9. その他
3. パート・アルバイト・契約・臨時・嘱託（学生アルバイトを含む）	6. 自営業主，自由業者	［具体的に　　　　］
	7. 家族従業者	

（妻が回答者の配偶者の場合）
問 44　あなたの配偶者（夫または妻）の現在のお仕事についてうかがいます．
　　（1）働き方　もっとも近いものを1つ選んでください．（○は1つ）

1. 経営者，役員	6. 内職
2. 正社員・正職員	7. 無職（専業主婦・主夫を含む）
3. パートなど（契約・臨時・嘱託・請負等含む）	8. 学生
4. 自営業主，自由業者	9. その他
5. 家族従業者	［具体的に　　　　］

○夫あるいは妻の1日あたりの労働時間（wave 3 問 3 問 44，wave 4 問 3 問 46，wave 5 問 3 問 44）

（夫あるいは妻が回答者本人の場合）
問 3　（4）ふだん仕事に従事している時間

A. 1日あたりの労働（残業含む）時間	1日あたり		時間
B. 月あたりの労働日数	月あたり		日

付　録　分析に使用した調査票の設問一覧

(夫あるいは妻が回答者の配偶者の場合)
問44　(4) ふだん仕事に従事している時間

A. 1日あたりの労働（残業含む）時間	1日あたり		時間
B. 月あたりの労働日数	月あたり		日
C. 家に帰ってくる時間（ふだんの平日）	午前・午後	時	分ころ

○夫あるいは妻の従業先が官公庁（wave 3 問 3 問 44, wave 4 問 3 問 46, wave 5 問 3 問 44）

(夫あるいは妻が回答者本人の場合)
問3　(7) 会社全体（支社等含む）の従業員数　家族従業者，パート・アルバイトも含めます．（○は1つ）

| 1. 1人 | 3. 5～9人 | 5. 30～99人 | 7. 300～999人 | 9. 官公庁 |
| 2. 2～4人 | 4. 10～29人 | 6. 100～299人 | 8. 1000人以上 | 10. わからない |

(夫あるいは妻が回答者の配偶者の場合)
問44　(5) 会社全体（支社等含む）の従業員数　家族従業者，パート・アルバイトも含めます．（○は1つ）

1. 1人	4. 30～299人	7. 官公庁
2. 2～4人	5. 300～999人	8. わからない
3. 5～29人	6. 1000人以上	

○職場の特性（ほぼ毎日残業している）（wave 3 問 4, wave 4 問 4, wave 5 問 4）

問4　あなたの職場のことについてうかがいます．
(1) あなたの現在の職場について，あてはまるものはありますか．（○はいくつでも）

1. ほぼ毎日残業をしている

○仕事の特性（自分のペースで，必要に応じて，失業可能性）（wave 3 問 4, wave 4 問 4, wave 5 問 4）

問4　(2) 現在のお仕事に関して，次にあげるAからHのそれぞれについて，あてはまる程度をお答えください．（○はそれぞれにつき1つ）

	かなりあてはまる	ある程度あてはまる	あまりあてはまらない	あてはまらない
A. 自分の仕事のペースを，自分で決めたり変えたりすることができる	1	2	3	4
F. 子育て・家事・勉強など自分の生活の必要にあわせて，時間を短くしたり休みを取るなど，仕事を調整しやすい職場である	1	2	3	4
G. 今後1年間に失業（倒産を含む）をする可能性がある	1	2	3	4

付　録　分析に使用した調査票の設問一覧

○親同居（wave 3 問 13，wave 4 問 17，wave 5 問 10）

問 13　あなたと同居されている（いま一緒に暮らしている）方についてうかがいます．
　（1）現在同居されている方は，あなたを含めて何人ですか．
　　　　　　　　人

　（2）同居されている方について，以下の項目をお教え下さい．また，世帯主の方には◎をつけてください．

	世帯主	続柄	性別	年齢	在学中	仕事の有無
例	◎	あなたの＿＿＿＿＿＿＿妻の父	男・女	64歳	はい・(いいえ)	あり・(なし)
1		あなたご自身				
2		あなたの＿＿＿＿＿＿＿	男・女	歳	はい・いいえ	あり・なし
3		あなたの＿＿＿＿＿＿＿	男・女	歳	はい・いいえ	あり・なし
4		あなたの＿＿＿＿＿＿＿	男・女	歳	はい・いいえ	あり・なし
5		あなたの＿＿＿＿＿＿＿	男・女	歳	はい・いいえ	あり・なし
6		あなたの＿＿＿＿＿＿＿	男・女	歳	はい・いいえ	あり・なし
7		あなたの＿＿＿＿＿＿＿	男・女	歳	はい・いいえ	あり・なし
8		あなたの＿＿＿＿＿＿＿	男・女	歳	はい・いいえ	あり・なし
9		あなたの＿＿＿＿＿＿＿	男・女	歳	はい・いいえ	あり・なし

10人以上おられる場合は，余白に続きをご記入下さい．

○出生意欲（wave 3 問 13(5)，wave 4 問 17(3)，wave 5 問 10(3)）

問 13　(5) あなたはお子さんが欲しいですか．すでにいらっしゃる方は，もう1人欲しいかどうかお答え下さい．（○は1つ）

1	2	3	4	5
欲しくない	男の子が欲しい	女の子が欲しい	男女問わず欲しい	わからない

○結婚満足度（wave 3 問 23，wave 4 問 20，wave 5 問 18）

問 23　次のことについて，現在あなたはどのくらい満足していますか．（○はそれぞれにつき1つ）

	満足している	どちらかといえば満足している	どちらともいえない	どちらかといえば不満である	不満である	非該当
B．結婚生活	1	2	3	4	5	6 結婚をしていない

付　録　分析に使用した調査票の設問一覧

○夫年収・妻年収（wave 3 問 36, wave 4 問 37, wave 5 問 35）

問 36　過去 1 年間の収入についてうかがいます．あなた個人，配偶者，世帯全体の収入はそれぞれどれくらいでしょうか．臨時収入，副収入も含めてお答えください．（○はそれぞれにつき 1 つ）

	あなた個人	配偶者 （夫または妻）
1. 年収なし	1	1
2. 25 万円未満	2	2
3. 50 万円くらい（25 ～ 75 万円未満）	3	3
4. 100 万円くらい（75 ～ 150 万円未満）	4	4
5. 200 万円くらい（150 ～ 250 万円未満）	5	5
6. 300 万円くらい（250 ～ 350 万円未満）	6	6
7. 400 万円くらい（350 ～ 450 万円未満）	7	7
8. 500 万円くらい（450 ～ 600 万円未満）	8	8
9. 700 万円くらい（600 ～ 850 万円未満）	9	9
10. 1,000 万円くらい（850 ～ 1,250 万円未満）	10	10
11. 1,500 万円くらい（1,250 ～ 1,750 万円未満）	11	11
12. 2,000 万円くらい（1,750 ～ 2,250 万円未満）	12	12
13. 2,250 万円以上	13	13
14. わからない	14	14
15. 配偶者（あなたの夫または妻）はいない	×	15

○配偶関係（wave 3 問 42, wave 4 問 45, wave 5 問 43）

問 42　あなたは現在結婚していますか．（○は 1 つ）

1. 未婚
2. 既婚（配偶者あり）
3. 死別
4. 離別

★第 6 章（※この章のみ，高卒パネル調査のデータを使用）

○性別（wave 1 問 1(a), wave 5 問 1, wave 8 問 1, wave 12 問 1）
　※ wave 1 の設問を抜粋．選択肢は他の wave でも共通．

問 1　あなたについておたずねします．(a)と(b)のそれぞれについて，あてはまる番号 1 つに○をつけてください．(c)は，□内に数値を記入してください．

　(a) 性別

1	男
2	女

付　録　分析に使用した調査票の設問一覧

○就業形態・職種（wave 8 問 5(b)・(e), wave 12 問 5(b)・(e)）
　※ wave 8 の設問を抜粋．選択肢は wave 12 でも共通．

問 5　あなたが現在ついている仕事（正規・非正規にかかわらず）についておうかがいします．
　　(a)には，数字を記入し，(b)～(e)には，それぞれあてはまる番号 1 つに○をつけてください．
　　(f)には，具体的な仕事の内容をお答えください．

　(b) 就業形態
1	経営者・役員
2	正社員・正職員
3	パート・アルバイト・契約・臨時・嘱託
4	派遣社員
5	請負
6	自営業主，自由業者
7	家族従業者
8	内職
9	その他　［具体的に　　　　　　］

　(e) 職種
1	専門・技術的職業（医師，看護師，弁護士，教師，ケアマネージャー，介護福祉士など専門的知識・技術を要するもの）
2	管理的職業（企業・官公庁における課長職以上，職員，経営者など）
3	事務的職業（企業・官公庁における一般事務，経理，内勤の仕事など）
4	販売的職業（小売・卸売店主，店員，不動産売買，保険外交，外勤のセールスなど）
5	技能工・生産工程に関わる職業（製品製造・組み立て，自動車整備，建設作業員，大工，電気工事，農水産物加工など）
6	運輸・通信的職業（トラック・タクシー運転手，船員，郵便配達，通信士など）
7	保安的職業（警察官，消防官，自衛官，警備員など）
8	農・林・水産に関わる職業（農作物生産，家畜飼養，森林培養・伐採，水産物養殖・漁獲など）
9	サービス的職業（理・美容師，介護ヘルパー，コック・料理人，ウェイター・ウェイトレス，客室乗務員など）
10	その他（具体的に：　　　　　　　　　　　　　）

○労働時間（wave 8 問 6AB, wave 12 問 6AB）

〈wave 8〉
問 6　あなたは，通常の 1 週間に，仕事を何時間していますか．
　　所定内労働時間と時間外労働（残業時間＋休日出勤）にわけて，数字でお答えください．
　　※ 2 つ以上仕事をしている方は，合計の時間をお答えください．

　　A．所定内労働時間　　　　　　　　　　週あたり　□□　時間
　　B．時間外労働（残業時間＋休日出勤）　週あたり　□□　時間

付　録　分析に使用した調査票の設問一覧

〈wave 12〉

問6　あなたは，通常の1週間に，仕事を何時間していますか．平均的な合計時間をお答えください．また，所定内労働時間と時間外労働（残業時間＋休日出勤）それぞれの時間についてもお答えください．

※2つ以上仕事をしている方は，合計の時間をお答えください．

【記入例】1日8時間勤務を週4日（週合計 8 × 4 = 32 時間）の契約で，
　　　　1日につき1時間程度（週合計 1 × 4 = 4 時間）残業している場合

通常1週間の労働時間の合計（A＋B）	週あたり	3　6　時間
A．所定内労働時間	週あたり	3　2　時間
B．時間外労働（残業時間＋休日出勤）	週あたり	4　時間

通常1週間の労働時間の合計（A＋B）	週あたり	時間
A．所定内労働時間	週あたり	時間
B．時間外労働（残業時間＋休日出勤）	週あたり	時間

○仕事満足度（wave 8 問 8M）

問8　現在の職場で，次の点についてどの程度満足していますか．A〜Mのそれぞれについて，あてはまる番号1つに○をつけてください．

	満足	やや満足	やや不満	不満
M．職場全体として	1	2	3	4

○当面の仕事継続意向（wave 8 問 9）

問9　あなたは現在の会社で当面（5年程度）仕事や事業を続けたいと思いますか．
　　あてはまる番号1つに○をつけてください．
　　また，続けたい（やめたい）と思っている理由を，□内に自由にお書きください．

1　当面続けるつもりである	3　すぐにやめるつもりである
2　やめることを考えている	4　わからない

〈仕事を続けたい（やめたい）と思っている理由〉

付　録　分析に使用した調査票の設問一覧

○最後に通った学校（wave 8 問 10・付問 10-1）

問 10　あなたが最後に通った，または在学中の学校は，次のどれにあたりますか．
　　　　あてはまる番号1つに○をつけてください．

1	高校	5	職業訓練校
2	4年制大学（医歯薬学部を含む）	6	大学院
3	短期大学	7	その他（具体的に：　　　　　　）
4	専門・専修学校		

付問 10-1　あなたはその学校を卒業しましたか，中退しましたか，それとも在学中ですか．
　　　　　　あてはまる番号1つに○をつけてください．

| 1 | 卒業 | 2 | 中退 | 3 | 在学中 |

○本人収入（wave 8 問 11，wave 12 問 10）

〈wave 8〉

問 11　あなたが仕事（アルバイトを含む）などから得る手取り収入は，1ヶ月平均いくらぐらいですか（ボーナスは含みません）．あてはまる番号1つに○をつけてください．

1	収入はない	6	12～14万円未満	11	22～24万円未満
2	5万円未満	7	14～16万円未満	12	24～26万円未満
3	5～8万円未満	8	16～18万円未満	13	26～28万円未満
4	8～10万円未満	9	18～20万円未満	14	28万円以上
5	10～12万円未満	10	20～22万円未満		（具体的に：　　　　　　）

〈wave 12〉

問 10　あなたが仕事（アルバイトを含む）などから得る手取り収入は，1ヶ月平均いくらぐらいですか（ボーナスは含みません）．あてはまる番号1つに○をつけてください．

1	収入はない	7	14～16万円未満	13	26～28万円未満
2	5万円未満	8	16～18万円未満	14	28～30万円未満
3	5～8万円未満	9	18～20万円未満	15	30～32万円未満
4	8～10万円未満	10	20～22万円未満	16	32～34万円未満
5	10～12万円未満	11	22～24万円未満	17	34万円以上
6	12～14万円未満	12	24～26万円未満		（具体的に：　　　　　　）

付　録　分析に使用した調査票の設問一覧

○有配偶率（wave 5 問 19，wave 6 問 22，wave 7 問 29，wave 8 問 30，wave 9 問 29，wave 10 問 17，wave 11 問 12，wave 12 問 25）
　※ wave 5 と wave 6 は 4 択，wave 7 ～ wave 12 は 3 択のため，wave 5 と wave 7 の設問を抜粋．選択肢は他の wave でも共通．

〈wave 5〉
問 19　あなたは現在結婚していますか．あてはまる番号 1 つに○をつけてください

1	既婚（配偶者あり）
2	死別
3	離別
4	未婚

〈wave 7〉
問 29　あなたは現在結婚していますか．あてはまる番号 1 つに○をつけてください．

1	既婚（配偶者あり）
2	離別・死別
3	未婚

○結婚意欲（wave 5 問 21，wave 6 問 24，wave 7 問 31，wave 8 問 33，wave 9 問 35，wave 10 問 23，wave 11 問 18，wave 12 問 32）
　※ wave 5 の設問を抜粋．選択肢は他の wave でも共通．

問 22　結婚について，あなたはどのように考えていますか．あてはまる番号 1 つに○をつけてください．

1	ぜひ結婚したい
2	できれば結婚したい
3	結婚しなくてもよい
4	結婚したくない
5	結婚について考えていない

○有子率（wave 7 問 19，wave 8 問 14，wave 9 問 14，wave 10 問 24，wave 11 問 20，wave 12 問 36）
　※ wave 7 の設問を抜粋．選択肢は他の wave でも共通．

問 19　あなたには子どもがいますか．
　　　あてはまる番号 1 つに○をつけ，子どものいる方は具体的な人数をお書きください．

| 1 | いない　　| 2 | いる　　→　　_____ 人

付　録　分析に使用した調査票の設問一覧

○自立の状況および見込み（wave 7 問 28 BC）

問28　あなたは何歳ごろになったときに，次のことをしていたいと思いますか．A～Dのそれぞれについて，あてはまる番号1つに○をつけてください．

	すでにそうした	26～29歳	30～34歳	35～39歳	40歳以上	そうするつもりはない
B．結婚する	1	2	3	4	5	6
C．最初の子どもをもつ	1	2	3	4	5	6

○階層帰属意識（wave 8 問 17）

問17　かりに現在の日本の社会全体を5つの層に分けるとすれば，あなた自身はこのどれに入ると思いますか．あなたの気持ちに一番近い番号1つに○をつけてください．

上	中の上	中の中	中の下	下	わからない
1	2	3	4	5	6

○日常生活における悩み（wave 8 問 21）

問21　あなたには，日常生活において，困ったり悩んだりすることがどれほどありますか．A～Iのそれぞれについて，あてはまる番号1つに○をつけてください．

	よくある	少しある	ない
A．友だちとの人間関係について	1	2	3
B．家族との人間関係について	1	2	3
C．職場やアルバイト先での人間関係について	1	2	3
D．暮らしむき（収入）について	1	2	3
E．時間のゆとりについて	1	2	3
F．健康について	1	2	3
G．恋愛について	1	2	3
H．仕事について	1	2	3
I．将来について	1	2	3

○価値観（wave 8 問 27BF）

問27　あなたにとって次の事がらはどれほど重要ですか．A～Pのそれぞれについて，あてはまる番号1つに○をつけてください．

	とても重要	少し重要	重要ではない
B．結婚して幸せな家庭生活をおくること	1	2	3
F．子どもをもつこと	1	2	3

付　録　分析に使用した調査票の設問一覧

○恋人の有無（wave 8 問 32）

問 32　あなたは現在つきあっている方がいますか．あてはまる番号1つに○をつけてください．

|1| 現在いる　　|2| 過去にいた　　|3| いない

○現在独身でいる理由（wave 8 問 34）

問 34　あなたが現在独身でいる理由は，次の中から選ぶとすればどれですか．
　　　あてはまる番号すべてに○をつけてください．

1	結婚するにはまだ若すぎる
2	結婚する必要性をまだ感じない
3	今は，仕事や学業にうちこみたい
4	今は，趣味や娯楽を楽しみたい
5	適当な相手にまだめぐり会わない
6	独身の自由や気楽さを失いたくない
7	家の居心地がいい
8	異性（交際相手）とつきあう時間がない
9	異性とうまくつきあえない
10	結婚後の経済状況に不安がある

○生活満足度（wave 8 問 38）

問 38　あなたは，ご自身の現在の生活について，全体としてどのくらい満足していますか．
　　　あてはまる番号1つに○をつけてください．

満足	やや満足	やや不満	不満
1	2	3	4

○結婚満足度（wave 10 問 18，wave 11 問 14，wave 12 問 28）
　※ wave 10 の設問を抜粋．選択肢は他の wave でも共通．

問 18　あなたは，ご自身の現在の結婚生活について，どのくらい満足していますか．
　　　あてはまる番号1つに○をつけてください．

満足	やや満足	やや不満	不満
1	2	3	4

付　録　分析に使用した調査票の設問一覧

○家族との関係（wave 12 問 23ABEF）

問 23　あなたとあなたのご家族との関係は良好ですか．
　　　　A～Fのそれぞれについて，あてはまる番号1つに○をつけてください．

	良い	どちらかと いえば良い	どちらかと いえば悪い	悪い	そういう人 はいない
A．あなたと実の父親との関係	1	2	3	4	5
B．あなたと実の母親との関係	1	2	3	4	5
E．あなたと義理の父親との関係	1	2	3	4	5
F．あなたと義理の母親との関係	1	2	3	4	5

○結婚の年月，結婚当時の本人年齢と配偶者年齢（wave 12 問 26）

問 26　あなたが結婚したのはいつですか．
　　　　結婚の年月と，結婚当時のあなたと配偶者の年齢を具体的にお書きください．

（西暦）　[　　　]　年　[　　　]　月　（あなたが　[　　　]　歳，配偶者が　[　　　]　歳のとき）

○配偶者収入（wave 12 問 30）

問 30　配偶者の方が仕事（アルバイトを含む）などから得る手取り収入は，1ヶ月平均いくらぐらい
　　　　ですか（ボーナスは含みません）．あてはまる番号1つに○をつけてください．

1	収入はない	7	14～16万円未満	13	26～28万円未満
2	5万円未満	8	16～18万円未満	14	28～30万円未満
3	5～8万円未満	9	18～20万円未満	15	30～32万円未満
4	8～10万円未満	10	20～22万円未満	16	32～34万円未満
5	10～12万円未満	11	22～24万円未満	17	34万円以上
6	12～14万円未満	12	24～26万円未満		（具体的に：　　　　）

○子どもの生年月日・年齢（wave 12 付問 36-1）

付問 36-1　お子さんが生まれたのはいつですか．
　　　　　　4人目までのお子さんの生まれた年月と現在の年齢を具体的にお書きください．

第1子　（西暦）[　　　]年[　　　]月生まれ（[　　　]歳）

第2子　（西暦）[　　　]年[　　　]月生まれ（[　　　]歳）

第3子　（西暦）[　　　]年[　　　]月生まれ（[　　　]歳）

第4子　（西暦）[　　　]年[　　　]月生まれ（[　　　]歳）

付　録　分析に使用した調査票の設問一覧

○子育てに関するサポート（wave 12 付問 36-2）

付問 36-2　あなた以外で，あなたのお子さんの世話を現在している人や，いざとなったときに頼れる人はどのような人ですか．
　　　　　A・Bのそれぞれについて，あてはまる番号すべてに○をつけてください．

あてはまる番号すべてに○

	1 配偶者	2 あなたの親	3 配偶者の親	4 きょうだい・その他の親族	5 保育士・幼稚園の先生・保育ママ	6 学童クラブ等の指導員	7 友人・近所の人・子育て仲間	8 その他	9 そういう人はいない
A．現在世話をしている人	1	2	3	4	5	6	7	8	9
B．いざとなったときに頼れる人	1	2	3	4	5	6	7	8	9

★終章

〈wave 1〉

○性別・年齢（wave 1 問 1 (1)(2)）

問1　あなたの性別とお生まれの年月をお教えください．
　(1) 性別

1. 男性	2. 女性

　(2) お生まれの年月

西暦 昭和　　　年	月

付　録　分析に使用した調査票の設問一覧

○就業（wave 1 問 4）

問 4　あなたの現在および最初に就いたお仕事についてうかがいます（現在働いていない方は，直近の（最後に就いた）お仕事についてうかがいます）．

〈現在（直近）のお仕事〉と〈学校を卒業後，最初に就いたお仕事〉が同じ場合は，A にのみ回答してください．	A. 現在（直近）のお仕事	B. 学校を卒業後最初に就いたお仕事
(1) 働き方　もっとも近いものを1つ選んでください．（○は1つ）		
1. 経営者，役員	1	1
2. 正社員・正職員	2	2
3. パート・アルバイト（学生アルバイトを含む）・契約・臨時・嘱託	3	3
4. 派遣社員　〔学生アルバイトの方はA．現在（直近）のお仕事にのみお答え下さい〕	4	4
5. 請負社員	5	5
6. 自営業主，自由業者	6	6
7. 家族従業者	7	7
8. 内職	8	8
9. その他　〔9. その他 具体的に〕	9 [　　　]	9 [　　　]
(2) お仕事の内容　もっとも近いものを1つ選んでください．（○は1つ）		
1. 専門職・技術職（医師，看護師，弁護士，教師，技術者，デザイナーなど専門的知識・技術を要するもの）	1	1
2. 管理職（企業・官公庁における課長職以上，議員，経営者など）	2	2
3. 事務職（企業・官公庁における一般事務，経理，内勤の営業など）	3	3
4. 販売職（小売・卸売店主，店員，不動産売買，保険外交，外回りのセールスなど）	4	4
5. サービス職（理・美容師，料理人，ウェイトレス，ホームヘルパーなど）	5	5
6. 生産現場職・技能職（製品製造・組立，自動車整備，建設作業員，大工，電気工事，農水産物加工など）	6	6
7. 運輸・保安職（トラック・タクシー運転手，船員，郵便配達，通信士，警察官，消防官，自衛官，警備員など）	7	7
8. その他	8	8
(2)-2　お仕事の内容を具体的にお教えください．		
記入例「○○（勤め先）で××の仕事（資格）」のようにご記入ください　農家で米づくり　小学校で教員　スーパーでレジ　食品販売会社で電話営業　化粧品会社で外回り営業　工場でプラスチック製おもちゃの製造　建築現場で屋内電気配線　福祉施設で介護の仕事（介護福祉士）　ソフトウェア開発会社でシステムエンジニア（ソフトウェア開発技術者）	記入欄 [　　　]	記入欄 [　　　]

付　録　分析に使用した調査票の設問一覧

〈現在（直近）のお仕事〉と〈学校を卒業後，最初に就いたお仕事〉が同じ場合は，Aにのみ回答してください。		A. 現在（直近）のお仕事	B. 学校を卒業後最初に就いたお仕事
(3) 役職　もっとも近いものを1つ選んでください。（○は1つ）			
1. 役職なし		1	1
2. 監督，職長，班長，組長		2	2
3. 係長，係長相当職		3	3
4. 課長，課長相当職		4	4
5. 部長，部長相当職		5	5
6. 社長，重役，役員，理事		6	6
7. その他		7　[7. その他 具体的に]	7
(6) 会社全体（支社等含む）の従業員数　家族従業者，パート・アルバイトも含めます。（○は1つ）			
1. 1人	6. 100～299人	1　　6	1　　6
2. 2～4人	7. 300～999人	2　　7	2　　7
3. 5～9人	8. 1000人以上	3　　8	3　　8
4. 10～29人	9. 官公庁	4　　9	4　　9
5. 30～99人	10. わからない	5　　10	5　　10

○親の離婚・失業（wave 1 問 11）

問 11　あなたは今までに以下のような出来事を経験したことがありますか．あてはまる番号すべてに○をつけてください．（○はいくつでも）

1. 親が失業した／親が事業で失敗した
2. 親が離婚した

○きょうだい数，きょうだい順位（wave 1 問 14）

問 14　同居していない方も含めて，ご家族のことをうかがいます．
　(1) あなたの兄弟姉妹は何人ですか．亡くなった兄弟姉妹も含めてください．

兄	姉	あなたご自身	弟	妹
人	人		人	人

○15歳時の暮らし向き（wave 1 問 16）

問 16　あなたが15歳だった頃（中学卒業時），あなたのお宅の暮らしむきは，この中のどれにあたるでしょうか．当時のふつうの暮らしむきとくらべてお答えください．（○は1つ）

1	2	3	4	5	6
豊か	やや豊か	ふつう	やや貧しい	貧しい	わからない

付　録　分析に使用した調査票の設問一覧

○中学3年時の成績（wave 1 問 17）

問 17　あなたが中学3年生のとき，あなたの成績は学年の中でどれくらいでしたか．（○は1つ）

1	2	3	4	5	6
上の方	やや上の方	真ん中あたり	やや下の方	下の方	わからない

○15歳時の資産（wave 1 問 18）

問 18　あなたが15歳だった頃（中学卒業時），お宅には次にあげるもののうち，どれがありましたか．（○はいくつでも）

| 1. 持ち家 |
| 2. 風呂 |
| 3. 自分専用の部屋 |
| 4. ピアノ |
| 5. 文学全集・図鑑 |
| 6. 別荘 |

○15歳時の本の数（wave 1 問 19）

問 19　あなたが15歳だった頃（中学卒業時），あなたのお宅には本がどのくらいありましたか．雑誌，新聞，教科書，漫画，コミックは含めないでお答えください．（○は1つ）

0. 0 冊（家に本は無かった）	5. 101 冊～200 冊
1. 10 冊以下	6. 201 冊～500 冊
2. 11 冊～25 冊	7. 501 冊以上
3. 26 冊～50 冊	8. わからない
4. 51 冊～100 冊	

○15歳時の家庭の雰囲気（wave 1 問 21）

問 21　あなたが15歳だった頃（中学卒業時），あなたの育った家庭の雰囲気はいかがでしたか．（○は1つ）

1. 暖かい雰囲気だった	3. どちらかというと暖かい雰囲気ではなかった
2. どちらかというと暖かい雰囲気だった	4. 暖かい雰囲気ではなかった

付　録　分析に使用した調査票の設問一覧

○15歳時の父親・母親の就業（wave 1 問22）

問22　あなたが15歳だった頃（中学卒業時），ご両親はどのようなお仕事をなさっていましたか．

	A. 父親	B. 母親
(1) 働き方　もっとも近いものを1つ選んでください．（○は1つ）		
1. 経営者，役員	1	1
2. 正社員・正職員	2	2
3. パートなど（契約・臨時・嘱託・請負等含む）	3	3
4. 自営業主，自由業者	4	4
5. 家族従業者	5	5
6. 内職	6	6
7. 無職（専業主婦・主夫を含む）	7　父の(2)〜(4)は回答不要	7　母の(2)〜(4)は回答不要
8. 学生	8	8
9. 当時父・母はいなかった	9	9
10. その他　具体的に	10 [　　]	10 [　　]
(2) お仕事の内容　もっとも近いものを1つ選んでください．（○は1つ）		
1. 専門職・技術職（医師，看護師，弁護士，教師，技術者，デザイナーなど専門的知識・技術を要するもの）	1	1
2. 管理職（企業・官公庁における課長職以上，議員，経営者など）	2	2
3. 事務職（企業・官公庁における一般事務，経理，内勤の営業など）	3	3
4. 販売職（小売・卸売店主，店員，不動産売買，保険外交，外勤のセールスなど）	4	4
5. サービス職（理・美容師，料理人，ウェイトレス，ホームヘルパーなど）	5	5
6. 生産現場職・技能職（製品製造・組立，自動車整備，建設作業員，大工，電気工事，農水産物加工など）	6	6
7. 運輸・保安職（トラック運転手，船員，郵便配達，通信士，警察官，消防官，自衛官，警備員など）	7	7
8. その他	8	8
9. わからない	9	9
(2)-2　お仕事の内容を具体的にお教えください．	記入欄	記入欄
記入例「○○（勤め先）で××の仕事（資格）」のようにご記入ください 農家で米づくり　小学校で教員　銀行で受付 化粧品会社で外回り営業　工場でプラスチック製おもちゃの製造　国鉄で電車の運転　建築現場で屋内電気配線 市役所で経理事務　ラーメン屋で調理	[　　]	[　　]

付　録　分析に使用した調査票の設問一覧

	A. 父親	B. 母親
(3) 役職　もっとも近いものを1つ選んでください．（○は1つ）		
1. 役職なし	1	1
2. 監督，職長，班長，組長	2	2
3. 係長，係長相当職	3	3
4. 課長，課長相当職	4	4
5. 部長，部長相当職	5	5
6. 社長，重役，役員，理事	6	6
7. その他	7 →　[7. その他　具体的に　　　]	← 7　[　　　]
(4) 会社全体の従業員数　家族従業者，パート・アルバイトも含めます．（○は1つ）		
1. 1人　　　　5. 300人以上	1　　　5	1　　　5
2. 2～4人　　 6. 官公庁	2　　　6	2　　　6
3. 5～29人　　7. わからない	3　　　7	3　　　7
4. 30～299人	4	4

○学歴（回答者，父親，母親）（wave 1 問23）

問23　次のうち，あなたが最後に通った（または現在通学中の）学校はどれですか．あてはまるもの1つに○をつけてください．配偶者やご両親についても，わかる範囲で同様にお答えください．

	あなた	配偶者	父親	母親	（注）
1. 中学校	1	1	1	1	旧制の学校は次のように読み替えてください．
2. 高等学校	2	2	2	2	〈1. 中学校〉とするもの
3. 専修学校（専門学校）	3	3	3	3	尋常小学校（国民学校含む）
4. 短期大学・高等専門学校（5年制）	4	4	4	4	高等小学校
5. 大学	5	5	5	5	〈2. 高等学校〉とするもの
6. 大学院	6	6	6	6	旧制中学校，高等女学校
7. わからない	7	7	7	7	実業学校，商業学校，師範学校
8. 配偶者はいない	×	8	×	×	〈5. 大学〉とするもの　旧制大学，旧制高等学校　旧制専門学校，高等師範学校　〈6. 大学院〉とするもの　旧制大学院

問24　あなたは，上記の最後の学校を卒業しましたか．また，それはいつですか．

1. 卒業した　→	卒業・中退したのはいつですか	西暦　　　　　　　　年　　月
2. 中退した　→		昭和・平成
3. 在学中		

○婚姻状態（wave 1 問50，wave 2～wave 9 問52ほか）

問50　あなたは現在結婚していますか．

| 1. 未婚 |
| 2. 既婚（配偶者あり） |
| 3. 死別 |
| 4. 離別 |

索　引

あ行

相性　　60-62, 64, 67, 69, 72
阿藤誠　　70, 74, 126-130, 145-148
育児　　6, 7, 72, 76, 77, 91, 95, 104-110, 114, 118, 120, 121, 132, 150, 151, 184
育児休業　　104, 105, 111, 120
石田浩　　44, 172, 173, 175, 177, 180, 185-187, 190-192
岩澤美帆　　5, 11, 16, 42, 46, 70, 74

か行

格差の連鎖　　175, 177, 178, 186, 187, 191, 192
家事参加　　93, 103, 107, 110-112, 115, 118, 119, 121, 131, 132, 183
家事分担　　10, 103, 104, 109, 111, 112, 117, 120, 121
家事労働　　103, 104, 106, 107, 110, 116, 119, 120, 121, 183
家族形成　　3-5, 9, 11, 12, 15, 17, 45, 70, 130, 144, 149, 152, 156-158, 161, 170, 171, 175, 178, 179, 185, 186, 189, 191
価値観　　3, 7, 61, 72, 128-130, 132, 147, 156, 157, 170, 177-179, 186, 191
家庭参加　　105, 106, 111, 122
帰宅時間　　106, 122, 131, 183, 184, 192
クロスセクショナル　　90, 96
クロスセクション　　17, 86, 87
黒田祥子　　107, 123, 176, 193
経済力　　5, 7, 61, 178
結婚相手　　6, 7, 16, 37, 38, 48-50, 60, 64, 68, 71, 72, 155, 157, 177, 180, 191
結婚意向　　4, 9, 15, 16, 18, 23-27, 38, 40, 41, 179, 180
結婚意思　　6, 7, 16, 40
結婚意欲　　3, 4, 9, 15-18, 27, 28, 30-33, 37, 38, 40, 41, 48, 54-60, 68, 71, 72, 93-95, 154, 155, 180-182
結婚市場　　23, 38, 75
結婚年数　　163, 168, 170, 171, 186
結婚満足度　　11, 135, 149, 151, 152, 161, 163-173, 179, 185, 186, 191
玄田有史　　176, 192
合計特殊出生率　　126, 127, 128
交際相手　　7-9, 19, 21-23, 25, 27, 31-33, 36, 38, 39, 41, 46-50, 52-54, 56, 58, 60, 63, 68-73, 157, 172, 179-181
交際解消　　47, 49, 50, 55, 56, 59, 61-64, 66, 71, 73
厚生労働省　　40, 43, 126, 147
国勢調査　　18, 41, 126
国立社会保障・人口問題研究所　　16, 20, 42, 70, 74, 125-128, 147
固定効果モデル　　91, 97, 118, 119, 139-143, 146
婚活　　9, 39, 42, 46, 49, 50, 52-54, 69-71, 177, 180

さ行

佐藤（粒来）香　　149, 175, 193
佐藤博樹　　5, 11, 12, 42, 70, 74, 104, 105, 123, 124
ジェンダー　　5, 11, 75-77, 82, 95, 96, 98, 103, 123, 127, 147, 149, 152, 155, 169, 170, 185
社会・経済的地位　　54, 71, 181, 185, 189-191
社会的背景　　52, 71, 177, 178, 187
出生（出産）意欲　　10, 11, 125, 126, 128, 130-148, 179, 184, 185
出生（出産）行動　　5, 44, 45, 70, 74, 126, 128, 136, 137, 144-148, 184, 185
出生動向基本調査　　5, 6, 8, 16, 42, 46, 70,

231

125, 127, 147
少子化　3, 4, 8, 11, 12, 42, 70, 74, 99, 104, 109, 123, 125-130, 132, 144-148, 176, 184, 191
少子高齢化　125, 176
少子高齢社会　75, 98, 193
職場環境　81, 103, 111, 120, 126
女子差別撤廃条約　76-78, 96
白波瀬佐和子　72, 75, 83, 98, 176, 190, 191, 193
生活満足度　159, 160, 173, 176, 179
性別分業意識　3, 109, 112, 118, 119, 121
性別役割意識　76, 77, 79, 81-87, 89-91, 93-97, 181
性別役割分業　4, 9, 10, 61, 76, 77, 81-99, 150, 178, 181-183, 191
専業主婦　77, 96, 103, 120, 130, 131

た行
長時間労働　5, 7, 77, 103, 105, 110, 111, 121, 131, 176

な行
内閣府　16, 17, 20, 42, 43, 74, 77, 78, 86, 96, 105, 106, 121, 123, 126
永井暁子　11, 12, 42, 74, 109, 123, 151, 152, 173
二重規範　81
年齢規範　6, 9, 22, 26, 27, 32, 38, 180

は行
配偶者　4, 9, 11, 15, 16, 18, 33, 35-42, 46, 62, 63, 73-75, 85, 103, 104, 109, 111, 112, 115, 119, 120, 123, 126, 133-137, 140, 142, 151-153, 160-166, 179
ハイパガミー　61-64, 66-68, 181
晩婚化　3, 5, 8, 17, 44, 46, 69, 70, 75, 96, 126, 149, 176
非婚化　38, 149
非正規　5, 7, 10, 11, 56-60, 70, 72, 77, 89, 91, 93, 94, 107, 117, 118, 120, 132, 134, 140, 145, 155, 156, 163, 171, 172, 175, 176, 183
夫婦関係　163, 169, 172, 173, 179
夫婦関係満足度　148-151, 173
変量効果モデル　139, 140, 142, 144, 146
ホモガミー　61-64, 66-68, 73, 181

ま行
毎日新聞社　11, 12
松田茂樹　5, 12, 125, 130, 147
未婚化　3-5, 9, 11, 17, 44, 46, 69, 70, 75, 126, 176, 193
水落正明　5, 11, 12, 17, 42
三輪哲　11, 12, 15, 39, 42, 70, 72, 74, 179
村上あかね　42, 70, 74, 125, 184

や行
山口一男　71, 75, 126, 130, 131, 136, 140, 148, 151, 173
山田昌弘　5, 12, 16, 40, 42, 46, 70, 75, 99, 150, 173, 176, 190, 193
有配偶率　153, 155-161

ら行
ライフコース　123, 177, 178, 186, 187, 191-193
ライフステージ　83, 88, 171
ランダム効果モデル　91, 97, 139, 140
理想子ども数　8, 140
両立支援　103, 105, 109, 111, 123, 124, 133
恋愛結婚　16, 22, 40, 44-46, 67, 69, 70, 180
労働政策研究・研修機構　105, 109, 111, 124

わ行
ワーク・ライフ・バランス（WLB）　10, 103-105, 107-110, 112, 113, 119-121, 123, 124, 130-133, 142, 144, 145, 148, 171-173, 183, 184

アルファベット
Hausman, Jerry A.　　91, 93, 97, 98, 146
JLPS　　18, 20, 27, 28, 33, 41, 42, 47, 50, 55, 84-86, 96, 112, 125, 126, 137, 152, 172, 173
Taylor, William E.　　91, 93, 97, 98

執筆者紹介 (執筆順. *は編者)

石田　浩（いしだ　ひろし）*
1954 年生まれ. ハーバード大学大学院社会学研究科. Ph.D（社会学）
現　在　東京大学社会科学研究所教授
主　著　『学校・職安と労働市場——戦後新規学卒市場の制度化過程』（2000, 東京大学出版会, 共編著）
　　　　Social Class in Contemporary Japan: Structures, Sorting and Strategies（2010, Routledge, 共編著）

佐藤博樹（さとう　ひろき）*
1953 年生まれ. 一橋大学大学院社会学研究科博士課程単位取得退学
現　在　中央大学大学院戦略経営研究科教授
主　著　『人材活用進化論』（2012, 日本経済新聞社, 単著）
　　　　『ワーク・ライフ・バランスと働き方改革』（2014, 東京大学出版会, 共編著）
　　　　『ダイバーシティ経営と人材活用』（2017, 東京大学出版会, 共編著）など

三輪　哲（みわ　さとし）
1972 年生まれ. 東北大学大学院文学研究科博士後期課程単位取得退学. 博士（文学）
現　在　東京大学社会科学研究所教授
主　著　『日本の社会階層とそのメカニズム』（2011, 白桃書房, 共編著）
　　　　『SPSS による応用多変量解析』（2014, オーム社, 共編著）

茂木　暁（もてぎ　あきら）
1977 年生まれ.
現　在　東京大学社会科学研究所特任研究員
主　著　「日本女性の結婚への移行の再検討：夫婦の「出会い方」の違いに注目して」『人口学研究』50 巻, 55-74 頁（2014）

橋本摂子（はしもと　せつこ）
1974 年生まれ. 東京工業大学大学院社会理工学研究科博士課程退学. 博士（学術）
現　在　東京大学大学院総合文化研究科准教授
主　著　「空白の正義——他者をめぐる政治と倫理の不／可能性について」佐藤俊樹・友枝敏雄編『社会学のアクチュアリティ5　言説分析の可能性』（2006, 東信堂）など

不破麻紀子（ふわ　まきこ）
1967 年生まれ．カリフォルニア大学アーバイン校大学院社会学部博士後期課程修了．Ph.D.（社会学）
現　　在　　首都大学東京人文科学研究科准教授
主　　著　　「家計生産のガバナンスと社会の均衡――家事分担に関する妻の選好を例に」東京大学社会科学研究所・大沢真理・佐藤岩夫編『ガバナンスを問い直すⅡ』（2016，東京大学出版会，1-28 頁）
"Work-Family Conflict and Attitudes toward Marriage" *Journal of Family Isoues*, 35(6): 731-754（2014）など

村上あかね（むらかみ　あかね）
1974 年生まれ．大阪大学人間科学研究科博士課程社会学専攻単位取得退学
現　　在　　桃山学院大学社会学部准教授
主　　著　　「若者の交際と結婚活動の実態」山田昌弘編『婚活現象の社会学』（2010，東洋経済新報社）
「日本型住宅システムにおける企業福祉の役割」（2013，『桃山学院大学総合研究所紀要』38(2)号）など

鈴木富美子（すずき　ふみこ）
1959 年生まれ．大阪大学大学院人間科学研究科社会学専攻博士課程修了／博士（人間科学）
現　　在　　東京大学社会科学研究所准教授
主　　著　　「育児期のワーク・ライフ・バランス」稲葉昭英・保田時男・田渕六郎・田中重人編『日本の家族 1999-2009：全国家族調査［NFRJ］による計量社会学』（2016，東京大学出版会）
「休日における夫の家事・育児への関与は平日の『埋め合わせ』になるのか―妻の就業形態，ライフステージ，生活時間に着目して」『季刊家計経済研究』公益財団法人家計経済研究所（2011）など

佐藤　香（さとう　かおる）［旧姓：粒来］
1960 年生まれ．東京工業大学大学院社会理工学研究科博士課程／博士（工学）
現　　在　　東京大学社会科学研究所教授
主　　著　　『社会移動の歴史社会学』（2004，東洋館出版社）
「学校から職業への移行とライフチャンス」佐藤嘉倫・尾嶋史章編『現代の階層社会 1　格差と多様性』（2011，東京大学出版会，65-79 頁）
「仕事と家庭における公正」盛山和夫・上野千鶴子・武川正吾編『公共社会学 2　少子高齢社会の公共性』（2012，東京大学出版会，271-285 頁）

格差の連鎖と若者　第2巻
出会いと結婚

2019年4月15日　第1版第1刷発行

監修者　石　田　　　浩
編　者　佐　藤　博　樹
　　　　石　田　　　浩
発行者　井　村　寿　人

発行所　株式会社　勁　草　書　房
112-0005 東京都文京区水道2-1-1　振替 00150-2-175253
（編集）電話 03-3815-5277／FAX 03-3814-6968
（営業）電話 03-3814-6861／FAX 03-3814-6854
本文組版 プログレス・日本フィニッシュ・松岳社

©SATOU Hiroki, ISHIDA Hiroshi　2019

ISBN978-4-326-64883-2　　Printed in Japan　

JCOPY ＜出版者著作権管理機構 委託出版物＞
本書の無断複製は著作権法上での例外を除き禁じられています。
複製される場合は、そのつど事前に、出版者著作権管理機構
（電話 03-5244-5088, FAX 03-5244-5089, e-mail: info@jcopy.or.jp）
の許諾を得てください。

＊落丁本・乱丁本はお取替いたします。

http://www.keisoshobo.co.jp

佐藤博樹 武石恵美子	編著	ワーク・ライフ・バランスと働き方改革	2400円
佐藤博樹 武石恵美子	編著	人を活かす企業が伸びる 人事戦略としてのワーク・ライフ・バランス	2800円
佐藤博樹 永井暁子 三輪哲	編著	結婚の壁 非婚・晩婚の構造	2400円
中澤渉		なぜ日本の公教育費は少ないのか 教育の公的割合を問いなおす	3800円
中澤渉 藤原翔	編著	格差社会の中の高校生 家族・学校・進路選択	3200円
大島真夫		大学就職部にできること	2700円
仲修平		岐路に立つ自営業 専門職の拡大と行方	4500円

石田 浩 監修

――― 格差の連鎖と若者 ―――

石田 浩 編
第1巻 教育とキャリア　　　3000円

佐藤 博樹 編
第2巻 出会いと結婚　　　本書

佐藤 香 編
第3巻 ライフデザインと希望　　　2800円

勁草書房刊

＊刊行状況と表示価格は2019年4月現在。消費税は含まれておりません。